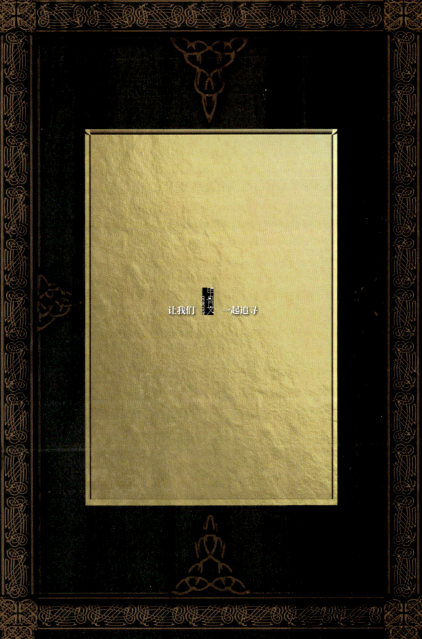

让我们 一起追寻

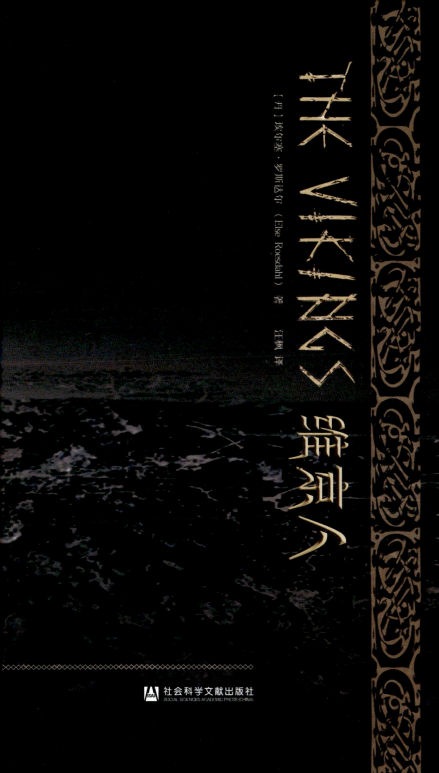

THE VIKINGS

〔丹〕埃尔塞·罗斯达尔

（Else Roesdahl）著

汪枫 译

维京人

社会科学文献出版社
SOCIAL SCIENCES ACADEMIC PRESS (CHINA)

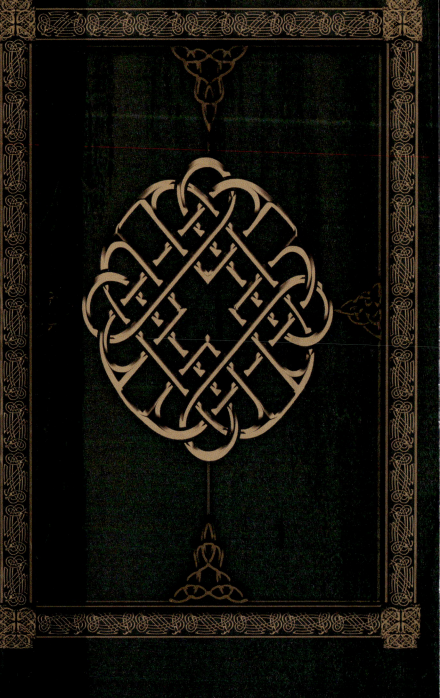

目　录

插图和地图

插　页　图

插页图注释见文后。

图片出处说明

正文图

所有地图和其他很多绘图均为丹麦莫埃斯高博物馆的奥尔拉·斯文森（Orla Svendsen）为本书 1987 年丹麦语版制作。地图中的地名在 1990 年为英译本修订过。

1 – 3 Orla Svendsen, 1987

4 After A. W. Brøgger and H. Shetelig, *The Viking Ships*, 1951, p. 107

5 Orla Svendsen, 1987

6 Flemming Bau, Aarhus

7 After E. Nylén, *Bildstenar*, 1978, p. 73

8 After *Vikingatidens ABC* (ed. L. Thunmark-Nylén et al.), 1981, pp. 55, 201

9 Orla Svendsen, 1987

10 After K. Schietzel, ' Haithabu ', *Ausgrabungen in Deutschland*, Monografien der Römisch-Germanischen Zentralmuseums 1, 1975, Teil III, p. 60

11 Orla Svendsen, 1987, after S. B. F. Jansson, *Runinskrifter i Sverige*, 1977, p. 27

12 After J. Skaarup, *Stengade II*, 1976, p. 57

13 After J. Graham – Campbell, *The Viking World*, 1980, p. 34. Drawing Frances Lincoln

14 Jens Kirkeby, Moesgård Museum, after E. Moltke, *Runerne i Danmark*, 1977, p. 211

15 After H. Hildebrand, *Sveriges Medeltid 1879 – 1903*, reprinted 1983,

vol. I, p. 71

16 – 17 The Viking Ship Museum, Roskilde

18 Sarah Croix, 2015, redrawn from S. Hvass fig. 4, in *Nationalmuseets Arbejdsmark* 2011, p. 51

19 a – c after P. Hauberg, *Myntforhold og udmyntninger i Danmark indtil 1146*, 1900, Tab. I. d – f after B. Malmer, *Mynt och människor*, 1968, pp. 136 – 8, drawing B. Malmer, Stockholm

20 Orla Svendsen, 1989, after H. Jankuhn et al. (ed.), *Archä-logische und Naturwissenschaftliche Untersuchungen an ländlichen and frühstädtischen Siedlungen*, vol. 2, 1984, pp. 5, 11, 14, 186, 199

21 Flemming Bau, Aarhus

22 After O. Olsen and H. Schmidt, *Fyrkat: En jysk vikingeborg*, 1, 1977, p. 83, with revisions 2014

23 Orla Svendsen, 1987

24 After *Vikingatidens ABC* (ed. L. Thunmark-Nylén et al.), 1981, p. 271

25 After H. Arbman, *Birka I: Die Gräber*, 1943, p. 189 (grave no. 581)

26 Casper Skaaning Andersen, *Arkæologisk IT*, Aarhus University, 2015

27 Orla Svendsen, 1989, after a photograph

28 After S. Margeson, 'The Völsung Legend in Medieval Art', *Medieval Iconography and Narrative: A Symposium*, Odense, 1980, p. 192

29 Left: Orla Svendsen, 1989, after a photograph. Right: after D. M. Wilson and O. Klindt-Jensen, *Viking Art*, 1966, 1980, p. 72. Drawing Eva Wilson, Isle of Man

30 After D. M. Wilson and O. Klindt-Jensen, *Viking Art*, 1966, 1980, p. 95. Drawing Eva Wilson, Isle of Man

31 After E. Wilson, *Early Medieval Designs from Britain*, 1983, no. 48. Drawing Eva Wilson, Isle of Man

32 Orla Svendsen, 1987

33 After E. Roesdahl, *Viking Age Denmark*, 1982, p. 211. Drawing Orla Svendsen, 1979

34 Orla Svendsen, 1987, based on L. Musset, ' Naissance de la Normandie', *L'Histoire de la Normandie* (ed. M. de Boüard), 1970, p. 104

35 Orla Svendsen, 1987

36 Orla Svendsen, 1987, based on D. M. Wilson, *The Viking Age in the Isle of Man*, 1974, p. 6, and on P. H. Sawyer, *Kings and Vikings*, 1982, p. 112

37 After D. M. Wilson and O. Klindt-Jensen, *Viking Art*, 1966, 1980, p. 113. Drawing Eva Wilson, Isle of Man

38 Orla Svendsen, 1987

39 Patrick Wallace, National Museum of Ireland, reconstruction drawing 1986

40 Orla Svendsen, 1987, based on N. P. Brooks and J. A. Graham-Campbell, ' Reflections on the Viking-Age Silver Hoard from Croydon, Surrey' *Anglo-Saxon Monetary History* (ed. M. A. S. Blackburn), 1986, p. 108

41 Orla Svendsen, 1987

42 After P. H. Sawyer, *The Age of the Vikings*, 2nd ed. 1971, p. 161 (the map was first published by H. Smith in 1956)

43 Orla Svendsen, 1987

44 Orla Svendsen, 1987, based on B. Linderoth Wallace, ' Resultaten av de senare grävningarna vid l'Anse aux Meadows', *Hus, gård och bebyggelse* (ed. G. Ólafsson), 1983

45 Orla Svendsen, 1989, after a photograph

46 Left and right: Orla Svendsen, 1989, after photographs in *Duisburg und die Wikinger* (ed. Niederrheinisches Museum der Stadt Duisburg), 1983, pp. 74, 81. Centre: Orla Svendsen, 1987, after J. Herrmann, ed. , *Wikinger and Slawen*, 1982, p. 287

47 After D. M. Wilson and O. Klindt – Jensen, *Viking Art*, 1966, 1980, p. 152. Drawing Eva Wilson

插页图

1 – 2, 6, 9, 11 – 16, 18 – 21, 23 – 24, 26 – 28 Wikicommons, public

domain.

3 Cooking Utensils from the Oseberg Ship Burial by RDale, http: //
www. worldtreeproject. org/document/2195

4 Antikvarisk – Topografiska Arkivet, Stockholm

5 York Archaeological Trust. Photo A. K. G. Jones

7 – 8 Museum of Cultural History, University of Oslo

10 Lars Bergström, Stockholm

17 University Museum, Trondheim

22 The Museum of London

25 Else Roesdahl

鸣　谢

出版商感谢获允复制使用以下版权材料：

Boydell & Brewer Ltd for *Encomium Emmae Reginae*, edited and translated by Alastair Campbell, in Camden Third Series, Volume LXXII (Royal Historical Society, London, 1949).

David Campbell Publishers and Professor John Lucas for *Egil's Saga*, edited and translated by Christine Fell; poems translated by J. Lucas (Everyman edition, London, 1975).

Faber & Faber Ltd for *The Elder Edda: A Selection*, translated by P. B. Taylor and W. H. Auden (London, 1969).

Hermann Palsson and Paul Edwards (translators) for *Knytlinga Saga* (Odense, 1986).

Medieval Academy Books for *The Russian Primary Chronicle: Laurentian Text*, edited and translated by S. H. Cross and O. P. Sherbowitz-Wetzov (Medieval Academy of America Publication no. 60, 1953).

Thorlac Turville-Petre for *Harald the Hard Ruler* by E. O. G. Turville-Petre (Dorothea Coke Memorial Lecture, 1966; London, 1968).

已尽全力联系著作权人。如有错漏，谨表遗憾。未及一一答谢的著作权人，欢迎来询。

英译本第三版序

这是《维京人》一书第二次进行重大修订。本书曾在1991年首次出版英译本，1998年第一次修订。丹麦语版（1987年首版，2012年第8版）历经数次更新；本书也出版过芬兰语、波兰语、意大利语、俄语、爱沙尼亚语和匈牙利语版。

20世纪80年代中期，当开始撰写本书的丹麦语版时，我面临着一项重大且激动人心的挑战。我着手为这段重要且迷人的时期写一段连贯的故事，既研究斯堪的纳维亚内部的维京时代，也研究"维京人"在欧洲内外的活动与成就。我采纳了很多学科的理念和资料；作为本书的唯一作者，我需要众多良师益友的大力相助和鼓励。我致力于提供一目了然的描述，不纠结于过多的学术讨论。

在英译本第三版中，全书的结构和基本线索延续了第一版。但这么多年来，对维京时代的研究都是高度活跃的。不仅一直有新的考古发现出炉，新的研究方法也在继续发展，比方说，对众多自然科学创新成果的应用在快速增加。此外，研究的焦点也因时而变。如果本书在今天撰写，一些章节的权重会稍有不同。

本修订版结合新的考古发现、新的精确断代，就纪念物、事件等的重大新解读对内容进行了大量更新——这都是在有限的篇幅内完成的。然而，我使用了传统的概括性词语指代维京人在外的活动，如"扩张"和某些语句中的"殖民"，因为它们的含义宽泛且易于理解（不像现在经常受到偏爱的词"diaspora"[1]）。我也修订了参考文献，换掉了很多书目，读者或可由此一窥当前的研究状况。

我要向本书前两版中帮助过我的所有人诚挚致谢——其中一些人已经作古——我尤其要感谢丹麦的 Hans Bekker-Nielsen、Ole Crumlin-Pedersen、Gillian Fellows-Jensen、Steen Hvass、Niels Lund、Preben Meulengracht Sørensen，挪威的 Charlotte Blindheim、Signe Horn Fuglesang、Olav Sverre Johansen、Heid Resi、Gerd Stamsø Munch，瑞典的 Björn Ambrosiani、Birgit Arrhenius、Inga Hägg、Ingmar Jansson、Peter Sawyer，比利时的 Frans Verhaeghe，爱尔兰的 Tom Fanning，英格兰的 James Graham-Campbell、Ray Page。我也感谢 Lene Larsen 和 Sigrid Fallingborg 打出终稿，感谢奥尔拉·斯文森绘制很多图画，感谢居伦达尔出版社的 Mogens Kristensen 在本书丹麦语版中与我合作，感谢苏珊·马杰森和柯尔斯滕·威廉姆斯将本书译为英语并提出实用的建议。但我最要感谢的是 David M. Wilson，他阅读了丹麦语稿件，提出了很多改进意见。还有 Erich[2]，他通读并评论了全书，还努力让 Styrbjørn 在母亲花了很多时间在打字机前而不是陪他一起玩耍时过得快

---

[1] 本意是犹太人在历史上的大流散，可引申为其他民族离开故土的大迁徙。——译者注（如无说明，本书页下注均为译者注）

[2] 作者的丈夫。

快乐乐。

对于本书新版，我非常感谢 Søren M. Sindbæk、Sarah Croix、Poul Baltzer Heide、Pernille Hermann、Jens Christian Moesgaard、Jens Peter Schjødt，并再一次感谢 David M. Wilson 的帮助和建议。

埃尔塞·罗斯达尔
2015 年 9 月于奥胡斯

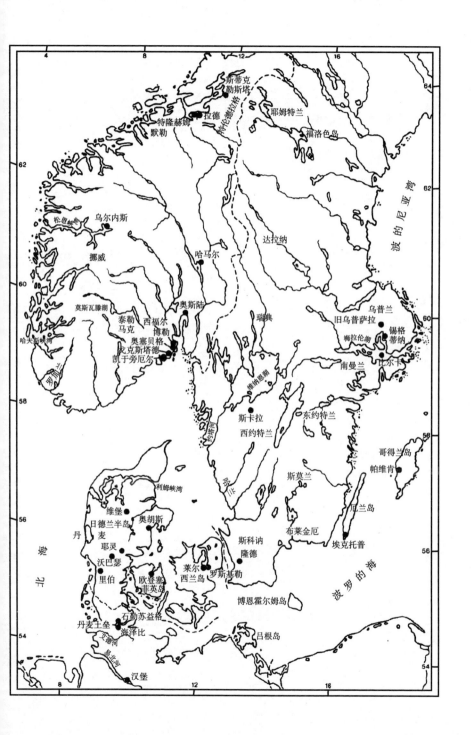

斯蒂克
勒斯塔
耶姆特兰
福洛色岛
拉德
特隆赫姆
默勒
斯特立桥
海伦德甘根

波的尼亚湾

乌尔内斯
松恩峡湾
达拉纳

挪威
哈马尔

莫斯瓦滕湖
泰勒
马克
西福尔
博勒
奥塞贝格
皮克斯塔德
凯于旁厄尔
奥斯陆
瑞典
乌普兰
旧乌普萨拉
锡格
蒂纳
梅拉伦湖
南曼兰
比尔卡
哈夫斯峡湾
兰恩

维纳恩湖
维特恩湖

斯卡拉
西约特兰
东约特兰

哥得兰岛
帕维肯

斯莫兰
厄兰岛

利姆峡湾
维堡
日德兰半岛
麦
耶灵
沃巴瑟
里伯
欧登塞
菲英岛
奥胡斯
斯科讷
隆德
布莱金厄
埃克托普
波罗的海

北
海
莱尔
西兰岛
罗斯基勒

博恩霍尔姆岛

丹

石勒苏益格
丹麦土垒
海泽比
艾德河
吕根岛

夏北河
汉堡

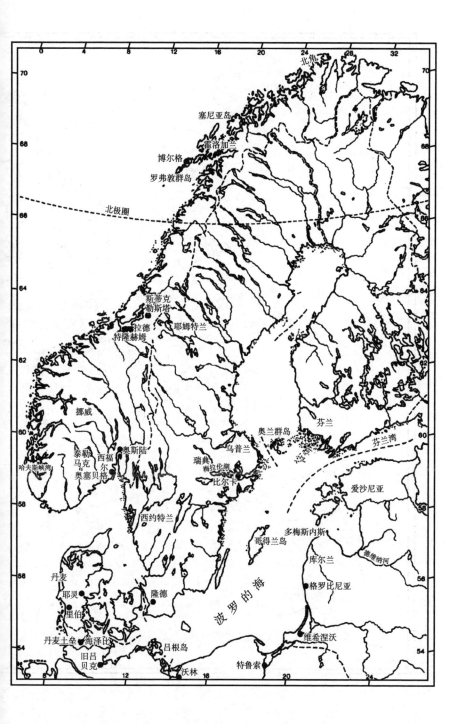

北角

塞尼亚岛

霍洛加兰

博尔格

罗弗敦群岛

北极圈

斯蒂克
勒斯塔

拉德   耶姆特兰
特隆赫姆

挪威

泰勒   奥斯陆
马克   西福
    尔格
奥塞贝格   乌普兰
瑞典
哈夫斯峡湾   梅拉伦湖
                比尔卡

芬兰

奥兰群岛

芬兰湾

爱沙尼亚

西约特兰

多梅斯内斯

哥得兰岛

库尔兰

迭维纳河

丹麦

耶灵   格罗比尼亚

里伯   波 罗 的 海

隆德

丹麦土垒 海泽贝

旧吕   吕根岛   维希涅沃
贝克
        沃林   特鲁索

30 20 10 0 10

60

雷克雅未克 冰岛

北极圈

霍洛加兰

55

法罗群岛

设德兰群岛

挪威

特隆赫姆

瑞典

大

赫布里底群岛

奥克尼群岛

奥斯陆

比尔卡

凯于庞厄尔

哥

西

苏格兰

50

林迪斯法恩

丹麦

波罗

洋

爱尔兰

马恩岛

英格兰

里伯

吕根岛

都柏林

约克

海泽比

汉堡

沃林

奥德河

丹麦法区

伦敦

弗里西亚

萨克森

易北河

布拉格

黑斯廷斯

多雷斯塔德

美茵河

45

康托维克

莱茵河

布列塔尼

诺曼底

鲁昂

巴黎

美因茨

北

南特

塞纳河

努瓦尔穆捷岛

卢瓦尔河

海

阿基坦

波尔多

罗讷河

40

图卢兹

加龙河

比萨

西班牙

罗马

35

塞维利亚

地 中 海

西西里岛

10

0 10A

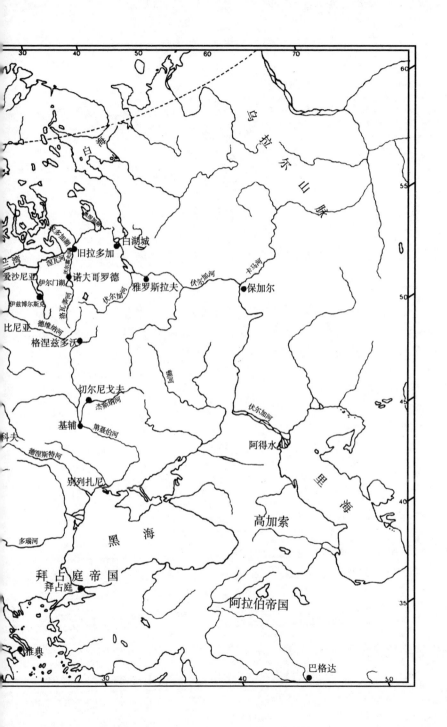

白海

乌拉尔山脉

旧拉多加
白湖城
诺夫哥罗德
爱沙尼亚
伊兹博尔斯克
比尼亚
格涅兹多沃
切尔尼戈夫
基辅
别列扎尼
多瑙河
黑海
拜占庭帝国
拜占庭
雅典

雅罗斯拉夫
保加尔
卡马河
伏尔加河
奥卡河
伏尔加河
阿得水
黑海
高加索
阿拉伯帝国
巴格达

导读

奥塞贝格船的一块木板，其上雕刻着船、犬、马鹿图案，出土于挪威西福尔郡，藏于奥斯陆大学文化史博物馆。

维京人的魅力

3   维京时代洋溢着冒险精神。这一时代开始于公元 800 年之前不久，直至 11 世纪晚些时候结束。在前后 300 年的时间里，来自当今丹麦、挪威、瑞典三国地理范围内的斯堪的纳维亚人在欧洲很多地区发挥了关键作用。但凡船只所及之处，几乎都受到了维京人的影响。他们留下的一些痕迹，诸如英语中的外来语、诺曼底的很多地名，仍然是当今生活的一部分；他们建立了爱尔兰的主要城镇，也是冰岛的首批定居者。

现代人对维京人的着迷，为许多图书、展览、博物馆和重建的纪念碑提供了灵感。维京人已经成为斯堪的纳维亚的一种标志。从设得兰群岛到诺曼底再到美国，世界很多地区的人们都以铭记维京人的方式来颂扬他们的北欧之根。斯堪的纳维亚人将维京时代视为一段黄金期，他们在外从事宏伟的事业，故土也发生了巨大的转变——今天的丹麦、挪威、瑞典三个王国成形了，基督教传入了，最初的城镇建立了，这些均为现代斯堪的纳维亚打下了基础。

乘船出现在外国的海岸，手持利剑，干着血腥的勾当，洗劫教堂，勒索钱财，参与战斗、谋杀和绑架，这种经典的维京人形象是片面的，最初是由当时的西欧教士塑造的，他们倾向于只记录暴力事件，而中世纪的说书人和历史学家又对此加以发挥，其中就包括冰岛的"萨迦"（saga）[①] 作者，他们想要寻求一种戏剧化的民族认同。但维京人并不只是军阀。他们的

4   国王参与复杂的国际政治，工程师建造堡垒和桥梁，商人在广阔的地域内开展贸易——从挪威北部到丹麦南端的海泽比，从

---

① 萨迦：一种散文叙事方式，通常写于 1120 年至 1400 年的冰岛，记录了冰岛、挪威等国的历史，以及早期日耳曼诸神和英雄的神话和传说。

瑞典的比尔卡城（斯德哥尔摩附近）到罗斯，从冰岛到都柏林。他们是探索者，殖民了至今人烟稀少的北大西洋土地——法罗群岛、冰岛和格陵兰；他们还是最早（约公元1000年）到达美洲的欧洲人。像在英格兰那样，大批维京人定居在他们征服的地区，耕种土地，开始与当地人融合；他们定居于贸易殖民地，例如在都柏林，或者像在罗斯的某些地区那样，成为经济和政治精英。

斯堪的纳维亚人在拜占庭受雇于帝国卫队，也受雇于常规的雇佣军。在其他地方，当地的国王或皇帝将大河河口处的一块土地赐给维京酋长们，从而阻止其他维京人驶入他们的王国。例如，约公元911年，法兰克国王将塞纳河河口一带的土地赐予维京酋长罗洛。罗洛及其后继者巩固了权力，最终统治了后来成为诺曼底的这片地区。1066年，罗洛的五世孙威廉征服了英格兰，他的后代自此以后都坐上了王位。

维京人的活动犹如万花筒，同一个人往往会以不同的面目出现在不同的地方。维京人的世界是广大的，因此为个体提供了诸多机遇。然而，多数斯堪的纳维亚人仍然和平地生活着，相对远离那个时代的波谲云诡。他们集中精力为自己和家庭讨生计，时不时地对征服巴黎、东游巴格达或北大西洋海难的精彩故事有所耳闻。很多人拥有一些从外部宏大世界输入的物品，它可能是用于磨面的手推石磨，也可能是一些小珠子。

斯堪的纳维亚拥有自己的文化，具有牢固的传统。在维京时代的三个世纪中，这种文化在与其他国家的广泛接触中得到发展，吸收并改造了很多外来的影响。我们主要是通过对维京人故乡的研究，了解他们令人震惊的高水平的技术和组织成就，从而扭转了对该时期的印象。过去人们常常认为：维京人

5

只不过是精力旺盛、体格魁梧、性情爽直的人，抑或桀骜、野蛮、挥舞着斧头的海盗；而且他们生活在相当民主的社会中。现在看来，维京时代总体上是更加复杂的，具有稳固的阶级制度、多样的社会状况，取得了极其重大的成就。在一个急速变化的时代，维京人充分运用他们不同寻常的能力来重新适应环境，而他们的冒险天赋造就了非凡的成果和创新。

维京时代及相关史料

瑞典斯科讷省图尔斯托普一块卢恩①石碑上的纹饰和碑文，约

公元 1000 年。碑文曰："克莱佩和奥瑟为纪念乌尔夫而立此碑。"

---

① Runes，也称鲁纳文、如尼文等，可用于拼写日耳曼语族，详见后文《语
言、文字、人名》一节。

对维京时代的研究

9　　本书将频繁使用广为接受的术语"维京时代"和"维京人",尽管它们反映的概念已不复存在。"维京人"一词的语言学起源并不确切,学界对此已有诸多讨论。但是,到了维京时代末期,这个词既指出海作战之人——海盗或贼寇("vtkingr",诺尔斯语西支),也指海上作战或侵扰活动("vtking",诺尔斯语西支)。然而,在斯堪的纳维亚之外,通常使用其他名字称呼"维京人",如异教徒、北方佬、北方来客、丹族人、罗斯人、外国佬。显然,外国作者并不总是能搞清楚某群人来自斯堪的纳维亚的哪个地区,即便他们会以"丹族人"(Danes)之类的名字称呼这帮人,暗示其来自丹麦。一群维京人也常常由来自不同地区的人组成。

　　我们对维京时代斯堪的纳维亚内外状况的了解,立足于类型丰富的资料:与事件发生同时代的或略晚的文字证据(包括卢恩碑文),诗歌,地名或人名,考古发现(既包含人类活动的证据,也包含动植物的遗迹),地形和气候。每一种资料都有自身的问题。很多学科及研究——历史学、文学、语言学、地名研究、考古学、动物学、植物学和其他自然科学——有助于了解维京时代的各个方面;只有通过跨学科研究和国际合作,综合性的考察才可能进行。

　　随着当下新信息和新研究的涌现,我们对该时期的认识正处于不断的修正中。维京时代的开端不再被断然地定于公元
10　793 年,即有史料记载的维京人对西欧的第一次袭击,发生在诺森伯兰郡的林迪斯法恩修道院。因为有间接证据表明,维京人稍早之前就已发动过对西欧的袭击。同样,来自如今瑞典地区的人已经参与了东扩行动。最重要的是,维京时代社会结构和经济的诸多基本特征,可以远溯至 8 世纪。然而,将维京时

代的开端定于"8世纪晚期"或"公元800年前后"似乎是合理的。因为在这一时期，迅猛的维京远征和广泛的扩张正在发力——而这就是该时期的首要特征。

维京时代的结束通常与英国历史上一个特殊年份——1042年——联系起来。这一年，英格兰的最后一位斯堪的纳维亚国王哈撒克努特去世。但并非所有斯堪的纳维亚人均在此时从这片土地消失。在其他一些地方，如都柏林，他们的存在继续为人所知，直到12世纪末期为止。在奥克尼群岛、设得兰群岛、赫布里底群岛和马恩岛，维京时代持续得更久。而在莱茵兰，它的存在结束得比英格兰要早得多。然而，截至11世纪下半叶，侵略性的军事活动几乎全面停止，因而以此作为该时期的终点是合理的。

如果说，对维京时代如何断代的观点变得更加复杂了，那么对其技术和其他方面力量的看法则发生了翻天覆地的变化。19世纪的图片中所绘制的奇奇怪怪的维京船没有任何考古信息依据，斯堪的纳维亚人被假想为一群处于技术发展的原始阶段的蛮夷。但在最近100年里，很多船的残骸得到发掘，证明了它们是极为精巧且有效率的帆船（插页图2）。出土的城镇、堡垒和桥梁也展现了他们出色的技术和组织能力。

将北欧描绘为蛮夷之地再也没有说服力。这番图景一部分是建立在文字史料的基础上，另一部分是建立在受过古典熏陶和基督教化的欧洲文化更为"优越"的意识形态基础上。现在，我们转而强调将过往的文化的方方面面置于它们自身的条件下来解读。然而，我们对维京时代状况的了解，大多数与其上层阶级有关，因为他们的活动、功业、理念容易留下更多的痕迹，我们对上层阶级的研究也比对下层阶级的研究更为透彻。

11

对该时期更为复杂的解读，会让我们意识到斯堪的纳维亚地区虽然具有重要的共同特征，但由殊异的区域组成，并经历了重大的内部变化。所以，了解 9 世纪挪威北部一座小农场的生活，对于理解 10 世纪葬于瑞典东部国际贸易中心比尔卡之人的生活方式并无太大帮助。如果不考虑地方因素，那么，海外的伟大探索就会成为一堆支离破碎且难以理解的事件和故事。

文字资料

过去对维京时代的研究主要以文字证据为基础。然而，自 20 世纪初期以来，大量研究表明，很多关于维京时代的精彩故事与其说是准确的记载，不如说更像是"历史小说"。它们的创作时间在其所描述的事件过后很久，其创作目的可能是有意为某个特定家族歌功颂德，为其占有土地或某个王国提供合法性，或者是声援某项特定政策。

很多冰岛"萨迦"便是如此，它们主要在约 1200 ~ 1400 年写就，包括斯诺里·斯图鲁松的杰作《世界之圈》①，这是一部记载从最早的萨迦时代②至 1177 年的挪威诸王的史书，成书于 1230 年前后。《早期诺曼底公爵的品德与功业》一书也是这种情况，该书由教士杜多在 1020 年前后创作，讲述了诺曼底的最初几位斯堪的纳维亚统治者；萨克索在 1200 年前

---

① 《世界之圈》（Heimskringla）一名来自该作品正文内容的前两个词 "kringla heimsins"。至于《挪威列王传》一名，是后世出版商为方便读者了解主题而取，类似于将《哈姆雷特》称作《王子复仇记》。参阅 Snorri Sturluson: Heimskringla, Volume I, Second Edition, translated by A. Finlay & A. Faulkes, London: Viking Society for Northern Research, 2016, p. 6（这是当前最新且注解最详细的英译本）。

② 该书从传说中的北欧诸神开始写起。

后完成的著作《丹麦人的业绩》亦复如是。历史事件及相关解读经过口耳相传，待最终写就后，常常带有刻意的偏见，或者可能将新的情节附会到名人的生平中。对于百年前乃至更早的时代发生过什么、当时的情况如何，绝大多数作者并无可靠的了解。此外，其中很多故事只是通过多次传抄方能保存，这增加了产生讹误和增补原始手稿的可能性。

12

因此，我们往往无法区分纯粹的虚构和对事件的添油加醋，无法区分让故事更具连贯性的修改、增补和原本客观的史实。作者自己显然也不是总能搞清哪个版本是最准确的。且无论如何，他们对"历史真相"的认知与今天大多数人都大不相同。他们是为自身的时代而创作，他们的作品常常是为了献给某个地位尊崇的上层人物。我们一定要在这种背景下审视这些作品，而不是试图重现现代意义上的史实。有些时候，可能除了主角的名字外，故事的所有内容仿佛都是虚构的，因为随着时间的推移，维京人和维京时代成了一种文学母题。然而，这些故事往往具有突出的文学价值，表达了对维京时代的热爱。

以《约姆斯堡维京人萨迦》为例。本书 1200 年前后在冰岛写就，讲述了一帮职业武士的故事。这些武士在波罗的海南岸的一座堡垒约姆斯堡过冬，夏季则外出远征。他们服从强悍的纪律，从事宏大的事业，还密切参与了丹麦政治。最后，他们在挪威的约伦加瓦格遭到了毁灭性的失败。包括挪威伯爵和丹麦国王在内的很多角色是 10 世纪末之后的历史人物，但剩下的大多数人物很可能只是精彩传闻的产物。这类著作一直在致力塑造维京时代的刻板形象。

然而，这并不是说要摒弃或过度谨慎地使用所有关于维京人的较晚的文字史料。例如，15 世纪的爱尔兰编年史收录了维京时代的原始编年史的可靠版本，对维京人的活动叙述颇多。一些斯堪的纳维亚诗人，或者说是游吟诗人（scalds）留下了他们的大名。他们为公开赞颂维京王公而创作的很多游吟诗，即便要到维京时代后（主要是 12 世纪末或 13 世纪）才作为冰岛"萨迦"的一部分被书写成文①，但我们仍然认为它们是相当可靠地代代传承的。

很多游吟诗歌保存在斯诺里·斯图鲁松的《世界之圈》中。斯诺里本身就是一位游吟诗人，他在前言中为诗歌的真实性辩护。他将古老的游吟诗歌和他的同胞阿里·索吉尔松②的历史著作选定为最重要的信源，但在结尾处说道：即便阿里也是从"年长的智者"那里学到的知识，而阿里本人也"渴求知识、聪明伶俐、记忆超群"；最准确的信息来自那些"遵守格律且得到正确解读"的诗歌。斯诺里也提到，900 年前后挪威国王"美发王"③哈拉尔的宫廷里就有游吟诗人，"他们的诗歌直到今天还被人们铭记在心，同样被记住的，还有自他以来统治挪威的国王们的萨迦"。他继续写道：

> 游吟诗人虽然喜欢当着人的面卖力歌颂，但必须讲述真实的事迹，没人敢向一位首领描述他和所有听众都知道

---

① "萨迦"作者们喜欢在正文情节中穿插诗歌，起到补充说明、抒情感慨等作用，类似中国明清古典小说中的"有诗为证"。

② 冰岛史学家，也称"智者阿里"（1067/1068 ~ 1148 年），著有《冰岛人之书》，被誉为冰岛文学和史学的开山之作。参阅 Ari Þorgilsson: *Íslendingabók*, translated by Siân Grønlie, London: Viking Society for Northern Research, 2006。

③ "Finehair/fairhair"这个绰号，很多译者按照英语含义译成"金发王"。但金发在挪威人中似乎不是什么突出的特征。根据传说，他发誓在统一挪威前永不剪发，后来留了一头长长的秀发。故译为"美发王"为佳。

是"假大空"的东西。因为这不是歌颂，而是嘲弄。

　　一些关于众神和旧日英豪的诗歌，即人们所知的埃达诗歌，也能够追溯到维京时代，但它们的年代往往是有待商榷的。埃达诗歌主要是从一份称为"王家抄本"（*Codex Regius*）① 的手稿中为人所知的。它是 13 世纪末在冰岛从一份略早的手稿中抄录的副本。这部诗集经常被称作《旧埃达》，以便与斯诺里·斯图鲁松自称《埃达》的关于诗歌艺术的著作相区分。② 后者经常被称作《新埃达》或《斯诺里埃达》。

　　因此，很多斯堪的纳维亚诗歌提供了关于维京时代人群、事件和文化史的信息，也是一种独具特色、激动人心但往往复杂的诗歌形式。幸运的是，大多数存世的游吟诗歌讲述了挪威的状况，而关于这个国家的其他同时代文字史料所剩无几。

　　另一种信息来源是中世纪成文的法律，其中包含的一些条款可以追溯到维京时代，或者是对之前异教时代的某些习俗活动的禁令。然而，我们往往很难分辨出较早的条款，因为法律总体上反映了它成文时的社会状况。尤其是在基督教的影响下，维京时代之后发生的变化太大了。

　　且不论这些材料会出现什么问题，如果将这些稍晚的散文

---

① 1662 年被丹麦国王弗雷德里克三世收藏，遂得名。现已由丹麦归还冰岛。
② 《新埃达》其实分为三部分。第一部分以散文形式将北欧神话娓娓道来。与《旧埃达》中松散的诗歌相比，散文体的《新埃达》更加系统、更有条理，按剧情顺序从创世、造人、诸神的事迹写到世界的毁灭和重生。第二部分，通过海神和诗神的对话，探讨诗歌的本质。该部分也包含了一些神话故事，由此介绍诗歌中各种典故的来源。第三部分讲述古诺尔斯语诗歌的韵律。早期的英译本有 1880 年拉斯穆斯·安德森（Rasmus B. Anderson）、1906 年布莱克韦尔（I. A. Blackwell）、1916 年亚瑟·布罗德（Arthur G. Brodeur）等版本。

描述、埃达诗歌和法律条款一概弃如敝屣，那对维京时代的描述就会是贫乏无味的。对维京时代的史实和传说进行戏说的北欧文学重要著作尤其如此。它们对"美发王"哈拉尔统一挪威的斗争、冰岛的殖民、格陵兰的改宗、远征美洲等事件进行编年记述。很多萨迦虽然历史框架与年代先后可能有扭曲或错误，并且可能为了文学效果或其他原因而增添内容，但即便作为文学作品来阅读，萨迦中蕴含的维京时代史实也肯定不比今人能够还原的要少。萨迦与事件发生的年代更近，而且创作时的理念和人生观在很多方面都与维京时代的相似。

　　最可靠的关于维京时代的文字信息当然是同时代的记载，但涉及斯堪的纳维亚的史料非常稀缺，而且还存在很多时代和地理上的空白。此外，很多同时代史料今天已经难以理解，有时还会给出误导性的信息，这要么是故意为之，要么是因为作者的信息源不佳。

　　维京时代斯堪的纳维亚的字母表，由 16 个符号，即"卢恩字母"组成，主要用于在木棍（鲜有遗存）上传递信息，或者用于标识一件物品的所有权，或者是在各种物品上信手涂鸦；更重要的是，刻在石制纪念物或是卢恩石碑上。挪威约有 45 座维京时代和中世纪早期的卢恩石碑，现代丹麦境内约有 220 座，现代瑞典境内约有 2500 座（包括很多小型残碑），其中近半在瑞典中部的乌普兰。此外，在维京殖民地也发现了一些使用斯堪的纳维亚卢恩字母的铭文。

　　总的来说，卢恩碑文提供的信息类型，与写在羊皮纸上和保存在图书馆里的传统记录大为不同。尤其是瑞典中部的维京时代晚期的大型卢恩石碑群，对了解文化史、政治和社会组织颇有帮助。伦比（斯德哥尔摩和乌普萨拉之间）的一座大型石碑记载道：

> 英格丽德让人建造这座"拉兹布罗"（laðbro），雕刻
> 这座石碑纪念她的丈夫英厄马尔和她的儿子达恩、班克。
> 他们生活在伦比，拥有一座农庄。基督拯救他们的灵魂。
> 只要人类存在，就要竖起石碑纪念这些人。

"拉兹布罗"想必是一座码头或渡口，供船舶装货、卸
货，在伦比非常实用，因为伦比位于乌普兰一条重要的水道
上。同在乌普兰的舒斯塔，有一座装饰华美的石碑，纪念斯皮
亚尔布齐和其他人，斯皮亚尔布齐在罗斯的诺夫哥罗德（霍
尔姆加兹）的一座教堂里丧命。这座教堂是献给1030年遇害
的挪威国王圣奥拉夫的。铭文写道：

> 鲁纳让人建造这座纪念碑，献给她的四个儿子斯皮亚
> 尔布齐、斯文、安韦特和朗纳，还有赫尔吉的儿子（存
> 疑）；也是西格丽兹献给她的丈夫斯皮亚尔布齐的。他在
> 霍尔姆加兹的奥拉夫教堂中身亡。勒碑者厄皮尔。

除了卢恩碑文外，关于维京故土的同时代文字信息几乎都
是外国教士的作品，其中造访过斯堪的纳维亚的人极少。这些
文本几乎都是拉丁语，常常追踪丹麦南境的政治或军事冲突，
或者试图让异教的北欧人皈依基督教的正信。由于大多数传教
和政治活动都是针对丹麦的，所以这个国家的信息尤为明确。
例如，《法兰克年代记》记载道，808年丹麦人之王戈德弗雷
德希望修建一道从北海延伸到波罗的海的护墙，从而强化他的

16

南部边境防御。这就是因为他与查理曼发生了纷争。

一些外国史料提到了其他斯堪的纳维亚国家的情况。挪威酋长奥泰尔在英格兰造访阿尔弗雷德大王的宫廷时，描述了他在挪威北部的生活与财富和他在 890 年前后前往丹麦南部海泽比的海上旅程；阿尔弗雷德对奥泰尔故事的转述存留了下来。安斯加尔也就是后来的汉堡－不来梅大主教，他和其他传教士 9 世纪中叶在瑞典和丹麦的经历，由他的继任者林贝特记录了下来。他描述了在瑞典中部比尔卡的生活。[①] 约 1075 年，德意志教士不来梅的亚当对全体斯堪的纳维亚国家进行了高度综合性的描述。这番描述是他的巨著《汉堡－不来梅大主教的业绩》中的一部分。它记载了很多有趣的信息，包括对斯堪的纳维亚一座异教神庙（即位于瑞典乌普萨拉的斯韦阿尔人的首要圣地）仅有的同时代描述。

对于维京人在斯堪的纳维亚以外的活动，文字证据就多得多，但这方面仍然存在缺失的环节。哪些史料以可靠的形式流传下来，哪些史料丢失了，这基本上要看天意；只有那些早就是基督教或伊斯兰教的地区——西欧、不列颠诸岛、拜占庭、中东——才有文字记载的传统。文字证据的性质也非常多样。基督徒主要在编年史和一些史著中提到斯堪的纳维亚和维京人，穆斯林则在地理著作中提到他们，但双方均视维京人为异教蛮夷。

在波罗的海国家[②]和罗斯王国，基督教起码在 10 世纪中

---

① 林贝特著有《安斯加尔传》；安斯加尔曾前往比尔卡传教。
② 相当于爱沙尼亚、拉脱维亚、立陶宛。当时那里还没有成形的国家，但作者意在表达相当于这些国家今日范围的地区。类似用法本书中多见，如"俄罗斯－乌克兰"。

叶前没有立足。这些地区的人大部分还是异教徒，因此在 12
世纪晚些时候前几乎没有文字记载。但一些瑞典卢恩石碑，如
前文提到的舒斯塔石碑，记载了前往这些地区和更南方地区的
旅程。阿拉伯人或来自拜占庭的旅行者，在东欧耳闻目睹过那
些有异域情调的"北方人"，也在自己的著作中提起他们。

法罗群岛、冰岛、格陵兰在公元 1000 年前后改信基督教。　17
由于它们远离欧洲文明世界，所以出自维京时代本身的有关它
们的文字证据几乎没有。关于苏格兰和苏格兰诸岛的信息也是
凤毛麟角。不来梅的亚当为我们留下了只言片语，但在其他方
面我们必须寻找其他材料，尤其是地名和考古发现，或者从更
晚的文献中提取关于维京时代的信息。

理解维京扩张的另一个难点，就是对事件的文字描述和留
下的印象过于片面。维京人的海外定居地、他们的生活方式、
贸易和其他和平的事业，极少能引起西欧作者的兴趣。同时代
的史料记载了抢劫、勒索、屠杀、战役、征服、和约、政治联
盟等戏剧性的事件。例如，在《雷吉诺编年史》（雷吉诺是马
斯河与摩泽尔河之间的普吕姆修道院的住持）中，892 年条目
有如下记载：

> 诺曼人（维京人）进入（在普吕姆的）修道院后，
> 毁掉了一切，杀了一些僧侣，屠了大部分仆人，将剩下的
> 人俘房。他们离开此地，进入阿登高地，发动进攻，轻而
> 易举就攻克了一座新建的堡垒。这座堡垒位于高耸的山顶
> 上，数不清的人在其中避难；杀光所有人后，他们带上了
> 巨量的战利品返回船队，乘坐满载的船，全员驶向大海的
> 彼岸。

解读任何有千年历史的词语，无论是古诺尔斯语、古英语、拉丁语还是阿拉伯语，其难点经常被人忽视，然而很多词语的含义发生了根本性变化，以至于今天我们不能确定它们的本义。维京时代的人当然知道古诺尔斯语"*konungr*"（国王）是什么意思，知道这个头衔代表什么，但"*konungr*"的作用显然与现代的欧洲国王大相径庭。我们对维京诸王的职责、权力和资源只有有限的了解。一些词语在斯堪的纳维亚不同地区可能也有不同的含义，或者可能在维京时代的三个世纪中发生了语义演变。

即使存在上文讨论的不确定性，关于维京时代也存在不少可靠的文字史料，但其中大部分涉及斯堪的纳维亚的史料都是关于维京时代晚期而非早期的。这是斯堪的纳维亚历史上第一次有足够多的维京时代史料，它们让我们把握历史事件的框架，增进我们对该时期的发展变化和文化的了解，并记录特定人群的业绩和同时代的态度。

地名

很多维京时代确立的地名仍然在斯堪的纳维亚和斯堪的纳维亚人的海外定居地使用。基于对地名词形和含义的语言学分析，故土常见的地名类型总体上能够得到鉴定，这些语言分析方法包括对不同地名类型的定居地相关的社会地位和地理位置加以分析，在故土与殖民地的地名之间进行比对。在很多地区，斯堪的纳维亚人征服和定居后，新地名应运而生。例如，英格兰北部的斯蒂尔斯比（Stearsby），前缀"Stear"来自斯堪的纳维亚人名"斯蒂尔"（Styrr），后缀"-by"（居住地）也源于斯堪的纳维亚；再如诺曼底的托克维尔（Toqueville），

前缀是斯堪的纳维亚人名"托克"（Toke），后缀是法语" -
ville"（城市）。对地名加以分析，也使我们得以区分以挪威人
为主和以丹麦人为主的定居地。

地名除了为维京人的海外定居地和斯堪的纳维亚内部居住
地的地理分布提供证据外，还能提供关于命名习俗（人名、
地名皆然）和语言的信息。它们也能对阐释宗教这样的问题
有所帮助。例如，以奥丁（Odin）神之名作为词语成分的地   19
名，如丹麦的欧登塞（Odense）就是崇拜这位主神的证据；
以各路神祇的名字为词根的地名数量，反映了他们在斯堪的纳
维亚不同地区的人气。

在殖民地，斯堪的纳维亚语地名或包含斯堪的纳维亚语成
分的地名，其数量与性质取决于有多少定居者前来此地和他们
在社会共同体中的地位，也取决于他们的语言在多大程度上影
响了当地语言。后者部分地取决于本土语言与斯堪的纳维亚语
言的相似度，可能也取决于斯堪的纳维亚人定居的性质：是和
平共处，还是全面控制。例如，丹麦语和英语差异不算太大，
且人们很快学会了在英格兰和平共处，进而在这里出现了某种
混合语。而瑞典语和斯拉夫语分属两个截然不同的语族，所以
在罗斯没有出现混合语。虽然有一些斯堪的纳维亚借词，但本
地语言占了上风。为了抵达拜占庭，必须渡过第聂伯河的湍
流，而给这些湍流取的斯堪的纳维亚名字，想必只有斯堪的纳
维亚人自己才使用。

然而，奥克尼和设得兰的本地语言完全被斯堪的纳维亚语
言取代，并演变为"诺恩"方言，几乎延续至今。这里的所
有地名差不多都是斯堪的纳维亚语言，但有一些显然是维京时
代后很久才确立的。在英格兰，也并非所有斯堪的纳维亚语地

名都是在 9 世纪的征服后，立即通过命名和夺取地产而出现
的。英语吸收的包含斯堪的纳维亚语自然物词汇的地名，尤为
可能是此后很晚才出现的，例如"beck"（古诺尔斯语 *bekkr*，
小河）、"fell"（古诺尔斯语 *fell*，丘陵、高山）。

考古发现

20　　考古学和基于新近考古发现的跨学科研究大大增进了我们
对维京时代的了解。这些考古发现对于推动大众和学界对维京
题材的兴趣大有助益。

　　如果考古遗物基本完整，那么，它们不需要专业知识就能
在一定程度上为人理解：一口完整的陶烹罐，可以一目了然地
提供关于烹罐外形的信息；一枚银臂环则能提供关于时尚、审
美和财富的信息。但是，对当时的陶器展开深入研究，可能会
把在斯堪的纳维亚发现的一枚陶片鉴定为从英格兰进口的；给
大量银臂环称重，可能会发现它们反映了一种源自东方的衡制
单位①。

　　只不过器物和建筑鲜有完整存世的。一个珠宝匣可能只剩
下铰链，一座桥可能只有支撑桩的下端残存，彻底腐烂的柱子
在土中留下的黑印是一座房子仅有的遗迹。即使整体形制尚
存，包括剑在内的很多铁器，还有木器，通常也与原样没有几
分相似。

　　一件模型或一幅图画，可以为我们了解建筑和器物的原
貌、它们如何发挥功能、它们在制造时使用的技术和劳动力提
供基本的印象。用原本的材料、原本的技术，照原尺寸复原当

———————

　　①　本书后续章节会提及，一些首饰是以标准衡制单位制作的。

然是最好的。不只是小物件，船舶、房屋都有这样的复制品，从而满足学者和公众的需要。

不像文字史料和地名，考古材料是持续增加的。新材料几乎每天都在增加，偶尔还有轰动的发现颠覆传统的解读。20世纪30年代丹麦特雷勒堡的发现，60~80年代斯堪的纳维亚统治的都柏林和约克的发掘，皆举世震惊。

除了因安全起见而藏匿的随葬品和贵重物品外，大多数出土物件常常是废弃物品或垃圾。因此，我们难以描绘连贯的历史画卷，如还原某个特定城镇中手工艺的发展。对葬俗采取类比法或归纳法也经常出问题，因为在异教时代，死者用什么器物陪葬受到局地情况的影响。就像几乎所有考古遗迹一样，哪座墓葬能为今人所知、墓中的物品多少能存留至今，全凭运气。

考古学上的很多进步，主要归功于对某些专题的系统性研究，例如，铁器在经济中的作用，城镇、资源、技术、人际网和贸易的重要性，身份认同与权力，支付手段，船舶，斯堪的纳维亚人与斯堪的纳维亚北境的萨米人定居地之间的关系。新的发掘法与科学分析也发挥了重大作用，对这段历史时期提出了新的问题，也解决了其中一部分问题。新的发掘法中，最具革命性的也许是利用机器快速而低成本地发掘大片地区。日德兰中部一座完整的维京时代村落沃巴瑟就是这样被发现的。当铲子和体力是乡村发掘中仅有的工具时，能够重见天日的房屋屈指可数。海洋考古现在是个重大的研究领域。潜水员可以在相当深的水域考察沉船，而在浅水区，用板桩将该地隔开，再用水泵抽空海水后，便可以采用几种传统的发掘法。海泽比的港区就是用这种方法研究的。那里的饱水环境格外利于保存常态下极难留存的物品，如衣物。

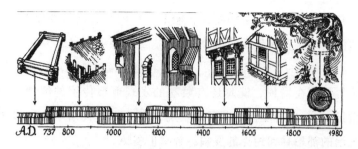

树木年代学的原理。737 年对应某段时期的丹麦边境墙
（即丹麦土垒）木材砍伐的时间。

科技分析法被用来鉴定刀斧刃边的硬度，这对于了解这些
工具的特性和效力具有基本作用。人们以往只注意到它们的形
状。对房屋内和房屋周围甲虫、害虫、植物、微观遗迹的考
察，展示了时人生活状况的细节。对骨骼和植物的分析提供了
饮食和基本经济状况的证据。多亏了地质学和地形学研究，我
们现在知道，比尔卡城镇所在的瑞典中部湖区自维京时代以来
地面上升了 5 米。这对于我们理解当时的交通和居住状况显然
是个决定性因素。

22   科学断代法主要是指树木年代学，对于新的研究进展也有
帮助。只要外围年轮没有被砍掉或损坏，树木年代学将年轮宽
度与其他年代已知的木材相比对，就能够确定伐木的精确年
代。重要的建筑如防御工事的遗迹，现在有时也可以精确断
代，从而与更大范围内年代相近的其他建筑联系在一起，还可
以将这些建筑置于政治背景考虑。某个时段①的丹麦边境墙即
"丹麦土垒"（Danevirke）便是一例。现在它被断定在公元

---

① 丹麦土垒是在多个历史时期内建成的，详见后文《防御工事、武器、战
争》一节。

968 年。据书面史料记载，当时统治丹麦的是"蓝牙王"哈拉尔，那一年丹麦和德意志之间发生了政治冲突。这两种互补的材料对当时的局势提供了新的且更复杂的描述。

20 世纪末以来，对金属探测器的系统化使用越来越多（尤其是与很多国家的探测学家密切合作），大量通过其他方式无法发现的器物重见天日。不需经过发掘，这些发现便有助于鉴定很多新的定居点——因为对定居模式、长距离关系网和其他很多特征有了新的认识。此外，地球物理学的方法越来越被应用于建筑物定位，由此推动了更为高效的发掘策略——有些时候，甚至通过排除发掘的必要性而节省了时间和资金。

DNA、同位素和生物分子的分析也发现了新的重大证据。 23 用这些方法对骨骼、牙齿、头发或身体其他部分进行研究，结合其他方法，能够揭示家族关系和人畜的地理来源；例如，英格兰西南部韦茅斯一座乱葬坑中的遗骸，经鉴定为受处决的斯堪的纳维亚人的遗骨——这是一群发动袭击却遭遇惨败的维京人。所有这些方法的应用，已经极大地促进了我们对个体和他们的生活环境的深入了解，特别是与动物遗骸（如用于制梳的驯鹿角）相关的方面，有助于我们进一步了解自然资源利用和贸易路线。

斯堪的纳维亚

　　一块图像碑上的图案，出自瑞典哥得兰岛阿尔绍的兴格维
德。一位妇女迎接一位骑士。骑士骑在一匹八足马上，可能就
是驾驭坐骑斯雷普尼尔的奥丁神。妇女身后有一只狗、若干人
和一座房屋。示意图。原件藏于斯德哥尔摩瑞典历史博物馆。

地理、自然、文化

27　　　维京人的故乡丹麦、瑞典、挪威在维京时代并非界限确定、彼此分明的政治单位，它们在这一时期开始成形。它们的共同边界在维京时代后数经变迁，较晚才确定下来。但斯堪的纳维亚沿艾德河的南界直到 1864 年之前都保持稳定。[①] 今天的边界在更北方向约 60 公里处。[②]

　　　在今天的斯堪的纳维亚旅行，宏大的跨度和丰富的地形仍然十分惊人。从挪威最北端的北角延伸到丹麦的南境，其跨度是欧洲从南到北的一半。一方面，斯堪的纳维亚北部穿过北极圈，与格陵兰处于同一纬度，盛夏时节黑夜不至，隆冬时节则天色无光；另一方面，丹麦和瑞典南部与西欧的英格兰北部、苏格兰南部，东欧的爱沙尼亚、拉脱维亚、立陶宛、波兰最北部处于同一纬度。

　　　维京时代以来，斯堪的纳维亚的自然外观显然发生过变化。在一些地方，土地已经远高于海平面；大片的湿地已经被排干，在丹麦尤其如此；很多森林被开发为耕地。然而，维京时代的基本自然状况在今天仍然可见，它们理所当然地从根本上影响了生存环境（插页图 1）。

挪威

28　　　今天的挪威南北延伸约 1800 千米，在某些地方则非常狭窄，有大片海拔逾千米的高原山区。最高的山脉（其中加尔赫峰海拔 2469 米，系北欧最高峰）终年覆盖冰雪。多山的海岸分布着深嵌内陆的峡湾，一连串小岛和礁石为海岸抵挡着大

---

① 1864 年普丹战争后，丹麦被迫割让日德兰半岛南部的石勒苏益格－荷尔斯泰因地区。

② 指今天的丹德边界。1920 年丹麦通过公投收复石勒苏益格北部。

西洋的冲刷。在峡湾两岸、在河谷之中，可以看到一条条农业用地；而在南方的奥斯陆峡湾区，以及挪威西南部的耶伦和特隆赫姆峡湾一带的特伦德拉格，有大片的肥沃平原。这个国家位于针叶林带，但有很大一部分在森林线①之上。尽管纬度很高，但西风和湾流②的温暖水体意味着西海岸冬暖夏凉，港口可以全年开放。

在维京时代的挪威（很多地方至今如此），野生动物大量繁衍，包括驯鹿、驼鹿、狼、熊、貂熊、狐狸、貂，它们可以提供肉类或毛皮。海中盛产鱼类，在极北之地还有海豹、鲸、海象。铁是一种主要的资源，木材的供给也无穷无尽。甚至在今天，农业用地只占该地区的 3%，森林占 23%，而近 70% 是濯濯童山。

挪威与瑞典拥有共同的边界，在维京时代与丹麦也有一小段共同的边界，但挪威主要面向西方和南方。船舶联系着沿挪威海岸分布的居住地，也联系着大西洋上的岛屿、不列颠群岛和西欧。

瑞典

现代瑞典南北延伸约 1600 千米，东西宽度约 500 千米。在北方，沿挪威边境分布着一片山区，最高的地区终年覆盖冰雪；很多河流向东奔流，流入坡度和缓的土地，这里有一片广袤的海岸平原直面波的尼亚湾。在瑞典中部，梅拉伦湖、维纳恩湖、韦特恩湖一带的低地土壤肥沃，而南方的高地——斯莫

29

---

① 海拔超过这个限度，森林就不能生长。
② 墨西哥湾暖流。

兰和毗连的哈兰、布莱金厄部分地区——土质要差一点。过去这一地区有很多湖泊、沼泽和漫山遍野的林地，几乎无法通行。南部的斯科讷省和哈兰省在维京时代属于丹麦，而布莱金厄省很可能在稍晚的时候才成为丹麦的一部分。1658 年，以上三省，外加哈兰以北的挪威布胡斯省，均被割让与瑞典。瑞典大部分海岸线分布着岛屿和礁石，其中最大的是波罗的海中的厄兰岛和哥得兰岛。

瑞典南方是滨海气候，而北方的冬季非常寒冷，冰雪交加。针叶林覆盖了现代瑞典约 57% 的国土。在维京时代，北方为渔猎活动提供了绝佳的机会。在很多地方，存在巨量的铁矿和木材供应。

瑞典更多的地方是面向东方的，但它与西方也存在联系；肥沃的西约特兰地区，可以由现代哥德堡城附近的约塔河轻松入海，与丹麦和西欧发生很多联系。瑞典和挪威北部人口稀疏的地方还与萨米人保持着许多联系。

丹麦

与挪威和瑞典相比，丹麦是一个小国，从北方的斯卡恩到南方的艾德河，约 375 公里长。丹麦地势非常平坦，最高点的海拔仅 173 米。大陆地区的日德兰半岛，其东部有一段峡湾海岸线；而这个国家的其余部分是由大大小小的岛屿组成的。

和瑞典相似，丹麦的气候介于海洋性和大陆性之间，但冬季总体上是温和的，夏天则相当温暖。农业是维京时代的主要产业，而狩猎的重要性最低。和斯堪的纳维亚其他地区一样，海洋中盛产鱼类，但丹麦无法提供取之不尽的优质木材。维京

时代对橡木的大量消耗给落叶林造成了相当大的打击。 30

作为斯堪的纳维亚的南部门户，丹麦与南方邻居——萨克森人、弗里西亚人、斯拉夫人的政治、文化联系，要比挪威人、瑞典人和他们的联系多得多。欧洲的很多影响首先进入丹麦。对海上交通而言，丹麦是波罗的海和北海之间的通道。

考虑到斯堪的纳维亚内部的巨大跨度和诸多自然差异，不同地区的生活高度多样化就不足为奇了。例如，不是所有人都崇拜同一位神，瑞典中部卢恩石碑上铭刻的法律条款未必适用于丹麦或西挪威。此外，各个国家的文化、政治、军事往来情况也不一样。

然而，维京时代的斯堪的纳维亚是一个确切的文化、地理实体。自然资源使它基本能够自给自足。它也远离欧洲其他地区的政治、文化中心。此外，它几乎被海洋完全包围——西面是大西洋和北海，东面是波罗的海和波的尼亚湾。最重要的宜居地在海岸附近。通过当时非常便捷的船舶，远距离的交流也容易实现，而且雪橇和滑雪板可以越过坚冰和积雪，使内陆旅行在冬季易于进行。当然，也有在开阔山谷中穿行的道路，在夏季可以横穿斯堪的纳维亚半岛。因此，长距离的商品交换和理念交流颇具活力，也有充分证据表明政治、军事联系的存在，其中既有和平的方式，也有武力的方式。

整个斯堪的纳维亚的语言都非常相近，宗教、葬俗、建筑有众多共同点。日用品、首饰、服饰、书写、诗歌和装饰艺术在斯堪的纳维亚大部分地区的同一社会阶级中是共通的，也具有鲜明的斯堪的纳维亚特性。一位云游四海的人无疑可以从来

31　自挪威西部或海泽比的商人中轻松分辨出一位比尔卡商人，但他们都能够理解对方的语言、文化、习惯。对其他欧洲人而言，斯堪的纳维亚的大多数地区差异恐怕都是微不足道的，更扎眼的事实是，斯堪的纳维亚人直到 10 世纪下半叶或更晚的时候仍然是异教徒。

人民

32　　　很多人认为，埃达诗歌《里格的赞歌》创作于 10 世纪，但在 4 个世纪后它才首度以手稿形式保存。这首诗描述了三个明确的社会阶级：奴隶、自由农民、军事首领。诗中有显著的阶级意识：提到奴隶的时候，语气轻蔑，带有一些反感；提到其他人的时候，态度尊重、钦佩。暂不论这首诗的年代，它戏剧化地展示了维京时代的社会差异，其他史料也可以证明这一点。

　　海姆达尔神的化身里格在旅途中首先遇上了一对陋室中的夫妇。在他造访之后，夫妇生下了一个儿子，名为"斯赖尔"（Þræl，意为奴隶）。"他茁壮成长，他的手上皮肤皱缩、关节扭曲、手指粗大，他面容污秽、脊背弯曲、脚跟畸长。"他娶了一个叫"西尔"（Þír，另一个表示奴隶的词语）的女子。她徒步来到屋内，"脚底都是泥，胳膊晒得蜕皮，鼻子歪歪斜斜"。他们生了很多孩子，取的都是贱名，从事粗重的体力活。

　　接下来，里格与居住在厅堂中的一对衣着得体、梳洗整洁的夫妇相处。9 个月后，他们生了个儿子，名为"卡尔"（Karl，农民，自由民）："他的脸蛋红扑扑的，眼睛圆溜溜的。他学习驯牛、制犁、盖房、修仓、造车、耕地。"他的新娘赶着马车来到农庄，穿着羊皮大衣。她携带着钥匙（象征妇道），名为"斯内尔"（Snör，儿媳）。他们生了很多孩子，名字取得都不错。

　　里格最后造访了一间豪宅中的一对衣着华美的夫妇，他上
33　桌就餐。夫妇的儿子得名"亚尔"（Iarl，伯爵），"他的头发金灿灿，他的面颊亮堂堂，目光如小蛇般锐利"。亚尔成了伟大的武士，拥有大片土地，他骑马、狩猎、游泳，乐善好施。

他的妻子"玉指纤纤，皮肤白皙，又灵又巧，名叫埃尔娜"。他们生了很多孩子，取了美好的名字。最小的儿子叫"孔伦格尔"（Konrungr，国王）。

这种对人们面貌和生活条件的文学化描述，得到了实物证据的支持。对斯堪的纳维亚不同聚居地骸骨的研究表明，维京人的平均身高略低于今日：男性高约 1.72 米，女性高约 1.59 米。这个数据建立在对丹麦进行的广泛的考古研究基础上，但其他地方的情形一定也差不多。高达 1.89 米的人骨也被发现过。那些在富丽堂皇的维京墓葬中发现的骸骨——属于高层人物——总体上比更平民化的墓地中的骸骨要高得多，这当然是因为他们的生活条件更好。丹麦朗厄兰岛的一座双人墓（本书第 92 页插图），埋有两具成年男性遗骨，较小的一具已被斩首，双手很可能被捆在背后；另一具按照常见的方式与他的长矛一道埋葬——这显然是奴隶（1.71 米）被迫为主人（1.76 米）殉葬的一个案例。而耶灵教堂发现的那具据信为丹麦国王戈姆（后称老王戈姆）的骸骨只是中等身高。该男性 1.71 米高，虽有健壮的外在特征，但并不健康。死亡时在 40 岁和 55 岁之间，背部患有骨关节炎，牙齿也有毛病。[①]

骨关节炎在维京时代的成年人中多发，就像在其他时代一样。一些人最终掉了一颗或多颗牙齿，而牙齿通常是因粗粮而磨损的。龋齿（蛀牙）倒是很少见。当然，他们也患有很多其他疾病，包括先天和后天的。婴儿的死亡率无疑较高。在几个罕例中，骸骨上发现了切割和打击的痕迹，表明这个人曾经参战或战死。游吟诗歌、卢恩碑文和其他文字史料记

34

————————————

① 本书英文版中，本段 5 处身高均使用英制单位，现已换算为公制。

载了很多血腥的故事和悼念阵亡儿子的父母，但公墓呈现了一副更加祥和的图景。那些活到成年的人，无论男女，平均寿命都长得惊人，起码在丹麦是这样的情况，因为这里的生活水平总体上不错。240 具成年人骸骨中，140 具达到"成熟期"（*maturus*）年龄段（约 35 ~ 55 岁），100 具属于"成年期"（*adultus*）年龄段（约 20 ~ 35 岁）。只有两人有证据表明活到了 55 岁以上。

在分析了大量骸骨后，人类学家贝丽特·塞勒沃尔德如此描述"一般水平"的维京人："男人和女人都比例匀称。颅骨相对于他们的身高，长宽都居中；面部的长度与宽度相比也适中。类似地，眼眶和鼻子也长宽相宜。平均来看，左股骨和左胫骨比右边的要稍长一点（现在这种情况也相当常见）。两性的臂长存在微小差异：男性的右上臂比左上臂稍长，而女性的左右上臂几乎等长。这或许是因为男性使用右臂比左臂更多，而女性对双臂的使用频率几乎相同……在整体外貌方面，维京时代的人与今天的斯堪的纳维亚人几乎没有什么不同——除了身材稍小、牙口好得多，当然也除了服装、发型、首饰。"

对同时代的图画描绘极少，写实风格的非常罕见（插页图 4）。大部分展现的是男性，但有一些是女性，两性偶尔会同时出现，如挪威南部奥塞贝格一座豪华女性墓葬中的绘图挂毯和瑞典哥得兰岛的一些图像碑。瑞典的银质或青铜小型人像展示了贵妇的形象。她们身穿华美的曳尾长袍，长发优雅地盘在脑袋后面，或许有发网或头巾包裹着。其中几位端起了牛角杯或酒杯，以示迎迓（见本书第 62 页插图）。

35　　奥塞贝格墓葬中也有一辆马车，饰以精细、立体的男性头像雕刻。它们的头发梳理得体，蓄着优雅的长髭——一些几乎戳到了耳朵，还被扎成了整洁的辫子——颌须覆盖了面部的下方，与长髭连在了一起，但看起来没有覆盖面颊。

考古发现的盥洗用品确认了我们对维京人梳洗得体的认识。装饰精美的梳子很常见，而且显然不只是担当油画模特的贵族在使用这种梳子。指甲清洁器、镊子、美观的盒匣也被发现过。牙齿上的磨痕表明有人使用牙签。

西班牙的阿拉伯人塔尔图希10世纪造访过海泽比。他记录道，男男女女都使用人工制作的眼部化妆品。尽管英格兰编年史家沃灵福德的约翰生活在维京时代之后①，但他有渠道接触更古老的史料。他记载称，维京人之所以获得女性的青睐，是因为他们每周六洗一次澡，梳理头发，打扮得帅气。一封无名氏的古英语信件透露斯堪的纳维亚人甚至可能是花花公子和时尚达人。作者责备了他的兄弟爱德华，认为他应该遵循盎格鲁－撒克逊祖先的习俗，而不是沉溺于"丹麦人裸露脖子（*ableredum hneccan*）和遮住眼睛的时尚"。后者很可能是指留着特别长的刘海，前者大概是指剃光后脑勺——可以看到，1070年前后的巴约挂毯上的诺曼人就有这种发型。

处境最差的就是奴隶和无地者，他们的面貌看上去有所不同。如《里格的赞歌》所述，他们肯定被繁重的劳动折磨着，也可能由于粗劣的饮食而发育不良。他们没能穿上时髦的衣服、梳着时尚的发型、享受合理的卫生标准。此外，参加远征和长途贸易的维京人不可能总是保持干净整洁。10世纪20年代，一位阿拉伯使者伊本·法德兰在伏尔加河旁遇见了一群维京人，认为他们令人无比生厌："他们是真主创造的至秽之

① 活跃于13世纪上半叶。

物：他们大小便后不清洗，性交后不清洗，吃饭后也不清洗。
36 他们就像一群犟驴。"对于一位每日五次祷告前必须清洁身体
的虔诚的穆斯林而言，这些维京人的卫生习惯看上去肯定令其
作呕。他确实继续写道：维京人每天都在早晨洗澡，但这也是
污秽的，因为他们都用共同的水！

瑞典各地的银质和青铜小型人像。女性身穿精美的袍子，
长发优雅地盘起来。藏于斯德哥尔摩瑞典历史博物馆。

对盎格鲁－斯堪的纳维亚时代约克的考古研究表明，那里
人们的生活状况以今天的标准看也不卫生（插页图 5），但这
无疑是当时欧洲的常态，往后几个世纪还是这样。11 世纪 30
年代英格兰的一幅盎格鲁－丹麦国王克努特大帝的画像打破了
所有维京人都是肮脏蛮族的刻板印象（插页图 27）。画像中，
他自豪地站立着，干净整洁，穿着狭小的鞋子、镶边的紧身袜
和裤子。他穿着一件长及膝盖的束腰外衣（tunic），饰以宽阔
的花边，还披着一件斗篷，精美的系带垂在一边肩膀上。

服饰

尽管克努特国王来自丹麦，但他成年后大部分时候都在英
格兰，而贵族的服装式样在西欧和斯堪的纳维亚南部似乎相去
不远。克努特在丹麦时，他的服饰不可能与他在画中的穿着相

差太大。

维京人的服装还没有完整的物件保存下来，但普通的鞋类 37
则有丰富的样品，特别是在城镇中，有鞋子、及踝靴、高筒靴
等。鞋帮通常是山羊皮制，鞋底几乎都是可拆卸的。鞋具都是
鞋匠制作的——制鞋是城市中常见的营生——因此在较大范围
内得到了标准化。鞋子和靴子通常是靠皮带固定的。鞋口的边
缘可能被加固。鞋帮有时候会上色，可能带有装饰性的接缝。

像克努特穿的那种与盛装搭配的高档鞋具，我们所知甚
少。外衣的情况则相反，我们对贵族盛装的了解，要远远多于
对日常便服或非常简朴的穷人服装的认识。但我们对童装一无
所知。我们关于外衣的大部分信息，来自随葬品丰富的墓葬中
发现的残片，尤其是瑞典比尔卡的那些墓葬和日德兰半岛中部
马门的一座男性墓。此外，衣扣和胸针的用途和功能，可以从
它们在墓穴中的位置推断出来，常常能够展示外衣的某些面
貌。① 然而，1979～1980 年在日德兰南部海泽比港口的发掘提
供了重要的新信息，由于很多衣物残片曾经被用作焦油刷，随
后被扔进了水中，它们就这样保存了下来。

服装通常是由羊毛以各种各样的方式制成，也有的是亚麻
制成的。一些布料是进口的，还有极少的服饰或其中的某些部

---

① 这是考古学上的一个经验。胸针、镯子、带扣等穿戴在亡者身上的东西，
通常与在世时的位置相同。通过这些物件在墓中的位置、角度以及它们
之间的相对位置，可以判断它们原本的功能（例如，右肩处的胸针可能
是用来扣住斗篷的）。但也并不总是如此。由于衣物、肉体的腐烂，一些
物件会落入遗骨间或墓土中，发生歪斜、翻转，如项链一颗颗珠子间的相
对位置就容易发生变化。一些关于中世纪考古的书中对这方面有详细阐
释，如 Vera I. Evison：*Dover：The Buckland Anglo-Saxon Cemetery*，London：
Historic Buildings and Monuments Commission for England，1987，pp. 18 -
19，68 - 69。

分是丝制的，丝绸通常都是进口的。制作衣物尤其是斗篷和装饰物时，会用上很多不同类的毛皮。我们从文字史料中得知，其他国家羡慕斯堪的纳维亚拥有丰富的毛皮。也存在足以乱真的纺织面料仿制的毛皮。其使用的编织法很可能还不为我们所知，但保暖的服装是针织的（环环相扣的纱线"缝"在一起），约克的科珀街区出土的一只短袜就是如此。还有一种优雅的"网眼"纺织品（一种疏松的织物）。除了用毛皮或仿制毛皮制作装饰物外，衣物还可能饰以贴花、刺绣、金属丝、打褶的饰边或可能包含金线、银线的卡织①条带。它们通常被染

38 成各种颜色。在海泽比发现的大量胡桃壳，很可能就是作为棕色染料的原料进口的，而不是因为人们多么爱吃胡桃。

男装在材料、裁剪、装饰各方面体现出基本要素的区别。各种图片展示了裤管狭窄、长度及踝的裤子，喇叭形的、长及腿肚的裤子（就像喇叭裤），以及大量的灯笼裤。灯笼裤必定是在膝盖下方系住腿的。海泽比港口发掘了一条灯笼裤的一部分，用双色羊毛精心编织而成。较短的裤子一定是和长筒袜或打底裤搭配的。长裤子可以通过固定在腰带上的裤带提起，或者是用长长的裤带缠在腿上，在海泽比港口和其他地方就发现过这样的实例。

39 根据图片的描绘，男性的束腰外衣或衬衫可松可紧，可能穿在贴身内衣之外。细羊毛和亚麻残片保存了下来（保存最完好的出自丹麦维堡），它们有时拥有美观的饰边和一条具有精美配件的腰带。斗篷由更重的材料制成，用一枚又大

---

① 卡织（tablet weaving）：一种纺织方式，会用到卡片作为部件（可以是皮、木、纸质的），卡片上有若干个孔，供穿针引线，织出丰富的图案。

男装复原图，包括裤子、束腰外衣和以胸针固定的斗篷。
女装复原图，包括细褶直筒连衣裙、罩衣和椭圆形胸针。

又重的胸针或强力的系带固定在右肩上。持剑的右臂因此可以自由活动。马门墓葬中的一些大型刺绣羊毛残片，或许就出自一件斗篷，但它们在 19 世纪被墓葬的发现者撕碎了。同一座墓葬中，还有一对加垫的丝绸"袖章"①，它们被戴在一件美观的束腰外衣的袖子末端；类似的打扮也出现在克努特国

---

① 此物棕红色，由塔夫绸（taffeta）和卡织的丝绸加工成环状，垫上了羊毛。参阅 Ben Waggoner et al：*Heathen Garb and Gear：Ritual Dress，Tools，and Art for the Practice of Germanic Heathenry*，Philadelphia：The Troth，2018，p. 30。

王的画像中①。男性也可能戴尖顶或圆顶的帽子，或者系上缠头布。

　　比尔卡丰富的墓葬中已经出土了细羊毛和亚麻制成的类似卡夫坦（kaftan）的夹克残片，以纽扣固定，或者以华美的皮带斜挎在身。它们有丝绸饰边、金线银线刺绣和其他金线装饰物，放眼望去都像东方的。这些夹克通常拥有与之匹配的头饰，它们一定是社会顶尖阶层之中流行的时尚饰物，而不仅仅是从东欧和亚洲买到的纪念品。这反映了斯堪的纳维亚东部受到了东方的强烈影响。

　　认为所有斯堪的纳维亚妇女都穿着一种民族服饰——一模一样的服装式样配以标准的首饰——是一种错误的想法。这样的服装只有贵族和家境殷实的中产阶级才能穿，想必是作为"盛装"而留用的。它绝不符合想象中的刻板形象，尽管这种颇似无袖围裙（pinafore dress）的外衣是一种典型服饰。它的准确式样无法确定，因为那些来自比尔卡墓葬和海泽比港口的最可观的遗物也不过是一些残片。这是羊毛或亚麻制成的服装，可以用花边和条带加以装饰。它在顶部和底部径直裁开，从腋下拖到小腿肚或更低的位置。它由胸前两根短带和背后两根长带拉起，胸前的两枚大型椭圆形青铜胸针将带子固定，搭在两个肩膀上。一串彩珠可能会悬挂在两枚胸针之间，一些有用的小物件可能用链子挂在其中一枚胸针上，如小刀、针线盒、剪刀、钥匙。

40

---

① 很可能指克努特手腕处的环状物。这种袖章（armband）也可以叫腕章（wristband）。参阅 Ben Waggoner et al：*Heathen Garb and Gear：Ritual Dress，Tools，and Art for the Practice of Germanic Heathenry*，Philadelphia：The Troth，2018，p. 30。

在整个斯堪的纳维亚（哥得兰岛除外，因为这里使用高度风格化的兽首胸针）和维京人定居的所有地区，富裕女性墓葬中都发现了椭圆形胸针。在维京定居地中，这些胸针通常都标志着死者出身于斯堪的纳维亚。10世纪末，胸针退出了时尚舞台。在《里格的赞歌》中，卡尔的母亲被描述为双肩上有"矮人"（*dvergar á öxlum*），这肯定是指胸针。"矮人"一词在其他语境中用来指一些支撑大件物品的小玩意儿，就像在建筑物中那样。在这个案例中，衣服是"矮人"撑起来的。

直筒长裙（long shift）是穿在罩衣之下的。比尔卡10世纪的残片表明，有些时候它是以非常精细的方式打褶的。当时有一种时尚，即在直筒长裙脖子处别上一枚小型圆胸针。比尔卡墓葬中的一些贵族女性，在罩衣之下穿一件装饰着花边和条带的束腰外衣。为了搭配束腰外衣，她们大概穿着一件精美的夹克，也可能穿着其他外套，再戴上缀以美丽条带的头饰。就像男士夹克一样，束腰外衣和女士夹克的设计一定曾有东方的起源。

大部分女性的标准装想必是紧身长裙，海泽比港口发现过一些衣物残片。大多数斯堪的纳维亚妇女也戴披巾或斗篷，用一枚金、银或青铜的装饰性胸针固定在胸前。这些胸针通常是三叶草形、矩形或圆形，从10世纪开始圆形胸针尤为典型。哥得兰岛有一种类型独特的胸针，形似圆盒，整个维京时代都在使用。9世纪，挪威一些披巾和斗篷的胸针是用不列颠群岛收集的部件和其他物件制作而成的。这方面存在选择的余地，相比之下，罩衣上使用的就是清一色的椭圆形胸针了。甚至椭圆形胸针上的装饰通常都是千篇一律的，因为它们大部分都是依照几种设计方案量产的。对于男性和女性的内衣，我们还没有掌握实质信息，但考虑到北欧的天气，女性或许穿着长筒袜。41

海泽比贵族的时尚可能受到了西欧而不是东方的影响，很可能整个丹麦的贵族都是如此。史载，丹麦国王、酋长和他们的妻子从西欧君主那里接受了作为礼品的豪华衣物。再比如说，用来装饰衣物的金线是由丹麦的一种不同于比尔卡的技术生产的。

首饰

就像维京人精致的时尚一样，他们的首饰也反映出对珠光宝气的喜爱。大多数首饰是有实用功能的，但他们也佩戴臂环、项圈、项链、吊坠，有的时候刻上基督教或异教的象征物，如一个十字架或托尔之锤（插页图 16 ~ 17）。戒指极其少见，而作为典型的斯拉夫打扮，耳饰也非斯堪的纳维亚原有传统。

男男女女都佩戴贵金属的臂环和项圈，以这种形式炫富。正如 10 世纪 20 年代在伏尔加河畔遇到维京人的伊本·法德兰描述的那样。

> 他们把金质或银质的装饰品挂在脖子上。每一位拥有 1 万迪拉姆（dirhem，阿拉伯银币）的丈夫都要为妻子定制一件这样的装饰品；如果他拥有 2 万，他就定制两件，每多 1 万迪拉姆就意味着多一件新的。一位妇女往往有很多件这样的装饰品。

斯堪的纳维亚存世的大多数项链、项圈、臂环，都是白银制成的，很多是从阿拉伯银币加工而来的。这些首饰通常是朴素的，以标准的重量单位制作，所以方便对其估价。由于在维京时代的大部分时候，大多数交易都是用白银依重量支付，因此首饰是携带财物的一种实用方式。如果需要付的钱较少，将首饰切成多块即可。

黄金当然也用于装饰。维京时代最大件的黄金首饰是丹麦西兰岛蒂瑟湖附近发现的一个项圈。1977年一个和煦的春日，它被一辆播种机的轮子刨出土，因此重见天日。这个项圈是由四根粗金线编织而成。原重约1900克，但丢失了一小部分，现重1830克。① 它一定是为了某尊神像或者某个胸膛宽阔的大块头制作的。

维京时代的很多首饰遗存至今。它们主要从窖藏和墓葬中出土，或者是金属探测器发现的；尽管除了铁以外的所有金属很可能必须由外界进口，但几乎所有首饰都是在斯堪的纳维亚制作的。最符合斯堪的纳维亚特色，风格也最保守的物件，当属用以固定女性罩衣的椭圆形胸针。然而，一些胸针是国外设计基础上的斯堪的纳维亚改版。例如，用于固定女性披巾和斗篷的三叶草形胸针，受到了法兰克帝国使用的三叶形剑璏的启发；而男性维京人在右肩使用的固定斗篷的非闭环胸针，尤其在挪威和不列颠群岛，是受到了爱尔兰或苏格兰固定方式的启发。这种时尚发源于不列颠群岛上的殖民地，随后向东传播。这些胸针有很多是银质的，有一些非常大，所以它们显然是社会地位的象征和财富的来源，就像臂环和项圈一样。

13世纪初，斯诺里·斯图鲁松记载道：约250年前，冰岛人曾将一枚重约25磅的银质肩部胸针赠给一位创作了一首恢弘民族诗歌的诗人。这个漂亮的礼物无疑是一枚非闭环胸

① 直径约30厘米。

针，但基本不可能戴在衣服上。据故事记载，诗人将胸针切碎，给自己买了一座农场。现在已知最大的斯堪的纳维亚非闭环胸针最多重1千克，即便这样也重得难以佩戴。这些胸针如果与一根长达50厘米的别针搭配，就可以用在非常厚的、可能由毛皮制成的斗篷上。有图画显示，非闭环胸针与一根尖头朝上的长别针一起佩戴在肩膀上方。

43　　然而，维京人也使用外来物件。例如，给一些外来的配件上加上一根别针，或者在背后打孔，就加工成了妇女的首饰（本书第272页插图）。在斯堪的纳维亚各地，流行用国外的廉价小物——如硬币、指环或小配件——装点彩珠项链。其他进口的物件包括维京时代早期的标准重量的东方项圈；在斯堪的纳维亚，它们被卷成螺旋形，作为臂环佩戴，也作为现金使用。

关于维京人，有一种流行的观念认为他们喜欢用从各地带回的各式各样的玩意儿把自己打扮得花里胡哨。但把有身份有地位的维京人想象成"国际圣诞树"是错误的。外国装饰品能够派上的用场是有限的。与斯堪的纳维亚物件相比，它们的数量也不多。

之所以产生这种误解，原因在于斯堪的纳维亚和斯堪的纳维亚人常常被视为单一的实体。但斯堪的纳维亚不能被视作整齐划一的，即便本土首饰也是如此，因为不是所有的物件都在所有的地方流行，而维京时代的时尚也发生过变化。外来的实物也展示了东西方影响力的两极分化，这种分化在整体文化模式中明显可见：从东方进口的首饰主要在瑞典东部尤其是比尔卡发现，而从西欧进口的主要在海泽比，从不列颠群岛进口的主要在挪威。当然，只有非常富裕的人才付得起一件由能工巧匠打造的独一无二的黄金胸针。大部分人拥有一件量产的镀金青铜仿制品就心满意足了，更差的连一枚胸针都没有。

维京人通过他们的服装和首饰展示他们的文化关系、经济状况和社会地位——就像古往今来的所有人一样。

住房和飨宴

生活围绕着田宅（homestead）进行。田宅或大或小，依经济和社会状况而定。在后续章节我们会看到，大量考古发掘显示，城镇房屋和农村房屋在外观和规模上都不同，但两者通常都坐落在围栏围起的地块中，其他各种用途的建筑在这个地块内分散分布。

建筑材料（木材、黏土、石头或草炭土，或以上材料的组合）和建筑技术根据各地的资源而有所不同。最早的砂浆砌合石料建筑是 11 世纪的教堂。随着建筑技术的发展，室内的自立式撑顶柱变少了，柱子不是直接插入地面，而是立在石头上以免腐烂。截至维京时代晚期，在斯堪的纳维亚南部，大型农场中的主屋常与牛棚分开建造，但居室内部的装潢陈设在这一时期没有太大变化。

建筑外观是由材料和建筑方法决定的，但贵族房屋的特色体现在建筑的规模、形式的高雅和工匠技艺的优良上。建筑外部的某些部分很可能也有华丽的雕刻和五彩缤纷的绘画装饰，就像挪威西部的乌尔内斯教堂、哥得兰岛的海姆瑟教堂、日德兰东北部的赫宁教堂等早期木教堂的遗迹。有些时候，这些早期木教堂会重新得到利用。世俗建筑无疑也是这么豪华（插页图 13、23）。

通向房屋的大门可能由雕刻或铁配件加以装饰。房屋和外围建筑都经常使用木制或铁制的锁。对上锁的区域实施偷窃会被视为特别严重的犯罪，偷窃者会受到相应的处罚。钥匙的持有者通常是家中的主妇，这一职责也赋予了她在家庭中较高的地位。

在室内，房屋通常被分成若干房间。由于墙壁上的开口又少又小，房间内的光线应当是昏暗的；这些开口想必能够用百叶窗关闭。火塘可以增加一些光亮，屋顶和山墙上的通烟口也能放进一点光亮。油灯、蜡烛（价格不菲），很可能也有脂烛①，能够发出更多光芒，供缝衣纺纱之需。火塘通常位于起居室中央，这是一块地面稍稍抬高的四边形区域，用于做饭、

45 取暖。一些屋内有一个靠墙的半球形小炉子，还可能有一个开放式的火塘。由于没有烟囱，屋内应该会产生烟雾，很多人必定会有轻微的二氧化碳②中毒症状，尤其是在冬天不得不花很多时间待在室内的时候。

46 地板是压实的泥土制成的，有些时候铺上了麦秆和干草。沿墙处常有低矮的土质平台，木材覆盖其上。在较小的屋子里，这些平台的纵深相当于一把通常规格的长椅，而在较大的屋子里，它们的纵深可达 1.5 米。加高的区域可以避免冻脚、避开气流，供生活起居；而地板是用来行走的。维京时代的一些房屋带有墙板。10 世纪末创作于冰岛的游吟诗《家之颂》，就描述过一座新建的酋长厅堂里装饰着墙板。一些装饰墙板在冰岛的弗拉塔通加（Flatatunga）有遗存；它们很可能来自一座教堂。

---

① 脂烛（tallow candle），可能是牛油或羊油制成的。
② 原文如此，疑为一氧化碳。

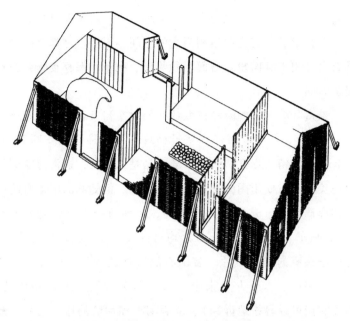

一座保存良好的海泽比城镇房屋（复原图）。建筑面积为
5米×12米。墙壁是在木框架基础上以篱笆和胶泥砌成。屋顶
覆盖芦苇或麦秆，其重量由支撑长墙的倾斜外柱承担。屋内分
为三个房间。居中的房间有一个开放式炉台和两面靠墙的宽平
台，这必定是同时承担厨房和起居室功能的房间。在较大的山
墙一侧房间中，有一个半球形的烤炉。而较小的山墙一侧房间
可能是一间作坊，山墙上还有一扇窗户。这座房屋在维京远征
的高潮年代被使用。树木年代学表明该房屋建于870年。丹麦
莫埃斯高博物馆和海泽比曾修建一座原大复制品（前者已于
2013年拆除）。

　　最重要的家具，当属布料或毛皮制成的小毛毯、挂毯、枕
头、垫子，以及加锁的柜子和箱子，这是仅有的储物家具。矮
凳可能也很常见，但其他家具就罕见了，而且存世的太少。人
们在谈话、吃饭、工作时，蹲坐或叉腿坐下。睡觉区是内嵌的
凹室或小型的隔间，或者只是在平台上找个位置，晚上把小毛

毯铺在这里。屋内应该会有一台大织布机。家用器皿存放在架子上，补给品一定会占据相当大的空间。很多家庭都有一台手推石磨，用于磨面粉。磨面粉和收集、准备、保存食物会花费很多时间。

维京墓葬和一些游吟诗歌让我们对富裕家庭的家具有所了解。834 年，与挪威南部奥塞贝格坟丘中的那位妇女同葬的，还有巨量的精巧物件。大多数随葬品是木制的，通常都雕刻得很精美，有时候用图画和金属配件装饰。但随葬品中也有纺织品和金属器具。这些家具、厨具、多种纺织工具、交通工具（船、马车、雪橇）、农具等，均出自一位国王或酋长的家中。有一条狭窄的挂毯残片，装饰有故事性的场景，还有一把椅子、很多柜子、至少五张床（或许是为旅行而专门制作的，因为它们可以轻松地拆卸）、塞满羽毛和羽绒的床上用品、高高的油灯、织布机、精心打造的大锅挂钩、大锅、平底锅、水桶、酒桶、浴桶、饲料槽、汤匙、刀具、瓢和包括食物在内的其他物品（插页图 2~3）。

47　　　其他的发现有：在与奥塞贝格相去不远的戈克斯塔德一处船葬中的床；日德兰耶灵坟丘的墓室中雕刻精美、饰以图绘的木片，或许是家具的一部分。也有很多证据表明羽绒和羽毛填充的床上用品的存在。瑞典隆德发掘了一把残存的椅子；从图画和作为护身符佩戴的微缩模型上也能看到椅子的形象。类似挤奶凳的低矮凳子，以及柜子、箱子、厨具、优质餐具的残存都被发现了。节日场合会用到桌子。日德兰北部赫宁的一座女性墓葬中，含有一张独特的放置洗脸盆的小桌子。贵族在用餐前后普遍使用洗脸盆，因为它们在他们的墓葬中常有发现。人们用手指和一把刀吃饭，和当时欧洲其余地区的习惯一样。而汤通常是盛在大口杯或碗中喝的。不知道有没有叉子。汤匙又小又罕见。

飨宴很可能与西欧其他地区的相似，但过程大概是相当喧闹、狂野的。一场王室飨宴很可能类似这种场景：在长长的厅堂里，椅子摆在墙边的平台上。国王或他的代表在一面墙的中间位置有特设的座席。其他宾客的位置依其品级和名望而定。长椅铺着垫子，墙上挂着幔帐，其上可能绘有诸神和英雄故事的场景。在长椅前方（也在平台上）是又长又窄的桌子，配以精美的餐具。这样方便了仆人们端上更多的食物。食物要么来自山墙端的房间，要么来自另一幢建筑物。地板中间的火塘中烧着火，油灯、蜡烛或火炬可能在各处点亮。人们身着盛装，佩戴琳琅满目的珠宝，但他们的武器很可能留在室外。

酒精饮料包括啤酒、蜂蜜酒（由蜂蜜和水酿成）、葡萄酒或"比约尔"（bjórr，一种高度发酵的水果酒）。还有各种肉类。鲜肉用扦子串起来煮或烤，或者用盐腌、烟熏、干燥、醋腌等方法储存。酾制对肉质的影响也被人发现并利用。此外，可能还有鱼类、面包、稀粥、乳制品、蔬菜、水果、浆果、坚果。食物的调味品有盐、香草、香料（奥塞贝格墓葬中有孜然、芥末、辣根）。 48

宴会上，游吟诗人朗诵诗歌、讲故事，乐师一定会演奏长笛和里拉琴，还可能有杂耍艺人或杂技演员出来娱乐众人。这种宴会可能持续数日，一场豪华飨宴有助于建立东道主的声望。其间，可以达成协议、确认敌友、撮合婚姻。

不来梅的亚当记载道，汉堡–不来梅大主教在1050年前后曾前往石勒苏益格，觐见斯韦恩·埃斯特里德松国王，承担

外交使命①:

> 最后,按照蛮族人的习俗,他们连续八天奢侈地互相宴请,以此对盟约加以确认。在那里,很多教会问题得到了处理;基督徒的安宁和异教徒的改宗问题得到了决定。所以,教长(prelate)满怀喜悦地回国了,并说服恺撒②把丹麦国王召至萨克森,这样,各方都可以向对方发誓保持永恒的友谊。

---

① 据不来梅的亚当记载,斯韦恩国王曾迎娶自己在瑞典的血亲。汉堡-不来梅大主教以此为由,威胁要将斯韦恩逐出教会。斯韦恩针锋相对,威胁洗劫整个汉堡教区。在教皇的劝解下,斯韦恩宣布离婚,但他生性好色,沾花惹草,仍然引起教会的不满。挪威的哈拉尔四世崛起后,感受到威胁的大主教转而尝试缓和与丹麦(斯韦恩)的关系,遂有此次外交任务。参阅 Adam of Bremen: *History of the Archbishops of Hamburg-Bremen*, translated by Francis J. Tschan, New York: Columbia University Press, 1959, pp. 123, 129。

② 指神圣罗马帝国皇帝。

语言、文字、人名

49　　"丹麦话"（*dönsk tunga*）一词用来指维京时代和随后几个世纪的语言。通常认为这个名称源于斯堪的纳维亚之外，但后来被维京人自己采纳了。它暗示了斯堪的纳维亚各语言间的差异不大——相比现在要小得多——而这些语言跟其他日耳曼源头的欧洲语言相比又有明显区别。在维京时代前的几个世纪，斯堪的纳维亚语言经历了很多变化，使它们与南方邻国和盎格鲁－撒克逊英格兰的语言越来越不同，这样的语言发展在整个维京时代继续进行。

　　"丹麦话"听起来是什么样，我们所知有限，但从游吟诗歌、其他语言中的斯堪的纳维亚借词、硬币上的刻印文字，我们能够推断出一些信息。卢恩铭文展示的信息极少，因为：（1）词语的拼写并不一致；（2）经常采用庄重、古朴的语言；（3）只有 16 个字母的书写系统对于揭示语音系统作用有限。

　　然而显而易见的是，语言差异，尤其是语音差异在斯堪的纳维亚确实存在：西诺尔斯语基本上用于挪威，东诺尔斯语用于丹麦和瑞典，截至维京时代末期，丹麦语和瑞典语之间的差异开始凸显。语言发展或许已经促进了民族认同感的增强；但相反的情况也有可能是真实的：挪威、瑞典、丹麦三王国的形成部分地造成了语言的差异。然而，这种差异小到今日的斯堪 50 的纳维亚人仍然能够互相理解的程度；很多卢恩铭文的词语一经转写，不费大力气也能理解。部分原因是很多古诺尔斯语词语在维京入侵后被英语借用，许多词语在英语中也常见，就像丹麦奥胡斯一块卢恩石碑的铭文所示：每一行都逐词翻译为现代丹麦语、瑞典语、挪威语和英语（"raised"和"fellow"两个词是斯堪的纳维亚借词）。

kunulfR auk augutr auk aslakR auk rulfR risþu

Gunulf og Øgot og Aslak og Rolf rejste

Gunulf och Ögot och Aslak och Rolf reste

Gunulf og Øgot og Aslak og Rolf reiste

Gunulf and Øgot and Aslak and Rolf raised

stin þansi eftiR ful fela(k)a sin

sten denne efter Ful fælle   sin

sten denne efter Ful bolagsman sin

sten denne etter Ful fellen   sin

stone this after Ful fellow   theirs

iaR uarþ [难以解读的卢恩字母…y?] *tuþr*

han var······························· død

han var······························· död

han var······························· død

he was······························· dead

þa kunukaR barþusk

da   konger kæmpede

då   konungar kämpade

da   konger kjempet

when kings   fought

（古努尔夫、厄戈特、阿斯拉克和罗尔夫，为他们的伙伴富尔竖立这座石碑；当国王们打仗时，他……死了。）

维京时代的卢恩文字具有斯堪的纳维亚特色。它们是从公元后的几个世纪中诞生的卢恩字母发展而来的，很多日耳曼部落使用过。已知最早的卢恩铭文出自斯堪的纳维亚，可追溯到公元 200 年前后。这一时期的卢恩文字有 24 个字母，主要由垂线和斜线构成，特别适合刻在木头上。水平线可能与木材的纹理混淆，因此被避而不用。

51

维京时代的 16 个卢恩字母。上方是所谓的"常体"或"丹麦体"字母，下方是"短杠"字母。

8 世纪中叶，卢恩字母的数量降至 16 个，一些字母的形状简化了，使其更容易被刻画。然而，它们变得更加难以释读，因为大多数字母拥有多种含义，一个简单的字母不得不表示多种读音。例如，卢恩字母 u（u-rune）可以读成 u、o、y、ø 和 w；卢恩字母 k（k-rune）可以读成 k、g、nk 和 ng。与此同时又发展出一套分隔单词与句子的符号系统。今天，很多卢恩铭文即便可以解读，过程也极其艰难。

这种新版的卢恩字母表与旧版一样被称作"fuþark"，这是根据最前面的 6 个字母命名的（字母"þ"经常以拉丁字母"th"表示）。新版卢恩字母表有两种主要变体：所谓的"常体"，或称"通用体""丹麦体"字母，和所谓的"短杠"字母。在"短杠"字母系统中，一些字母的垂直主干上拥有更少也常常更短的笔画——在木头上刻画时，笔画可能只是刀尖刻下的一道深痕——一些"短杠"字母只包含常体字母线条的一部分。

一些人过去常常以为，两种变体是由于各地的发展不同造成的，但推测起来，两种形式在同一时期都在大片地区为人所知且得到使用；常体字母主要用于庄严的碑铭，而"短杠"字母可以迅速刻画，很可能更讨商人喜欢，主要用于日常交流。

16 个字母的新版卢恩书写系统是怎么发展出来的，原因尚不可知。常有人认为，这样的根本性变化肯定是由一个中央权力机关干预带来的，而不是"自然"地发展。确实，这一变化与其他很多根本性的社会经济变化在同一时期发生。

从有意让人看到和读到的碑铭数量判断，上层阶级的很多人一定读得懂卢恩文字。但卢恩文字也出现在各种木器或骨器上，出现在它们能够被刮出或刻出的任何地方——船、手柄、底座、胸针、卡织物、梳子。它们通常只拼出物主的名字，或者只是草草记下的几笔。一些铭文可能是咒语，但之所以这么认为，常常是因为这些卢恩文字令人费解。最奇怪的巫术铭文之一，出现在 8 世纪丹麦的贸易中心里伯的一块人颅骨上，主神奥丁的大名刻于其上。有些时候，铭文只是标明了器物的名字——例如，某人曾经出于消遣，在梳子上写下了"kabr"（梳子）一词。各种各样的信息也被发现，如刻在某块骨头上的"吻我"。然而，更重要的是木棍上刻的"信件"，如在海泽比发现的一例，它很可能出自 9 世纪。很多铭文令人费解，但这一例是向一位名叫奥杜尔夫的男人传达信息，此人将从事某些活动——可惜，我们不知道是什么活动。

维京时代的大多数卢恩铭文（石碑上的除外）发现于城镇和商站，这里比其他地方有更多的人需要阅读和书写。9 世

52

纪林贝特对传教士安斯加尔生平的描写中，确实就提到了这样的信息。它记载道，当安斯加尔于 831 年离开比尔卡时，他向"虔信者"路易皇帝提交了比约恩国王"亲手使用他们依据传统创造的字母"书写的证据[①]来证明自己的活动——这想必就是卢恩字母。然而，斯堪的纳维亚的绝大多数卢恩铭文出自维京时代晚期或中世纪早期，因为拥有读写能力者这时已经不局限于上层阶级。

53　　卢恩字母表的字母顺序与拉丁字母表大为不同。它们通常也不是沿平行线书写的。在石碑上，它们通常沿垂直条带分布；或者在后来的维京时代，沿着一条蛇或龙的身形曲线书写，又或者组成一幅图案或纹饰。与教会和欧洲行政机构使用的拉丁字母不同，卢恩字母不是为羊皮纸、长篇信件或书籍而设计的——尽管一些卢恩字母在 1000 年前后再次经过了改革（"加点式卢恩字母"）。

拉丁字母的使用与斯堪的纳维亚在 10 世纪和 11 世纪推行基督教如影随形，与之相伴的还有欧洲影响力的提升和中央集权的加强。值得注意的是，10 世纪 90 年代斯堪的纳维亚硬币上最早的铭文是拉丁字母，斯堪的纳维亚已知最早的宪章——1085 年丹麦国王圣克努特赐予隆德圣劳伦蒂教堂的恩典——也是根据欧洲惯例，用笔、墨在羊皮纸上以拉丁字母写成的。

然而，卢恩文字对于传递简短的日常信息仍然更为实用，进入中世纪很久人们还在继续使用。不像笔、墨水瓶和昂贵的羊皮纸，记录卢恩字母使用的材料都是很方便获取的，如最近

---

① "书写的证据"是一封信。据《安斯加尔传》记载，比约恩国王住在比尔卡，对安斯加尔的到来表示欢迎。安斯加尔在此留驻了一年半，回国时带上了比约恩用传统字母写的一封信。

一顿饭用过的一把刀和剩下的一片骨头，或者最近的一棵树上　54
的一根枝条。

维京时代的命名习惯也具有鲜明的斯堪的纳维亚特色。大多数人名与欧洲其他地方使用的不同，这使维京殖民地的斯堪的纳维亚地名也与别处不同，因为人名常常是地名的一个组成部分。

我们对斯堪的纳维亚所用人名的了解，主要来自卢恩铭文；外国的文字史料提及维京人通常都使用拉丁化的词形。其他重要的史料是维京殖民地的地名。由于这些史料的性质，已知的男性人名要比女性多得多。一些人名用现代词形列举如下：

托尔斯坦（Thorstein）、乌尔夫（Ulf）、格里姆（Grim）这样的名字在整个斯堪的纳维亚都是常见的，而其他名字则更具地方性。典型的西诺尔斯语人名有埃于尔夫（Ejulf）和奥德凯蒂尔（Oddketil），而典型的东诺尔斯语人名有曼内（Manne）、托克（Toke）、阿斯韦德（Asved）。这就是我们为什么知道诺曼底的斯堪的纳维亚移民主要是丹麦人。试举一例，丹麦人名阿克（Ake）是地名阿克维尔（Acqueville）的前缀。

命名习俗在早前的时代就有显著的渊源，但一些新名字在维京时代迅速涌现，其中就有以异教神托尔（Thor）为基础的名字，如托克（Toke）、托尔斯坦、托尔凯尔（Thorkel）等，它们即便在基督教传入后仍然流行。动物名也常见，要么是以本身的词形——奥姆（Orm，蛇）、乌尔夫（Úlf，狼）、比约恩（Björn，熊），要么是作为复合词的一部分，如戈姆（Gorm）、古努尔夫（Gunúlf）、乌尔夫比约恩（Úlfbjörn）、斯蒂尔比约恩（Styrbjörn）①。某些名字在特定的家族中大量使用：维京时代晚期和中世纪早期丹麦王室中的哈拉尔（Harald）、斯韦恩（Svein）、克努特（Cnut）；挪威王室中的哈拉尔和奥拉夫（Olaf）。

一些人有附加名，它可能指明家族关系（某某之子②，某某之女）、来自何方（例如居住在丹麦的"挪威人凯蒂尔"）、拥有的财产（"持红盾者"阿斯戈特）、某种特质（阿斯戈特·克拉帕，意思很可能是"笨拙的"）。在后来的时代中，很多丰富多彩的附加名被发明出来描述"老一辈"的人。维京时代的风云人物——"野心家"西格丽德、"美发王"哈拉尔、"无骨者"伊瓦尔、"多毛臀"朗纳、"蓝牙王"哈拉尔——在世的时候很可能不这么称呼。在同时代史料中，即便提起他们，也用本名来称呼。

维京时代的很多名字仍然在斯堪的纳维亚使用，如男性名伊瓦尔、拉格纳、托克、比约恩、科尔比约恩（Kolbjørn）、阿斯拉克（Aslak）、罗尔夫（Rolf）、谢尔（Kjeld）、斯文（Svend）、克努兹（Knud）③、哈拉尔、奥拉夫、哈康（Håkon）、埃里克（Erik）；女性名有西格丽德（Sigrid）、托拉（Thora）、英格丽德（Ingrid）、朗希尔德（Ragnhild）、贡希尔德（Gunhild）、居德伦（Gudrun）、托弗（Tove）、奥塞（Åse）。

---

① 斯蒂尔比约恩：意为"狂野的熊"。参阅 Nancy L. Coleman, Olav Veka, *A Handbook of Scandinavian Names*, Madison：University of Wisconsin Press, 2010, p. 46。

② 古代北欧人名中的"某某松"（-son）就是"某某之子"的意思，这个习惯在今天的冰岛依然如故，而瑞典、丹麦、挪威则演化出了固定的姓氏。

③ 斯文（Svend）、克努兹（Knud）显然是斯韦恩（Swein）、克努特（Cnut）的变体。

基督教带来了大量的《圣经》人名和圣徒名，其他国际交流也带来了新名字。"马格努斯"一名可能起源于强大的查理曼的拉丁名——卡罗努斯·马格努斯（Carolus Magnus），或者像冰岛史学家斯诺里·斯图鲁松所想的那样，最初与 10 世纪爱尔兰的维京人有关。这个名字迅速在斯堪的纳维亚流行开来，第一位名为马格努斯的挪威国王是"善良王"马格努斯（1035 ~ 1047 年在位），后来一位瑞典国王也取了这个名字。

社会

同时代史料没有为我们提供关于维京时代社会的准确而详 55
尽的信息，证据只出现在只言片语之中。我们不得不从卢恩石
碑、其他文字史料和考古发现中，一点一滴地完成拼图。使用
时代较晚的材料如法律文本，麻烦无处不在，正如前文所言，
因为年代久远会带来权威性，所以它们经常托古。

维京社会显然存在巨大的社会经济差异。死者可能被埋在
随葬品丰富的大型坟丘中，或者是另一个极端——被随意地抛
尸荒野。我们读过关于国王和酋长，自由且自足的农民、奴
隶，以及他们之间的各种社会阶层的信息。我们至少知道各种
底层群体和这些群体之间的流动性与相互关系。有很多并非奴
隶的穷人。对于社会地位处于普通的自由农民和高级武士上流
社会之间的人群，我们知道很多术语：*hauldr*、*Þegn*、*landsmaðr*
等。这些词的含义众说纷纭；我们常常搞不清楚，一个词的含
义是一个集权化管理的军事等级社会中的一种特定职业，还是
当地社会共同体中的一个头衔，或者是指代某个社会阶级的更
加泛化的术语。

然而，社会结构肯定存在地方性差异，而且社会结构在维
京时代内也发生过演变。

奴隶

维京时代的斯堪的纳维亚肯定存在众多奴隶，但他们生活 56
贫困，没有政治、经济影响力，所以只留下了极少的痕迹。

某些罪行会受到沦为奴隶的惩罚，一对奴隶的子女世代为
奴。很多维京远征的目的无疑是俘获奴隶；武士可以蓄养他
们、卖掉他们，或者用他们从富裕的亲属或基督教会换取赎
金，因为教会原则上反对基督徒成为异教徒的奴隶。在对斯堪

的纳维亚地区改宗的记载中，经常会提到赎回基督教俘虏是一种虔诚的行为。

维京人的精良船舶使他们容易从外国的土地上拐走奴隶。莱茵河畔克桑滕修道院编纂的《克桑滕编年史》记载道：837年，

> 猛烈的旋风频繁爆发，人们看见一颗彗星（哈雷彗星）在东方拖着一道长长的光芒，距离人眼约有3腕尺长。异教徒踩蹦了瓦尔赫伦岛（荷兰南部斯海尔德河口的一座岛），抓走了很多女性俘虏及各种数不清的货物。

57　　斯堪的纳维亚，以及东欧和西欧都提到过奴隶贸易。看来人口非常有可能是维京人最重要的交易品之一。1075年前后，不来梅的僧侣亚当写道：

> 这些海盗，被西兰（丹麦的西兰岛）人称作维京人，被我们自己人称作阿斯科曼尼人①。他们向丹麦国王纳贡，请国王允许劫掠生活在这片海域四周的为数众多的蛮族人。因此也发生了这种情况：赐给他们的特许权虽然是针对敌人的，却屡次三番地被滥用在他们自己人身上。确实，他们彼此之间没有信任可言，其中一人抓住另一人时，就会无情地把他视为奴隶，卖给自己的部下或蛮族人。

---

① 阿斯科曼尼人（Ascomanni）：词义令人费解，一说意为"梣人"，可能是因为他们的一些船是由梣树（ash）制造的，但大多数维京船是橡木制成的。参阅 René Chartrand et al. , *The Vikings*, Oxford：Osprey Publishing, 2016，p. 12。

奴隶服从他们的主人，但主人对他们的剥削似乎受到了某些规则的管束。他们在房屋和田野中工作，也可能为维京时代的很多大型建筑工程提供了一些劳动力。伊本·法德兰对伏尔加河畔维京人的描述中，提到在他们的这种贸易之旅中，随团的女奴要做各种工作，包括提供无节制的性服务。然而，在家里的农场，高级女奴和姿色出众或多才多艺的婢女可以过上舒适的生活，受到多方尊重。对于工匠等拥有特殊技能的男奴和值得信赖的老年家奴，情况很可能也是如此。

有些时候，奴隶会为主人殉葬，前文（本书第 59 页）曾有提及。我们发现了若干座双人墓，墓中有为其中一人准备的随葬品，而另一人则遭到暴力杀害。维京时代马恩岛上的一座墓葬就是一例。一位妇女可以与一位男奴合葬，一位男性可以与一位女奴合葬，或者与一位性别相同的奴隶合葬亦可。伊本·法德兰记载过伏尔加河畔的这样一座墓葬，其中的丧葬礼仪引人注目（本书第 211~213 页）。对于没有与主人合葬的奴隶，为他们准备的只不过是在地上挖的一个洞。

有些时候，主人会恢复奴隶的自由，允许奴隶通过工作赎回自由之身，或者由别人为他们买回自由。在某些地方，完全的自由之身只有历经数代之后才能实现，条件是他们还留在当地社会。大多数获释奴隶很可能成为无土地阶级的一员，他们常常成为农场工人或仆人。移民和工匠中可能也有不少获释奴隶。日德兰赫宁的一座卢恩石碑——唯一一座谈及奴隶制的——是由一位脱离奴隶身份、日子过得不错的人竖立的。它写道："铁匠（工匠）托克竖立此碑，以纪念古兹曼之子托吉斯尔，他赐给托克黄金（或可理解为：宣布托克为家庭一员）和自由。"

工匠的社会地位总体上不太确定，但我们知道，熟练的铁匠、造船工人、卢恩石碑雕刻师和游吟诗人得到了高度尊重，可以凭借一身技艺活得很好。

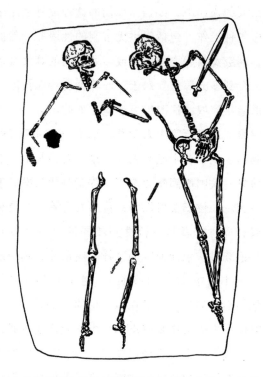

58　　　　10 世纪丹麦朗厄兰岛斯滕加德的双人墓。一主（左）与一奴合葬。后者的双脚似乎被捆在一起，他的头颅落在不正常的位置。根据推测，他应是被斩首的。一支长矛在两人身上斜置。主人的右下臂发现了残留布料。藏于鲁德克宾的朗厄兰博物馆。

自由民

59　　　自由民是社会的骨干。这是一个庞大而多样的人群，除了严格意义上的贵族外，它包括了农场的业主、大地主，以及佃农、承租人、猎户、家庭中的自由成员和一些工匠，商人和职业武士也在其内。自由民有权在庭（集会）上表达观点。公共事务在庭上进行讨论和决定。他们也有权携带武器，享受法律的充分保护。在实践中，自由的理念可能以一定程度的财产为基础。在自由民内部，似乎也存在一些法律上的差异，这种差异以门第和财富、他们与土地的关系（土地是否在一个家族之内传承数代）、他们是否持有王室官职为基础。这些地位上的差异反映在一套累进的赔偿制度中：如果有人受伤或被杀，负罪方应当向遇害者或其家族赔偿多少钱——一个人就是这样被定价的。声望和财富自然也在影响庭的公共决定中发挥重要作用。

农业几乎在所有地方都是基本的行业。很多人拥有并经营自己的农场，但一些人田连阡陌，很可能将其划分为规模平均的农场并出租。亚拉班克就是这样的一个地主。他生活在 11 世纪下半叶。为了让自己永垂青史，他在乌普兰竖立了很多纪念碑，其中有 6 座留存至今。一块石碑现在位于斯德哥尔摩正北的瓦伦蒂纳教堂旁，两面均刻有铭文：

> 亚拉班克竖立了这些石碑，
> 在他活着的时候自我留念。
> 他一人就拥有整个泰比①。
> 上帝拯救他的灵魂。

---

① Täby，地名，位于乌普兰，今亦属斯德哥尔摩。

亚拉班克竖立了这些石碑，

在他活着的时候自我留念，

60　　并且建立了这处"庭场"（集会场所）。

他一人就拥有整座百家村（一种行政区划）。

土地带来社会地位和自信心，其他地方的卢恩石碑也提到过大规模的土地持有，土地是王室和贵族的权力基础中的实质部分。"*Bryti*"（承租人、管家）这一术语，就是我们从卢恩碑文和地名中得知的。考古研究确认了不同农场的规模和贫富有巨大差别。考古发现也揭示了整座村庄都可能被彻底重建，日德兰的沃巴瑟就是一例（本书第 144 页）。过去有人推想，维京时代的农场共同体是民主的、静态的。其实不是这么回事。

在本地共同体之外的世界中，可以有很多种途径获得财富和成功：海盗抢劫、向遥远的国家发动远征、为某位大酋长或国王服役、发展贸易、移民海外获得新土地。大量资产在维京时代更换了物主，从东方和西方流向斯堪的纳维亚。太多人获得了这些资产。在故乡的社群中，获得金银和英雄事迹会赢得极大的尊重，而新获得的财富和荣誉应当也会带来地位的提升。

关于维京社会的国际性，最为生动的图景来自瑞典中部的乌普兰，因为竖立卢恩石碑的习俗在 11 世纪的乌普兰十分风靡。这些石碑记录了前往已知世界几乎各个角落（虽然大多数是前往东方的）的旅行见闻和在遥远的土地上获得或谋求财富的故事。这些卢恩石碑是志得意满的富裕农民树立的，瑞典历史学家埃里克·伦罗特将他们称作"新富的暴发户"。伦罗特提出大胆的理论：他们需要炫耀自己的财富和名望，不像旧贵族经常把死者埋在家族坟场的柩船中，配上丰富的随葬品（就像在文德尔、瓦尔斯高和蒂纳那样），这些农民中的大部分人和国王一样是基督徒，但与旧贵族不同；而且国王很可能利用这一野心勃勃的社会阶层，加强自身在当地的权力。作为回报，他们可能得到行政职位和特殊恩宠。

61

过去有人推测，亲缘纽带决定了维京共同体如何运行，家族或血缘形成了以父系血统为基础的大而凝聚的单位。事实并非如此。卢恩铭文和其他证据表明，一个人的亲属关系由父母双方的家族组成，通常是直系亲属——夫妇之间、兄弟姐妹之间、父母与子女之间的关系决定了生活中的际运，而一个人就是对这些亲人负有义务。尽管支付"偿命金"（*wergeld*，一个家族的成员杀了另一个家族的人，向受害方支付的一种罚款或赔偿）的责任深入家族中的支系①，但只有在王室中，更疏远的亲戚才经常被提起。

在民事和军事领域，其他社会关系也是重要的。"费拉"（*félag*），或称兄弟会，其成员之间互相负有义务。兄弟会可能包括了一艘船的共同拥有者。它可以是一个贸易协会，或者是一群效忠某位领主的武士（武士在古诺尔斯语中通常被称作"*dreng*"）。日德兰奥胡斯的一块卢恩石碑上提到了一个叫阿塞尔·萨克瑟的人，他似乎以武士的身份加入了一个军事兄弟会，又以一艘船的共有者之一的身份加入了一个民事兄弟会。像其他很多卢恩石碑一样，这座石碑是他的同伴而不是他的家人竖立的：

---

① 支付偿命金的义务和接受偿命金的权利在家族中分配，亲缘关系越远，这一权利和义务就越小。在冰岛，这一权利和义务能延续到四世孙。Kirsten Wolf: *Daily life of the Vikings*, London: Greenwood Press, 2004, p. 8.

托斯特（存疑）和霍弗与弗勒比约恩一道，为纪念他们的伙伴、一位非常尊贵的武士阿塞尔·萨克瑟而立此碑。他是作为他们当中最伟大的"无畏者"而死的；他与阿尔内共同拥有一艘船。

当然，也有其他超越家族关系的重要兄弟会。在乡村和城市中，很多人紧密生活在一起，一些共同的规则是必要的。存在与守土之责、宗教、法律制度、庭相关的兄弟会。庭就是集会，各种重大的社会决定必须在庭上得到自由民接受，这样才具有正式的效力。

妇女、两性角色与儿童

62　　即使男性占据上风，也有大量证据表明女性在维京社会中保持了自我独立性。很多女性可以独立地施展权威，并作为她们所在社会阶级的成员而受到尊敬。由于男人常常外出参加军事远征或长途贸易，女性留在家中料理各项事务，所以她们的地位可能在维京时代有所提升。斯堪的纳维亚各地的很多卢恩石碑是由女性竖立的，或者是纪念女性的。但这些石碑和其他史料告诉我们，女人的世界通常是与男人大异其趣的。她们之所以受到称赞，不是因为遥远的旅行或赫赫的战功，而是因为持家有道并拥有其他传统的女性特质和技能，这在农业社会中是很重要的。奥丁迪莎来自瑞典西曼兰，她的丈夫为她献上讣文："哈斯米拉①再也不会出现一个能更好地掌管农场的女主人了。"在挪威南部的迪纳有一块漂亮的石碑，贡沃尔为她年

---

① 西曼兰的一地。

轻的女儿阿斯特里德写道："她是哈德兰最手巧的姑娘。"

家庭单位由父母、夫妻和兄弟姐妹组成。考虑到家庭单位在维京社会中的重要性，在最大、最辉煌的卢恩纪念碑上提到女性就不足为奇了。戈姆国王为纪念他的王后蒂勒，他们的儿子哈拉尔为纪念父母，在丹麦耶灵竖立了两块石碑。拜克纪念碑①是两个儿子为纪念母亲维布萝格而立的。格拉芬德鲁普和特吕厄韦尔德纪念碑（均在丹麦）是朗希尔德为纪念她的两任丈夫而立的。

源出母系的王室血统也足以对王位提出合法声索。例如，斯韦恩·埃斯特里德松（1047～1074年在位），依据他来自母亲埃斯特里德的合法权利争夺丹麦王位。其母埃斯特里德是"双叉髭王"斯韦恩的女儿和克努特大帝的妹妹，而克努特大帝的儿子哈撒克努特1042年无子而终。根据11世纪乌普兰的卢恩石碑，女性可以继承无后而终的子女的土地，在某些地方女性可能继承了她们父母的一部分财富，但姊妹与兄弟之间的份额是不相等的，这显然是因为女儿在结婚时必须有嫁妆。

维京墓葬对女性的地位提供了相似的证据。在同一社会圈子里，女性的墓葬与男性的同样豪华——事实上，挪威南部西福尔郡奥塞贝格的女性墓葬是维京时代所有墓葬中最令人叹为观止的一座。在异教时代，女性与反映女性社会角色的用具合葬。黄泉路上的女性，带走的不是男性的工具、武器和猎犬，而是家用器具、纺纱织布针线工具、首饰和宠物狗。两性角色如此深刻地扎根于武士贵族制中，以至于异教时代的两性拥有不同的幽冥世界（参阅本书第212页）。

63

---

① 位于丹麦南部。

在家庭和农庄之外，女性的机遇比男性少得多。据我们所知，她们并不参与兄弟会。没有已知的女性商人或工匠，尽管史料中提到过一位女性游吟诗人和一位女性石碑雕刻师，后者就是瑞典北部海尔辛兰的贡堡加。中世纪爱尔兰历史学家描述了维京人在爱尔兰的所作所为，包括一些关于狂野女武士的激动人心的情节，但这些很可能是戏剧加工。同时代史料告诉我们，890 年前后侵英大军中的女性就包括妻子，在战役之前，男性试图将她们和孩子们转移到安全地带。她们之所以在军中，是因为大军已经在西欧漫游了很多年，此时维京人在寻找可以定居的土地。即便女武士果真存在，她们的数量也不会很多。随着斯堪的纳维亚改奉基督教，教堂集会取代了旧时的兄弟会，而这似乎吸引了很多妇女。一些妇女作为土地所有者，她们的名字被用来为新的定居地命名，在斯堪的纳维亚内外都有这种情况，但该时期的大多数地名仍然以男性人名为基础。

婚姻是两个家庭门当户对的结合。女方可能通常带上嫁
64　妆，男方支付一笔聘金，两者均为已婚女性的个人财产。有这样两位造访过维京社会的阿拉伯使者，一位在 970 年前后前往海泽比，另一位可能在 9 世纪中叶前往爱尔兰或丹麦西兰岛，他们对女性在婚内拥有非常自由的状态大感惊讶；一人写道："离婚权属于女性；妻子想离婚时就甩了丈夫。"无论男女，通奸行为都要受到严惩。1075 年前后，不来梅的亚当记载道，在丹麦男人通奸会被处死，女人则被当成奴隶卖掉，强奸处女也要判死刑。他也对斯堪的纳维亚男人贪恋女色感到愤怒。对于瑞典人，他写道："一个男人凭借他的财产，可以同时有两三个甚至更多妻子，富人和王公的妻子没有数量限制。他们也认为这种结合生下的儿子是合法的。"这些不可能是正式的婚

姻，而是与情妇或女奴发生关系。总之，斯堪的纳维亚男人的好色，抑或他们乐在其中的开放关系，给东方人和西方人都留下了深刻印象。

儿童受到特殊对待。在异教时期，没人要的孩子可以被遗弃到野外，任他们自生自灭，但基督徒强烈反对这种惯例。最后，这种惯例被禁止了，但残疾儿童除外。现在只发现了少数异教时期的儿童墓葬。在丹麦的基督教时代前，似乎没有儿童埋葬在成人公墓中。没有纪念儿童的卢恩石碑，我们也不知道任何关于儿童死后归宿的信仰。

维京时代的童年和青年时光是短暂的。就像全世界各个时代一样，孩子们听故事、唱歌曲、诵童谣、玩一些模仿成人世界的玩具——迷你船模、武器、马匹和工具——但从较小的年龄开始，他们就要去做日常工作。克努特，也就是后来的克努特大帝，1013 年随父斯韦恩国王出征英格兰时，只不过是个青少年。1014 年，父王死后，他成了军队的领袖，很可能名实兼具。两年后，他成了英格兰全境的统治者。

行事准则

整个社会受到惯例和道德信条的约束，今天我们从诗歌和卢恩铭文中可见一斑。背离信条的人会失去荣誉，声名狼藉，也会丧失社会地位。对待家庭和兄弟会中的盟友，应当保持忠诚。领主和部下之间、朋友之间、男女主人与仆人之间，都要讲忠诚。待客和赠礼也有相应的惯例；誓言必须遵守（但不是所有对外远征时订立的和约都得遵守）；不公和侵权必遭报复；等等。可贵的品质会提升个人荣耀：血气之勇、才艺、宽宏大量、慷慨大方（包括分享食物）、口才、聪明、某些事情上的中庸、自制力、友谊、干出非凡事业的能力；在基督教时代，造福社会的行为如造桥、盖教堂也是美德。

　　荣誉的重要性在埃达诗歌《高人①的箴言》中有所说明。这首诗可以追溯至维京时代，而荣誉、名望，是唯一永久延续的事物。

　　　　牛羊早晚会死，
　　　　亲属终归黄土，
　　　　凡人皆有一死；
　　　　而建功立业者的
　　　　美名永垂不朽。

　　　　牛羊早晚会死，
　　　　亲属终归黄土，
　　　　凡人皆有一死；
　　　　而我知道丰功伟绩的
　　　　荣耀永垂不朽。

66　　　《高人的箴言》也给出了很多接地气的、实用的行事准则，与那些为了歌颂王公而创作的好战诗歌传达的价值观殊异。很多人都持有一种宿命论观点，即认为人生的起起落落是命运决定的。在这种动荡年代，世事苍狗浮云，因此这种人生观必定也有其意义。

―――――――――

　　① 指奥丁。

站在陌生的门槛，
穿门而过前，
这个人应当小心翼翼观察这条路，
谁能提前料到哪个敌人
会坐在厅堂里等着他呢？

旅行在外，
比起更好的行囊，
更应该带上理智的头脑。
旅行在外，
最为沉重的负担，
莫过于过量的酒。

明智的客人，
会早点告辞，
而不是逗留太久。
谁在不属于自己的厅堂里赖着不走，
谁就会惹人生厌。

保持中等的智慧是最好的，
不要过于狡猾和聪明：
没有人能够知晓自己的未来，
所以请安心入眠吧。

不是所有的病人都万分不幸，
一些人多子多福，

67

一些人高朋满座，

一些人腰缠万贯，

一些人业绩彪炳。

腿瘸可骑马，

手断可放牧，

耳聋可以成为勇敢的战士，

目盲总比在柴堆上火化好：

死后那就一无所有了。

国王与王国

68　　维京时代之前，斯堪的纳维亚有多个王国，但我们并不清楚它们的疆域有多广、国王或酋长掌握了何等权力，也不清楚他们是如何行使权威的。维京时代在某种程度上也存在同样的情况。对于现今存在的这三个国家是如何统一的，我们也知之甚少，后文"政治发展"一节将勾勒出历史发展的主线（本书第 111 ~ 117 页）。现代丹麦的几乎全部领土，以及现属瑞典的斯科讷和哈兰地区，很可能在公元 800 年前就属于丹麦国王。挪威，更确切地说是近海和深入峡湾的大部分地区，在 9 世纪末首次被一位国王统一。瑞典全境何时首次由同一位国王统治，我们尚不确定。这个国家的几个重要部分在 11 世纪初和更晚的时候有过共同的国王，但瑞典的主体部分在 12 世纪前还没有最终统一。

　　维京诸王国的权力远远称不上集中。各个地区保持了自身的习俗、法律和高度的独立性。旧贵族在各地也拥有巨大的权力，尽管这种权力随着国王管理更加有效而走向衰落。各地的发展也存在不一致性，因为国王的权力总是取决于他与酋长的互动和国际政治。在维京时代和之后的时代，一个王国可能会暂时分裂；一些国王失去了酋长的支持，遭遇流亡或被杀害的命运。一个王国或其一部分领土，可能落入外国君主的统治。

69　　社会上占领导地位的集团对和平与发展的需求，起初必定推动了大片地区被统一在同一位国王之下，这也解释了人民为什么愿意接纳他作为君主，相助他维持地位、履行职责。在欧洲、拜占庭和阿拉伯国家的旅行，使斯堪的纳维亚人认识到了更为发达的行政体系会带来什么好处。在斯堪的纳维亚，对更大、更稳固的政治单位的需求产生于维京时代初期。随着经济和社会结构愈发复杂，这种需求在整个维京时代快速增长。商品的生产迅速扩大，贸易和手艺飞速发展。比以往更多的人掌握了大笔财富，贸易站点发展壮大了，城镇建立了，商品在更广阔的地域内流通，斯堪的纳维亚内部和与外国的关系更加紧密了。财富珍宝必须长距离运输，这对强盗而言是公然的诱惑。海盗能够乘坐当时的新型帆船快速游弋，但武装的卫士也可以这么做。所以，一位拥有足够多军队的国王就能够维持和平，为一大片地区提供保护——并以此换取一定的费用。这种权力成为繁荣共同体的先决条件。

拥有一位能够迅速召集大军的领袖的权力结构，对于防范虎视眈眈的邻国和大规模有组织的武士集团，也变得越来越有必要。此外，由单个强势人物掌握与众神和外国的联系也是可取的。众神负责生活中各个方面的安定与发展。而随着国际关系的加强，两个王国间制定有利的协议也变得重要了。最后，为了维持一定规模的王国，必须有一套行政组织。国王需要一个法院和全国范围内的代表，这为贵族成员和野心家提供了新的机遇。

荣登大宝和个人权势

在斯堪的纳维亚，国王应当有来自父系或母系的王室血统，这是个规矩。国王常常把神祇和大英雄附会为远祖，从而加强自己的合法性。驾崩的国王通常由儿子继承，但没有固定的继承顺位。国王必须经过选举，王族的若干成员都可能对王位抱有野心，每个人都有自己的追随者。总的来看，他们可以达成协议，但有些时候，问题是通过瓜分王国或联合统治而解决的。在其他情况下，索求者会诉诸战争手段。

《法兰克年代记》为9世纪初丹麦新国王继位的相关事件

提供了戏剧性且相当详细的信息。810年，戈德弗雷德国王遇害后，他的儿子们流亡在外，而他的侄子赫明当上了国王。两年后，赫明去世，两派势力争夺王位。其中一派以西格弗雷德（戈德弗雷德的另一个侄子）为首，另一派以阿努洛（早前一位国王哈拉尔的侄子）为首。两人都死了，但阿努洛一党获胜了，遂决定阿努洛的两个兄弟应当为王。次年，即813年，戈德弗雷德的儿子们击败了他们，夺取了王位。这个家族支系后来掌权很多年。

王权也可以多人分享，如父子之间、兄弟之间，但女人无权分享。史料也告诉我们，国王的头衔并不总是与某个特定地理区域相联系：有很多出征欧洲的军事领袖拥有国王头衔，但在他们自己的国家没有任何稳固的权力基础，且有时其母国已经有了强大的实权国王。

间或有新王朝上台掌权。在丹麦，9世纪末很可能发生过一次，10世纪中叶前夕又发生过一次，即老王戈姆的异军突起。他的背景不为我们所知，但他大概宣称过正统，而其权力无疑是靠手中的武器和大量白银夺来的，就像奥拉夫·特吕格瓦松在公元1000年前不久成为挪威国王的方式一样。他[①]的权力基于在英格兰劫掠到的巨量白银。酋长和国王的势力取决于个人的名望与财富：土地、牲畜和易于转手的资产；这种势力是凭借将有用之人集于麾下的能力，依靠领导力、成就的实现和对有功者的奖赏而维持的。

对荣誉和白银的追求是获得权力的先决条件，因此也成为维京时代的主旋律。维京诸王被耀眼的光芒笼罩着，而游吟诗

---

① 指奥拉夫·特吕格瓦松。

人创作歌颂王公的诗歌，赞美胜仗、宝剑和战船，丰厚的战利品和遥远的征服，勇气与忠诚，以及王公赐给部下们的重赏。上层阶级的异教墓葬中发现的武器，反映了这些军事理念。战死的英雄前往武士之神奥丁统治的瓦尔哈拉，花时间与志趣相投的同伴一同作战、宴饮。在生活中，酋长及国王身边簇拥着一批"利兹"（lið），这是一群结为"费拉"（兄弟会）的武士，通过相互间的忠诚服务于领主。他们是他的保镖，陪伴他参加远征和其他旅行，用言行支持他。

维京时代最辉煌的一些纪念物，是新王朝希望在新夺取的领土上留下自身标记的产物。戈姆国王之子"蓝牙王"哈拉尔在耶灵建造了斯堪的纳维亚维京时代已知最大的王室纪念建筑。它由两座卢恩石碑、两座大坟丘、一座王墓等组成，以巨大的围栏围住，用于纪念自己的父母和他本人的丰功伟绩（见本书第 220 页和插页图 12）。较大的那块石碑上的铭文传达了明确的政治和宗教信息：

> 哈拉尔国王下令建造这些纪念碑，以纪念他的父亲戈姆和他的母亲托尔维（蒂雷）——哈拉尔为自己赢得了整个丹麦和挪威，并让丹麦人成为基督徒。

与此类似，挪威南部西福尔的一些大型坟丘是英林王朝的权力标志。统一挪威大部的"美发王"哈拉尔就是其中之一。一些坟丘——奥塞贝格、戈克斯塔德和令人惊叹的博勒建筑群中的某一座（插页图 11）——曾在 19 世纪得到鉴定，坟丘中有巨大的船及大量 9~10 世纪的华丽随葬品，配得上国王和王后的身份。

72

英林（Ynglinga）王朝最初很可能来自瑞典。该王朝的一位游吟诗人斯约佐尔夫在他伟大的诗歌《英林传奇》中将它追溯到 30 代之前的英韦（Yngvi），即杰出的乌普萨拉诸王的传奇祖先，但他也将这个王族与博勒联系在一起。我们不能分辨这个王族的哪些成员埋在博勒的坟丘中，还有哪些很可能长眠在西福尔的其他一些大型坟丘中；但是关于这方面我们有很多种解释。

斯韦阿尔人的瑞典王国的核心——旧乌普萨拉也有大型坟丘。已经发掘的两座坟丘可追溯至 5 世纪和 6 世纪，但遗憾的是，埋在这里的死者和瑞典维京时代的国王有什么关系，我们一无所知；这些国王与乌普萨拉有什么联系，我们知之甚少。然而，我们确实知道，1075 年前后这里有一个异教中心地带和一座异教神庙。

王权

关于斯堪的纳维亚国王的职责范围、权力基础和行政制度，我们掌握了数量惊人的信息，但这些信息的分布非常不平衡，而且有很多是关于更晚的时代的。直到最近，王权还被认为是虚弱的：国王是一位军事领袖兼主流宗教崇拜活动的领袖；这一职位的经济基础是极其有限的；王国行政很可能不存在，所有重大决定都是由庭拍板的。这种解读的基础，是普遍认为斯堪的纳维亚是原始而野蛮的地区。

将本土与国外的文字史料（尤其是法兰克和德意志的）和考古学、钱币学证据结合在一起，并置于我们对同时代欧洲的了解中进行研究，就会在某些方面扭转对斯堪的纳维亚的这种整体印象。确实，国王的职责主要是军事领袖，很可能也是

73

宗教领袖，但他也垄断了权力：他在王国之内提供保护。此外，在与其他国家打交道时，他是正式的国家元首。原则上，主要的决定——除了征兵应对外敌入侵——是自由民在庭上做出的，但事实上，国王的影响力在不同的时期、不同的地点都有所不同，取决于国王与贵族之间的信任度。

林贝特对9世纪安斯加尔使北的描述中，没有提到过丹麦国王霍里克批准安斯加尔在他的国内建造教堂前，曾由庭做过什么决定。在瑞典比尔卡，情形稍有不同，但是可能没有本质上的不同。安斯加尔前往那里传播福音时，觐见奥拉夫国王，国王认为有必要以抽签方式确认众神的态度并摸清庭上的民意，"因为该国的习俗是将公众关切的问题更多地以人民的统一意愿，而不是国王的权力来决定"。这句话常常被引用，作为维京时代斯堪的纳维亚国王的权力高度受限的明证。但接下来的记载修正了这种印象。奥拉夫国王这次之所以小心翼翼遵守程序，是因为近期基督教布道的尝试引起了异教徒的强烈反对。奥拉夫自己青睐基督教。他首先召集酋长，与他们就安斯加尔使团展开辩论，然后，他们走入一处场地进行抽签，结果众神表态他们应当接受基督教。庭召集的那一天，国王让一位传令官宣布了决定。一开始，这引起了反对，但有个人指出了基督教上帝的价值：它是前往弗里西亚最大贸易城镇多雷斯塔德的艰险旅途上的保护神。庭决定遵循国王的领导。所以，就像在丹麦一样，国王的态度对于结果具有决定性。

对安斯加尔使团的记载与其他同时代史料提到了国王身边的一个贵族圈子，他们提出建议、影响决定、身为王国的代表以国王名义出席官方集会。这样的情况，在811年法兰克皇帝查理曼与丹麦国王赫明签订伟大的和约时就发生过——两国的

12 名贵族立下了和平誓言。这些人必定是定期或永久驻留在宫廷中的贵族。很多觐见外国统治者的外交活动也是由国王的亲信负责的。此外，国王在全国各地都有代表，以他的名义行事，保护他的利益，保障他的收入。也有证据表明，动荡年代存在西欧那样特设的海岸卫队。817 年，史载有个叫格卢姆的人负责丹麦南界的安全。城镇和市场的王家代表有助于维护和平并为国王收集财富。

在文字史料中，王家官员有多种不同的头衔，它们的准确含义有时是搞不清楚的。他们通常是当地领主，留在自己的领地上，但获得了新头衔和新任务。其他官员生活在大而分散的国王领地上；在维京时代晚期，胡斯比这一地名就与不少这样具有行政职能的王权中心相联系。斯堪的纳维亚仍然有很多叫"胡斯比"的地方，但它们在瑞典中部最为常见。

一些封疆大吏持有伯爵头衔，但一些独立的统治者和负责较小地区的王家代表也持有该头衔。起初，它很可能只是头面人物的意思。这个头衔想必被斯堪的纳维亚各地使用，但我们了解的主要是挪威和奥克尼的伯爵。显然，从 9 世纪末开始，最强大的挪威伯爵们以特隆赫姆附近的拉德为驻地。他们掌握了从特伦德拉格到北方的权力。在一个多世纪的时间内，该头衔父子相传，有几位拉德伯爵成了国内最强大的人。奥克尼伯爵的权力和头衔也是世袭的。他们虽然承认挪威国王的至尊地位，但大体上是独立的。

维京时代没有固定的王宫，但我们知道存在一个王室庄园的网络，国王巡游全国时会在其中很多庄园逗留。博勒的王室庄园在 9 ~ 10 世纪必定有着特殊的重要性，而在耶灵的庄园 10 世纪中叶变重要了。国王们常常在海泽比、比尔卡之类的贸易中心驻跸，此外也与宗教中心相联系，如丹麦的莱尔、罗斯基勒，很可能也包括瑞典的乌普萨拉和挪威的特隆赫姆。丹麦蒂瑟湖的庄园，以及它的大厅、附属建筑和宗教崇拜区很可能较好地展示了王室庄园的大致情况。它们都设在围栏之内。就像在莱尔一样，庄园内有一个巨大的厅堂（约 50 米长）和很多其他建筑物。980 年前后修建的丹麦环形堡垒也是国王的，但主要是作为军事建筑修建的。

维京诸王的权利和经济基础，包括他们能够向臣民施加多大程度的公共义务，一定大有差异。强大的国王无疑机会更多。王权，不同于每个国王个人的权力，在维京时代是处于强化中的。人民有保卫国家的基本义务。他们必须在国王的命令下拿起武器。截至维京时代晚期，挪威和丹麦存在一套征召制度，可以召集人员、船舶和装备，这套制度很可能是以土地所有权为基础的。建立壁垒和其他防御设施，通常而言必定是一项公共义务，不然数公里长的丹麦土垒是怎么造出来的？其他一些大型建筑，例如 10 世纪中叶的耶灵纪念建筑群，可能也是用征召的劳动力建造的。

王室的经济基础是土地所有权和它带来的产出；如果国王也拥有大量私人土地，得到的回报会更多。此外，国王也能从城镇和贸易中创收，想必是来自对过境商品征收的关税，有时也来自国王独立的贸易活动和铸造硬币。赐予海盗特许权在 1070 年前后的丹麦也是财源之一。此外，违法之徒也向国王支付大笔钱财，以恢复他们的"安宁"。征兵时没有履行义务的人，要被处以"逃役罚金"，这是国王的另一种丰厚财源。以上两种情况在维京时代晚期都有记载。国王有一定程度的自由通行权，因此臣民很可能还负有额外的义务：当国王和他的

76

部下巡游全国时，臣民要招待他们入住。在内部动乱之后，国王的土地持有和收入可以通过收缴敌人的财产而激增。

瑞典东约特兰省莱德贝里的卢恩石碑上的装饰，包括一艘战船、多名武士和狗。比瑟和贡纳竖立此碑，以纪念比瑟的父亲托尔约特。

在国外赚取收入也有相当大的操作空间，包括时不时从被征服的国家或地区勒索贡赋和通行费，或者是一些人花钱向国王或酋长寻求保护和"安宁"。进而言之，一位国王可以通过明火执仗的抢劫，通过被击败或被吓坏的敌人为求他撤军而缴纳的贡赋，而获得巨额财富。

收入和荣誉对维京诸王而言是不可或缺的。他们常常身先士卒，因此很多人英年早逝。据萨迦记载，挪威国王"赤脚王"马格努斯 1103 年在远征爱尔兰时阵亡，享年约 30 岁。他说："国王为荣誉而生，不为长寿而活。" 77

政治发展

下文将对斯堪的纳维亚三国各自的政治状况和发展做一个简要的编年式介绍。

因为丹麦与书面记录传统深厚的基督教国家交界，所以有大量关于丹麦国王的信息，但这个国家何时、何以统一却毫无记载；据推测，它在公元 800 年前，即外国史料开始对它发生兴趣时，就已经统一了。后世的丹麦史书对于它的统一也不置一词。挪威统一的主要步骤，可以从歌颂国王和伯爵的游吟诗歌和国王萨迦中推断。这是一个漫长而复杂的过程，也有很多生灵涂炭。关于维京时代的瑞典史的文字信息几乎没有，瑞典国王的信息也极其稀缺。

丹麦

丹麦（Denmark）得名于它的人民——丹人（Danes），但后缀"－mark"的含义则众说纷纭。几段文字信息和大规模的建筑工程，例如，700 年前后丹麦土垒边境墙的加固、726

年萨姆索岛上的堪哈韦运河①、700 年前后里伯的贸易站，表明它已经存在一个相当强势的有组织的中央权力。这个中心一定是在 8 世纪的日德兰。与中世纪丹麦领土面积差不多的土地，想必在公元 800 年之前就统一在一位国王之下，但对于 9 世纪至 10 世纪初期，我们了解的多是日德兰南部，因为法兰克和德意志作者对很多边境纠纷感兴趣。他们提到了多位国王，包括 800 年前后对查理曼构成威胁的戈德弗雷德和两位联合统治的国王——哈拉尔、雷金弗雷德。后两人在 813 年还统治了挪威南部的西福尔。850 年前后，老霍里克和小霍里克两位国王允许安斯加尔建造两座教堂。史料还多次提及丹麦人在斯拉夫地区的利益、他们与斯拉夫各地的政治联盟。

从 10 世纪中叶开始，我们就知道一系列连续不断的国王了。首先是老国王戈姆。他儿子"蓝牙王"哈拉尔在耶灵的大型卢恩石碑上的信息，明确指出丹麦是个统一的王国。哈拉尔在位较久，见证了丹麦与德意志的边境冲突、挪威的降服、基督教的推行、很多大型建筑工程的实施。哈拉尔想必在扩张国王权威方面取得了成功，但他在 987 年前后被儿子"双叉髭王"斯韦恩驱逐出境，客死他乡。斯韦恩曾一度支配挪威，1013 年又征服英格兰，但在 1014 年去世。在丹麦，他的儿子哈拉尔②继承王位，死于 1018 年前后；哈拉尔的弟弟克努特大帝已经在 1016 年成为英格兰独一无二的统治者，并在哈拉尔死后成为丹麦国王。克努特大帝一度统治了挪威，也可能统治了瑞典部分地区；在 1027 年对英格兰人民的诏谕中，他自

---

① 萨姆索岛是日德兰以东的一座小岛，岛中间有一段非常狭窄的地段，运河就修在这里。
② 哈拉尔二世。

称"克努特，英格兰全境和丹麦的国王，挪威人的国王，部分瑞典人的国王"。1035 年，克努特大帝去世，在丹麦的王位由儿子哈撒克努特继承，后者在 1040 年成为英格兰国王，1042 年无子而终。他在丹麦的继承人是挪威国王"善良王"马格努斯。① 1047 年，马格努斯去世。这段时期，斯拉夫的文德人②经常进攻丹麦，马格努斯的叔叔③"苛政王"哈拉尔或许有段时间统治了丹麦部分地区。但克努特大帝的外甥斯韦恩·埃斯特里德松（1047 ~ 1074 年在位）在整个王国成功夺权。他的五个儿子相继继承他的王位，其中一位叫克努特，死于 1086 年的一场叛乱，不久就成了丹麦的第一位国王圣徒。

挪威

挪威，意为"北方之路"，得名于沿着这个国家漫长西海岸的航路。西福尔之王"美发王"哈拉尔在 9 世纪 80 年代或稍晚的哈夫斯峡湾（斯塔万格附近）战役后使挪威首次统一。

---

① 此事可能会让读者疑惑。《挪威列王传》的记载虽有戏剧性，但可备一说：克努特大帝死后，哈撒克努特起初也有过"收复"挪威的打算，而马格努斯也想报复丹麦人对圣奥拉夫和挪威犯下的罪孽。1036 年，两国都召集了军队，准备在约塔河一决胜负。但是，智者们在国王之间进行了斡旋。最终，双方决定两位国王结为兄弟，在有生之年保持和平，并约定哪位国王先无子而终，他的王位就由更长寿的一方继承。上天让哈撒克努特死得更早，于是马格努斯便在 1042 年成了丹麦国王。丹麦人能够爽快地执行当年的君子协定，一是因为马格努斯舰队压境；二是因为哈撒克努特的儿子全部离世，一时也找不到更合适的继承人；三是因为马格努斯是一位圣徒的儿子，有信仰上的感召力。总之，丹挪两国又一次联合了，而且是由挪威主导的联合。参阅 Snorri Sturluson：*Heimskringla*，Volume III，translated by A. Finlay & A. Faulkes，London：Viking Society for Northern Research，2015，pp. 8 - 9。
② 波罗的海南岸的一支斯拉夫人，与丹麦屡有冲突，12 世纪逐渐被丹麦征服。
③ 马格努斯的父亲圣奥拉夫与"苛政王"哈拉尔是同母异父的兄弟。

79　这次统一只包括挪威南部、沿海地区和峡湾，不包括极北之地。哈拉尔很可能在 930 年前后去世；其子"血斧王"埃里克曾是他的共治者，但父王死后不久，他由于严苛的统治而被驱逐出境。后来，埃里克在西欧领导维京远征活动，并两度成为约克国王。但在 954 年，北英格兰落入英格兰国王统治时，他遭到驱逐并杀害。在挪威，其王位传给了他的弟弟哈康·阿瑟尔斯坦佛斯特里（意为"阿瑟尔斯坦的养子"，他曾经由英格兰国王阿瑟尔斯坦抚养长大）①。哈康是一位基督徒，但他允许挪威人保持旧宗教，采取一种审慎的政策，手段之一是与特伦德拉格强大的西居尔伯爵保持良好关系。伯爵的总部在特隆赫姆附近的拉德。960 年前后，哈康在对抗"血斧王"埃里克诸子与丹麦人的联盟时战死。

接下来 10 年，挪威在埃里克之子"灰袍王"哈拉尔治下受到了丹麦的强烈影响。然而，他的权力似乎在挪威南部最大；他在位的大部分时间里，都没有控制特伦德拉格和来自北方的有利可图的商品贸易。10 世纪 60 年代，他杀死了西居尔伯爵。西居尔之子哈康接任伯爵；约 970 年，丹麦人和哈康的特伦德拉格人组成联军，在一场战役中杀死了国王。

随后几年，哈康伯爵是挪威最强大的男人，但他一开始就接受了丹麦"蓝牙王"哈拉尔的宗主权；995 年，他死于奴隶之手。这时，奥拉夫·特吕格瓦松返回挪威，带回了远征英格兰和其他地区时夺取的大笔白银，当上了国王。特伦德拉格是他的基地，在数年之内，他就控制了从南方到北方霍洛加兰的挪威海岸线。他是个基督徒，开启了系统化的传教活动。1000

---

①　在萨迦中称为"善良王"哈康。其生父是"美发王"哈拉尔。

年前后，从波罗的海南岸返回时，他在斯沃德（位置不明）战役中阵亡，哈康之子埃里克伯爵、丹麦国王"双叉髭王"斯韦恩和瑞典国王奥洛夫·舍特康努格的联盟获胜。

接下来，"双叉髭王"斯韦恩统治挪威，哈康伯爵的两个儿子埃里克、斯韦恩是他忠诚的伯爵；奥洛夫·舍特康努格很可能夺取了奥斯陆峡湾东岸的兰里克。国家再一次分裂了，当时的各种统治情况我们所知甚少。1014 年，埃里克伯爵参加了征服英格兰的活动，1017 年成为克努特大帝设在诺森伯里亚的伯爵。 80

1015 年，参加维京远征多年的奥拉夫·哈拉尔松返回挪威为王。统一王国和暴力改宗基督教的过程重启了。他也将内陆地区置于统治之下，并加强了挪威对奥克尼和设得兰的控制。但在 11 世纪 20 年代，他与北方富裕的挪威酋长的关系恶化了，而克努特大帝对挪威提出了所有权声明。1028 年，他率领一支舰队来到挪威；埃里克之子哈康伯爵率领特伦德拉格人组成军队，威胁了奥拉夫。他横穿瑞典，逃到基辅王公雅罗斯拉夫处避难。哈康现在成了克努特在挪威的伯爵，但不久之后他在"英吉利海"溺亡。1030 年，奥拉夫回国。在夏天，可能是 7 月 29 日，他在特隆赫姆附近的斯蒂克勒斯塔反击一支挪威军队①时阵亡。此后不久，他被追尊为圣徒。

大约同时，克努特大帝的私生子斯韦恩和他的英籍母后阿尔菲瓦（或称艾尔菲芙）以克努特的名义在挪威掌权。然而，他们变得不得人心。挪威人团结在圣奥拉夫年轻的儿子马格努

---

① 这支挪威军队以"农民军"的面目出现，其实是由反奥拉夫的贵族们领导的。

斯周围。此人从 1028 年开始就在罗斯流亡，1035 年前后被请回国。斯韦恩·阿尔菲瓦松逃到丹麦，不久后去世。挪威王权在马格努斯治下再度强化。1042 年，哈撒克努特死后，马格努斯也成了丹麦国王。11 世纪 40 年代中叶，他父亲的同母弟弟"苛政王"哈拉尔从罗斯和拜占庭带上巨额财富回国，声称要分享挪威王位。1047 年，马格努斯无子而终后，哈拉尔成了王国的唯一统治者。然而，他不得不放弃丹麦。1066 年，"苛政王"哈拉尔试图征服英格兰，但在斯坦福桥战役中被哈罗德·戈德温森国王所杀。

瑞典

瑞典得名于瑞典中部核心区的斯韦阿尔人（Svear）。据记载，整个 9 世纪有几位国王出现在比尔卡，其中包括比约恩和奥拉夫。他们接见了安斯加尔，允许他传教。但我们对奥拉夫的权力范围不太清楚，对维京时代瑞典的政治史几无所知。乌尔夫斯坦曾描述渡过波罗的海觐见威塞克斯国王阿尔弗雷德的经历，我们从中得知，南方的布莱金厄和此处以北的海岸地区，以及厄兰岛和哥得兰岛，在 890 年前属于斯韦阿尔人的王国。奥洛夫·舍特康努格（约 995 ~ 1020 年在位）是已知的统治瑞典的第一位国王，也就是说，他既是斯韦阿尔人的国王，也是约塔尔人的国王（斯科讷和哈兰当时属于丹麦）。但在他之前，大概曾有过其他国王，当然这不等于说整个国家统一了。奥洛夫是基督徒，但大部分人口，尤其是斯韦阿尔人仍然信奉旧宗教。在一场叛乱后，他似乎只在西约特兰保住了权力。他的儿子阿农德·雅各布继承了王位。此人也是基督徒，一度在比尔卡以北的锡格蒂纳为王。我们知道，1027 年，克努特大帝自称"部分瑞典人"的国王，但我们不知道这是什

81

么意思。阿农德·雅各布在 1050 年前后去世，由他的同父异母的弟弟"恶王"埃蒙德继承，埃蒙德之后的国王是斯滕希尔。

两只野兽，剑和盾将它们的长舌头编织为面具。瑞典斯科讷省隆德的卢恩石碑上的纹饰，约公元 1000 年。

旅行、交通、船舶

有效的交通工具和稳定的交通路线，对于斯堪的纳维亚的 82
社会经济增长和海外扩张是必不可少的。这主要适用于船舶和
航路，也适用于陆路交通。

很多人经常出行，也有很多人游历至远方——前往本地
或全国的庭，参加宗教节日，出席家族庆典，逛市场。贸
易、战争和外交活动需要他们出国。很多维京人向外移民，
一些人甚至开展探索之旅。旅行家的传闻和记载引人入胜，
前往遥远国度的旅程会带来显赫的声望，以至于在游吟诗歌
和卢恩石碑中均有提及。维京船的华美形象在诗歌、石制纪
念碑、硬币、首饰中长存不朽，也成为涂鸦作品中深受喜爱
的图式。维京时代晚期的不少卢恩碑文也称赞了筑桥梁、建
堤道的活动。

不来梅的亚当在 1075 年前后的作品中为我们展示了陆地
与海上的典型路线：如果你要从瑞典南部的斯科讷驶向锡格
蒂纳，你会在第五天到达；如果你从陆路行走，穿过约塔尔、
斯卡拉、南泰利耶，则需花费一个月。如果你想前往特隆赫
姆，你可以在一天之内从日德兰北部驶往挪威南部；从这里
开始，你要沿着挪威西海岸航行，在第五天到达特隆赫姆。
从斯科讷出发，也有一条通往特隆赫姆的陆路。"然而，这
条路在山区会耗时更长，而且旅行者会避开这条危险的路。"
这条路必定是沿着从奥斯陆峡湾一带深嵌挪威内陆的巨大山
谷走。

纵贯日德兰半岛，从南方的石勒苏益格前往北方利姆峡湾 83
旁的奥尔堡，要花费 5～7 天时间。不来梅的亚当也记载道：
据斯韦恩·埃斯特里德松国王所言，你可以在一个月内轻松地
穿越挪威，而穿越瑞典的坎坷之路至少需要两个月。这想必是

因为大片的森林、湖泊、沼泽地带及多山的地形；在挪威，很多陆路经过了大片植被贫瘠的山地高原。

陆路旅行

在维京时代，人们步行、骑马或驾马车，而在冬季则常常使用雪橇、滑雪板、冰鞋。一道道宽阔的车辙形成了平地上的繁忙道路，要尽可能地保持这些道路的干燥。例如，穿过日德兰的主干道沿着山脊和分水岭分布，后来被称作"军路"和"牛路"。在瑞典中部的湖区，人们可以沿着砾石山脊长途行进，同样的情况也适用于（并仍然适用于）挪威南部的西福尔。然而，在很多地方，道路被湖泊或河流阻断，人们不得不乘船、涉水或架桥通过。

从石器时代开始，人们就建造堤道和浅滩，但直到维京时代斯堪的纳维亚才建造桥梁。最早发现的一些桥梁位于丹麦，全都是在 10 世纪末一个短暂的时期内修建的。丹麦人大概是从斯拉夫人那里学会了建桥，因为波罗的海南部的大规模建桥工作已经开展了较长时间。

丹麦最大也可能最早的桥，是耶灵附近朗宁草地瓦埃勒河谷上的那座。树木年代学将其时代定为 980 年前后。它由巨大的橡木建成，760 米长，逾 5 米宽，表面积约 3800 平方米。这座桥可能只用了几年，因为它从来没有被维修过，而木桥 10~15 年就需要维修一次。它很可能是"蓝牙王"哈拉尔下令建造的，而他当时也在王国各地建造了大型堡垒。这座桥梁使人们穿越宽阔的瓦埃勒河谷变得容易得多，在这座桥质量尚佳时"军路"想必也使用过它。国王或许曾征收过桥费，但浩大的建桥工作也被视为一种光荣的、符合基督教精神的活

84

动。这座桥具有王家气派，它定能让赴耶灵的旅程成为从南方而来的旅人的一段难以忘怀的经历，也可以方便军队向易受攻击的边境地区调动。

大约这个时期，在斯堪的纳维亚其他很多地方，人们为了改善陆路交通付出了很多努力，这想必是因为人们越来越需要开展贸易和其他形式的交流，包括基督徒进教堂礼拜。维京时代晚期几座桥梁和堤道的遗迹已被发现，不少卢恩石碑——看起来通常是基督徒竖立的——似乎提到了道路清理或桥梁、堤道的建造（"brú"一词可以指堤道，也很可能指浅滩及桥梁）。最著名的是亚拉班克在瑞典中部泰比的"brú"，可追溯至11世纪下半叶。这是一条长约150米、宽6.5米的堤道，穿越了沼泽洼地，堤道两旁是竖起的石头；两座卢恩石碑矗立两侧，铭文几乎相同：

> 亚拉班克竖立了这些石碑，
> 在他活着的时候自我留念。
> 他为自己的灵魂而建此桥。
> 他一人就拥有整个泰比。
> 上帝拯救他的灵魂。

85

良好的桥梁和堤道为步行和骑马提供了便利，对车辆运输而言它则是必不可少的。很多证据表明，在合适的地形上使用马车和板车在斯堪的纳维亚是普遍的情况——车辙、车轮、损坏的车轴、货运马车的车体（在女性墓葬中被用作棺材）、载客马车的挽具、石碑和纺织品上的交通工具图案、文字史料中的记载，甚至包括奥塞贝格女性墓葬中发现的一

瑞典乌普兰泰比的亚拉班克堤道。17 世纪佩林舍尔德绘。
彼时该堤道质量尚好。

整辆四轮马车①。

这辆 9 世纪的马车由一个配有辐条轮、双轴的底盘和一个
圆底车体组成。两端嵌板饰以精美的雕刻，松弛地搭在托架
上。遗憾的是，底盘没有为我们提供正常制车方法的明确信
息，因为它的设计导致轮子无法正常转动。在木制车轮上也没
有任何磨损。这些和其他细节表明，这个底盘是专门为陪葬而
制作的，因此制作者没有在意它能不能正常运行。墓中一些其
他物件也有同样的情况。

马和牛被当成役畜使用。运人而不是运货的马车主要是女
性使用的。为了得到更加有效的牵引力，拖拉它们的马匹常常
佩戴挽具。这种挽具可能像其他很多物件一样，是在维京时代
开始应用的。

---

① 本书称此物为 "wagon"，也有其他作品称为 "cart"。看来很多表示 "马
车" 的英文词所指代的事物之间并无截然的分界。如 Theron Douglas Price：
*Ancient Scandinavia：An Archaeological History from the First Humans to the
Vikings*，Oxford University Press，2015，p. 361。

在山区和复杂的地形上，人们不得不步行或骑马，货物必须由人或驮畜背负。在相当平整坚固的地面上，特制的雪橇会被用来运送巨石等重物，而草炭土和其他建筑材料在短途内是由手推车运送的。手推车由两人操作，它是由缚在一起的木板拼接成的，并与两根推杆连在一起。

无论是在海上还是在陆地上，通常都是男人外出旅行。如果他们的行李不多，并且有钱买一匹马，他们就会在地形条件允许时骑马。当时的马比现在的略小，但马具基本相同：马嚼子、马鞍、马镫、马刺均有使用。富人拥有豪华、招摇的马具，有些时候镶嵌着金银，在黑铁的衬托下闪闪发光。纯金骑马装备的遗物确实曾在奥斯陆峡湾东侧的韦尔讷·克洛斯特被发现，包括一副装饰着兽纹和华丽的累丝交织纹的马刺。一些徒步旅行者也拥有时髦的装备：一对雕工精湛的手杖曾被发现。

维京时代最生动的旅行记录，是 1020 年前后由挪威国王奥拉夫·哈拉尔松（圣徒）派出游吟诗人西格瓦特和其他使者，拜谒朗瓦尔德伯爵的长途旅程。朗瓦尔德很可能在瑞典的西约特兰。旅途有一部分是步行的。西格瓦特返程时创作了诗歌《东游记》，提到他们走得两脚酸痛、缺乏睡眠，在渗水的舟中渡河时浑身湿透，晚上寻找栖身之所时也遇到了麻烦；也提到异教徒举办了一场祭祀飨宴，以及他们①快马加鞭把妇女从家中唤出来。

---

① 单看原文的概括，此处"他们"指谁可能令读者困惑。从原诗来看，"他们"是指使团一行人，而不是"异教徒"。见《东游记》第 12 段："当我们骑马经过隆瓦尔德的城镇时，妇女望着我们的扬尘。让我们快马加鞭吧，这样的话，建筑中的贤妻良母就能听见我们的马匹自远方向房屋奔来。"《世界之圈》引用过这段诗，参阅 Snorri Sturluson: *Heimskringla*, Volume II, translated by A. Finlay & A. Faulkes, London: Viking Society for Northern Research, 2014, p. 60。

冬季交通

斯堪的纳维亚半岛的很多地方——例如，山区和瑞典中部的大片湖区，后者在当时比现在更加烟波浩渺——在漫长的冬季，冰雪覆盖陆地和水域时的交通是最快捷的。冰封的湖面可以通行，凹凸不平的地面被覆盖平整。雪橇、滑雪板、雪地靴、冰鞋是日用的交通工具；雪橇和冰鞋（可能也包括滑雪板）在斯堪的纳维亚南部也有人使用。

我们对雪橇和滑雪板的了解源于考古发现和图画，例如，乌普兰伯克斯塔的一座大石碑，其上描绘了一位携带弓箭和猎犬前去猎鹿的滑雪者。游吟诗歌中也提到过滑雪。最华丽的雪橇来自奥塞贝格的那座女性墓葬，墓中有三个雕工精湛的贵重雪橇，供私人交通使用，还有一副小型商品雪橇，非常像时至今日的孩子们用的那种。大型雪橇必定是马拉的；为了在光滑的地面立足，马蹄上都打上了尖铁。冰鞋被称作"冰腿"，被发现的数量很多。它们价格低廉、易于制作：通常是将一匹马的足骨（掌骨）的底面磨平，有时候会打一个孔以便与皮带拴在一起。带尖端的拐棍方便人们在光滑的冰面上快速前进。现代的试验完全证实了这些维京设计的有效性，也颇有趣味。

船舶与航海

船舶已经成了维京时代的象征，这也是情理之中。基于已发现的很多船舶和残骸，我们可以对斯堪的纳维亚船舶的主要类型提供可信的描述，也能对它的专门化提出一些洞见。英格兰和波罗的海南岸斯拉夫地区也发现了这种主要类型，但具有地域性的差异。它很可能是受到斯堪的纳维亚的影响而传入两地的。维京后裔"征服者"威廉为 1066 年征服英格兰而造的船舶属于同一类型。

考古发现也告诉我们，在斯堪的纳维亚内部，船舶也随各地的自然条件而变。也有证据表明，它们在维京时代之内也发生了技术上的进步。帆似乎在维京时代前的几个世纪就已经投入应用了，尽管此前西欧已经使用了好几百年帆船。在斯堪的纳维亚，帆船制造很快就达到了高超的水平，在当时不同凡响。没有帆，维京人就不可能遨游四海。很多船舶现在可以用树木年代学断代。

保存最为完好、最著名的维京船，是挪威西福尔的奥塞贝格和戈克斯塔德的豪华枢船。两者分别于 1904 年和 1880 年被发掘（插页图 2）。树木年代学表明，入土安葬分别发生于 834 年和 900～905 年。其他地方的国王、酋长和上流社会女性也随船而葬。其他考古发现包括 11 世纪的 5 艘不同类型的船，它们在丹麦的斯库勒莱乌被人凿沉，以便堵住罗斯基勒峡湾的通道。1962 年，残骸被打捞出水时，它们的保存状况各不相同。此外，抛锚地和港口也有一些残骸。

88

所有这些斯堪的纳维亚船舶和很多小舟都有搭接①的船体（重叠的列板），以铆钉固定，用动物毛发填充空隙。船体有一根龙骨和逐渐向尖端变窄的船首、船尾。龙骨与舷缘之间、龙骨与船首尾之间、船首与船尾之间，有匀称的曲线。为了强化船体，船体内部有一些对称的骨架，跨着船体的横截面安放，下方搭在龙骨上。每个骨架的两端搭上一条横梁，横梁两

---

① 搭接（clinker-built）：一块木板的一部分搭在另一块木板上，以此类推。重叠部分以弯头钉固定。不同于木板之间的平接。搭接的优点是排水量较小，适合轻型航船。

端通过肘板①与列板连接，以此强化整个结构。在一些图片中，船首下方或船首尾下方有一块三角形或尖头的填充物②，但这种设计没有发现实例。可能有人造过这样的船，但它们很难像有些观点提出的那样与所谓的"柯克船"（cog，一种出现年代较晚的货船）相关。③

斯堪的纳维亚造船者试图通过出类拔萃的手艺和精挑细选的木材，将轻便性与强度、灵活性相结合。他们使用纹理④与成品外形尽可能吻合的木材。因此，骨架材料是从自然弯曲的木材上砍下的，列板是以放射状劈开原木后再塑形的。它们不是锯出来的。通过这种方式，木料的天然强度和灵活性得到了最优利用。船体与骨架之间的接头通过系带或木拴而变得灵活。

在船尾的右手侧，也就是今天说的"右舷"（stýra，意为打方向），放着一把又大又同样灵活的舵桨，为船打方向。船舶由一面横帆推进，它可以收缩，在强风中减少帆面积。一些船也有桨。锚也得到了使用。我们发现的一些铁锚与今天使用的高度相似。

---

① 肘板（knee）：一段弯曲近似"L"形的构件，将横梁与船体内侧相连。
② 所谓的"填充物"（infilling），原书无配图，令人费解。所幸，本书作者的另一部著作《维京时代的丹麦》对此有较详的表述——"哥得兰岛的画像石，奥塞贝格船和其他地方的涂鸦，海泽比最早的硬币和丹麦的一些卢恩石碑上的图画"出现过这样的填充物图案。这种填充物的作用可能是"稳定航向，防止偏航"。"这些图画有助于强调，尽管发现了不少船舶，但我们对维京时代船舶类型的范围仍然所知较少。这句话尤其适用于地域性差异和该时期之内的发展变化"。（Else Roesdahl: *Viking Age Denmark*, British Museum Press, 1982, pp. 30 - 31.）
③ 有趣的是，作者在本书的英文第二版（1998年）中写道："这大概就是所谓的柯克船……或受柯克船影响的船。"
④ 木材纹理不只是表面的花纹，本质上是内部结构（如木纤维）的排列。

文字史料中有很多不同的词语来指代船舶和船型,但往往难以将它们与存世的维京时代船舶相对应。在时代晚得多的萨迦中,这些词语适用于同时代的船舶,而游吟诗歌中的很多词语是出于艺术效果而使用的同义词,不是精确的定义。然而,广博的诗歌词汇反映了人们对优雅的船舶是多么着迷。这些诗歌是讲述战船(被称作 *skeið*、*snekkja*、*dreki* 等)的,理想船型是细长且灵活的,还能快速划动。

从建造方式而言,现存的斯堪的纳维亚船舶可以分为两大类:战船/游船、货船。这两种类型肯定从 10 世纪晚期就存在了,说不定还要更早。此外,我们发现了具有其他功能的小型船舶:渡船、渔船、几艘搭接法制造的划艇、独木舟、一艘 1100 年前后的平底驳船。

战船/游船

相比于它们的长度,这类船又低矮又狭窄。已发现的是由橡木制造的,一面甲板占了船的全长。桨孔沿着整个长度均匀分布,每个"船室",即两个骨架之间的空间有两把桨,所以桨孔的数量有助于我们估算船员的人数。在一些船上,桨孔在不使用的时候,可以用盖板关闭。由于桅鱼[1](在甲板面支撑桅杆)和内龙骨(安装在龙骨上方,用肘板固定在骨架)中的桅座的设计[2],桅杆易于升降。能够降低桅杆在很多情况下

---

① 外形像一条鱼,故得名。

② 由于桅杆的自重和风帆接受的风力,桅杆底部会承受相当大的压力,可能对船底木材造成磨损,进而导致危险的后果。维京船的桅杆底部插入内龙骨(keelson)的槽座中,有将压力分散到船体的作用。内龙骨搭在龙骨上方,但没有与龙骨固定死(避免龙骨受桅杆磨损),而是固定在两侧的肋拱上。参阅 William R. Short:*Icelanders in the Viking Age:The People of the Sagas*,McFarland & Company,2010,pp. 140 – 141。

都是有利的，包括军事掩护和奇袭行动。风帆和划桨相结合的船舶，也具有独特的机动性；它们可以通过低矮的桥梁，不用担心无风停航，还能应付很多不利的风况和水况。最高一块列板的外侧上有盾板①，可以让盾牌沿侧面紧紧放置在一起。这是这类船的一个典型特色。

90

采用这种设计的船有一些很可能是游船和"王船"，而不是严格意义上的战船。例如，9世纪的奥塞贝格船和戈克斯塔德船之间差异巨大，但相对于它们的长度而言都比较宽，因此比10世纪和11世纪的战船更加宽敞，而且做工非常精巧。奥塞贝格船的结构相对脆弱，它的船首、船尾饰有精美的雕刻。这两艘船想必只有安葬在其内的高层人物及其家属才能使用，尤其是出于礼仪需要或其他旅程②才会使用。它们不是寻常的维京船。

在丹麦斯库勒莱乌发现的沉船中，2号和5号船是专业化的战船。它们是形状细长、行驶快速的船舶，就是为了高效运输很多人员而建造的。这就是维京时代晚期在斯堪的纳维亚、波罗的海地区、西欧发动劫掠时用的那种船。海泽比港口发现了一艘非常狭窄的船的残骸，它近30米长，建造于985年前后，工艺之精湛有类挪威的"王船"。这必定是一位酋长或国王的战船，就像9世纪和10世纪上半叶，海泽比和菲英岛上的拉德比那些随葬酋长或国王的船一样。后面的这些船唯有土中的压痕和铁铆钉保存下来。

---

① 盾板（shield-batten），其他书中也称"盾架"（shield rack）。舷缘外侧的一条又细又长的松木板条，盾牌插在缝隙中。

② 例如，天气好的时候在安全的水道内短途旅行，而非远洋航行。参阅 Keith Durham：*Viking Longship*，Oxford：Osprey Publishing，2002，p. 20。

奥塞贝格船 21.4 米长①，5.10 米宽②。在船中位置，龙骨底部到舷缘的高度有 1.58 米。每侧有 12 块列板。高耸的船首、船尾有优美的螺旋形末端。前缘③和最上层船首列板装饰着复杂的动物纹。上方列板每侧有 15 个桨孔，还有一条盾板。这艘船大约建造于 815 ~ 820 年，发现时有 30 把桨和其他装备。

戈克斯塔德船有 23.3 米长，中间 5.2 米宽。在船中位置，龙骨底部到舷缘的高度有 1.95 米。每侧各 16 块列板。顶部以下的第三块列板在每侧各有 16 个桨孔。发现时，这艘船每侧有 32 面盾牌挂在盾板上，每面盾牌有一半覆盖在另一面上。它们被交替涂上黄色和黑色。这艘船很可能造于 9 世纪 90 年代；它有 32 把桨和其他装备，包括 3 艘划艇的残骸。盾牌的数量表明船员约有 70 人，可轮流划桨。 91

斯库勒莱乌 5 号船长 17.4 米，宽约 2.6 米，约 1030 年建造。每侧有 7 块列板，每侧列板上方有 13 个桨孔；这些列板是从另一艘船上回收利用的。一条盾板布置在外侧。斯库勒莱乌 2 号船保存状况较差，长度据估计约有 30 米，宽度约 4 米。每侧有 11 ~ 12 块列板，但上方列板今已不存在。每侧约 30 个桨孔，表明船上至少有 60 名桨手/武士，还有一些附属船员。1042 年，它在都柏林地区建造。11 世纪 60 年代，用产自爱尔兰海地区的木板进行过维修。 92

以上所有船的外部装饰很多今已不存在。拉德比船和布列

① 不同书中的数据可能略有差别。如上引书 Keith Durham（p. 16），奥塞贝格船的长度是 21.58 米。但对这类非关键细节不必过于纠结。
② 最宽处。
③ 船头高高翘起的部分面向前方的那个边缘。

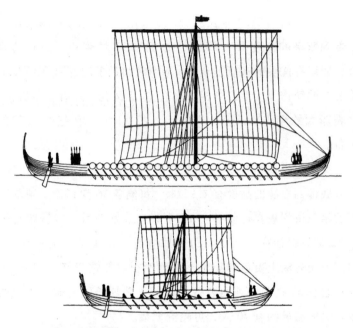

丹麦斯库勒莱乌两艘战船（2 号和 5 号）的复原图。分别为 30 米和 17. 4 米长。2007～2008 年，一艘 2 号船的复制品驶往都柏林并返回罗斯基勒。罗斯基勒维京船博物馆藏。

塔尼近海格鲁瓦岛一艘维京枢船上的一些螺旋形铁箍，必定是船首龙头脖颈处的卷饰，这是这类装饰品所剩无几的遗存。然而，从船首的镀金青铜风信（后来被用作教堂的风向标），从奥塞贝格船的雕刻、戈克斯塔德船两排上色的盾牌，以及图画和文学描写中，我们可以想象它们原本的灿烂辉煌。图画和文学描写也让我们对作战舰队的阵型和动作有所了解。

下面这段大气磅礴的文字，描写了"双叉髭王"斯韦恩于 1013 年从丹麦出发征服英格兰的舰队。作者是佛兰德斯圣奥默修道院一位博学的僧侣。他在 1040 年前后写下了《艾玛王后赞美诗》。他写诗不拘一格，将他从包括维吉尔的《埃涅阿斯纪》在内的罗马古典文学中学到的表达，与他对斯堪的纳维亚船舶和舰队的印象相结合。①

最后士兵们都到齐了，每个人骋目辨出自己站在黄铜船头的首领后，登上了高耸的船。这一边，黄金浇铸的狮子蹲坐船上；那一边，桅杆顶部的鸟儿随风而动，还有姿态各异的龙从鼻孔喷火。这里有纯金、纯银铸造的人像，熠熠生辉，栩栩如生；那里有抬高脖子、伸长大腿的公牛，跳跃着，怒吼着，惟妙惟肖。人们可能看到银金矿浇铸的海豚和半人马，让人回想起古老的寓言。此外，我还可以向你描述很多这样的金属浮雕，只不过这些怪兽的名字我不见得知道。船的两侧不仅涂上了绚丽的色彩，还覆上了金银的图案，但我为什么要连篇累牍地叙述这方面呢？国王的船在美观上超越了其他船，就像国王的九五之尊超过了士兵一样。对于这一点，我与其说不清楚，不如一句话都不说。他们对这样的舰队抱有信心，信号一发出时，就欣然出发了；他们听从命令，簇拥着王船，船首七平八稳，一些人在前（即右舷侧），一些人在后（即左舷侧）。人们可以看到，很多木桨拍打着湛蓝的海水，在广阔的海面激起了泡沫；阳光投在闪闪发光的金属上，在天空中散发双倍的光彩。还有呢？②

93

----

① 以下这段文字，英译者引用的是阿利斯泰尔·坎贝尔（Alistair Campbell）的《艾玛王后编年史》英译本（1949 年版），行文略晦涩。中文版在翻译中也参考了其他译本（Antonia Gransden：*Historical Writing in England：c. 500 to c. 1307*，London：Routledge，1996，pp. 48 – 49）。

② 后文紧接着讲述了维京人登陆作战。

斯堪的纳维亚诗歌对于船只和舰队有着类似的动人描述。例如，游吟诗人阿诺尔在关于"善良王"马格努斯（1047 年去世）的诗歌中，提到船队在国王命令下越海航行时，就像天主麾下的众天使在浪中漂流一样。

货船

货船全然不同——相比于它们的长度，它们的外形上更高更宽。货船前后位置铺设了半甲板，以便在船中留出货舱。桅杆是固定在桅座上的，不易升降。货船是帆船。桨孔位置高于半甲板，数量极少，桨只在狭窄水道和某些机动动作中使用。维京时代的斯堪的纳维亚货船，包括挪威西福尔的贸易中心凯于庞厄尔附近发现的克洛斯塔德船与瑞典约塔河河口附近发现的埃谢克尔船。它们长 16～20 米，均出自 1000 年前后。被保存得最为完好、研究最为充分的货船，是斯库勒莱乌 1 号和 3 号船，大约分别建造于 1030 年和 1040 年。另一艘在海泽比港口发现的超大货船（海泽比 3 号）约 22 米长，6.2 米宽，1025 年前后在该地建造。

对于货船而言，最重要的因素当然是它们能承载多少重量和多大体积的货物。假设一艘船在船中位置必定有占三分之二船高的干舷，这样才有出海所需的载货空间，那么，一些船的承载重量和体积就能测算出来。斯库勒莱乌的两艘船可以得出精确的数据，因为有人按原尺寸造出了准确的复制品"萨迦·西格拉尔"号和"罗亚尔·埃厄"号，所以船在轻装上阵和荷载状态下的吃水深度，以及所需的船员数，都得到了测试。测试表明，它们的承载能力常常大得出奇——船舶必定要造得足够大，才能装载日用补给及奢侈商品。这显然影响了我们对维京时代交易品的认知。此外，它意味着如果船员有权获得同等份额的话，他们每个人都能分到一大批货物，很多船就属于这种情况。根据尝试性的估算，克洛斯塔德船、埃谢克尔船、海泽比船的承载能力分别为 13 吨、18~20 吨、60 吨。

斯库勒莱乌 1 号船由松木所制，这暗示它是在挪威西部建造的。长 16.3 米，船中位置 4.5 米宽。龙骨底部到舷缘在船中位置的高度约 2 米，每侧 12 块列板。船身非常坚固，内部有许多加固结构。船前部和后部的半甲板之上有几个桨孔。帆面积据估算有约 100 平方米。吃水深度约 125 厘米。承载能力为 24 吨或 40 立方米。因此，这艘船满载时平均可载 0.6 吨/立方米。6 个人就能高效驾驶，他们每人可以均分 4 吨或约 6.5 立方米货物。

斯库勒莱乌 3 号是斯库勒莱乌各船中保存最好的一艘，全长的四分之三存世——船的整个前部和船中部的货舱。它由橡木制成，想必是在它的发现地罗斯基勒一带完工的。它体型小而宽敞：13.8 米长，3.4 米宽。在船中位置，龙骨底部到舷缘的高度约为 1.6 米。每侧各 8 块列板。船首 3.7 米长，最宽 0.55 米，是从一整块木材劈出来的。两侧列板的曲线在船首尖端优雅地交会。在船前部和后部的半甲板之上有一些桨孔。帆面积约 45 平方米。吃水深度 84 厘米，承载能力为 4.6 吨或 12 立方米。因此，这艘船满载时平均每平方米可以承载 0.38 吨。5 个人就能高效驾驶，每人可以分享约 920 千克或 2.4 立方米货物。

这些货船显然不适合河流运输，因为河运需要用到桨和帆。在某些路线，例如，沿约塔河进入瑞典中部的水路、波兰和俄罗斯的河流，航船必须造得又小又轻，以便陆上搬运，而斯库勒莱乌 3 号的复制品"罗亚尔·埃厄"号的船体重约 2

96

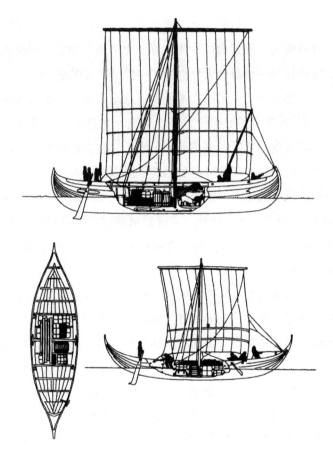

丹麦斯库勒莱乌的两艘货船（1 号和 3 号）复原图。它们分别为 16.3 米和 13.8 米长。罗斯基勒维京船博物馆藏。

吨。有人提出，哥得兰岛廷斯泰德·特勒斯克①湖中发现的残骸来自一艘河上旅行使用的小舟，约 8 米长，2 米宽。根据这

———————

① 特勒斯克（Träsk）在瑞典语中意为"树沼"，即被浅水淹没或浸润、主要生长湿生木本植物的湿地。

艘小舟的残骸、波罗的海南岸发现的斯拉夫小舟、哥得兰岛图画碑上展示的很多帆船，人们建造了复制品"克朗普马肯"号。它的10名船员曾带上一堆铁器作为货物，沿着东欧的河流而上，首先是维斯瓦河，然后把船拖到岸上，最后远达伊斯坦布尔。然而，维京人在漫长的东欧之旅中，可能经常使用当地专门的河舶。

奥泰尔酋长从挪威北部出发进行海上长途旅行所用的船，很可能就类似结实的戈克斯塔德船。前往冰岛和格陵兰的海路大概就是用这种类型和斯库勒莱乌1号类型的船实现的。两种船的复制品在北大西洋的艰险旅程中都表现不错，而"罗亚尔·埃厄"号证明了斯库勒莱乌3号在卡特加特海峡和波罗的海表现突出。

类似这种依据多种不同维京船复制品的测试，也表明在良好的风况下小船可以保持6~8节的均速，所以能够相当快速地远距离航行。"萨迦·西格拉尔"号（斯库勒莱乌1号船复制品）甚至在6个多小时的时间内在北海的强风中保持了10节的均速。"罗亚尔·埃厄"号在侧风条件下的最大速度接近9节。然而，风况并不总是有利的，所以维京时代的货船必须能够戗风航行。它们似乎能以60°方向迎风航行，戗风操作时有1.5~2节的逆风速度。

维京人通常沿海岸航行，在夜间登陆和休息。奥泰尔从霍洛加兰前往挪威南部斯奇林厄希尔的旅程就是这么完成的，花了约一个月时间，但也有不间断航行数日的记载。例如，一位商人乌尔夫斯坦从海泽比出发，渡过波罗的海前往格但斯克湾的特鲁索。这花了他七天七夜的时间，他必定是用重垂线测水深作为导航手段之一。

　　当然，在开阔的海域，例如，从挪威前往冰岛，或从丹麦径往英格兰，这种导航方法就派不上用场了。我们对维京人的导航技术所知甚少。这个话题众说纷纭且难以定论，靠谱的资料极其稀少，但导航技术必定很大程度上建立在对时间和速度的精准感知上，建立在对海岛、海浪形成、太阳和恒星位置的认识上——今天太平洋的某些地区就是这样。太阳高度很可能帮助维京人沿着某一纬度航行，而太阳高度角可以用非常简单的方法测量。此外，航行中登陆一段时间通常也没什么大不了的。例如，从利姆峡湾在丹麦西海岸的湾口航行到英格兰东海岸的泰恩茅斯，在最适合条件下只不过 36 小时。挪威和冰岛之间，有可供登陆的设得兰群岛和法罗群岛。各种权威人士在证据极少的情况下就认为维京人有精巧的导航仪器，其实对于维京人的旅程而言导航仪器并不是那么重要。

　　斯堪的纳维亚沿岸有很多天然良港。很多船吃水很浅，以至于能够开到沙滩上并再度轻松下水。纤细且操作得当的战船尤为如此。没有港口设施时，斯库勒莱乌 1 号这样的大型货船一定是用小舟装货卸货的，而当时最大的一些城镇和贸易站建有码头，如海泽比、比尔卡、凯于庞厄尔。

　　在挪威发现了大量特殊建筑"奈于斯特"（naust），就是冬季存放船舶的地方。在海泽比和哥得兰岛贸易中心帕维肯，发现了修船场的痕迹。一座维京时代晚期的船坞在丹麦法尔斯特岛上的弗里布勒德雷河被发掘出来。破损船舶的部件在这里进行了大规模的回收利用；从斯库勒莱乌 5 号战船就能发现这种回收利用。

　　维京时代可能在阻碍船运的狭窄地段开凿过很多运河，但目前为止，丹麦中部萨姆索岛上的堪哈韦运河仍然是个独一无二的发现，而且它是在维京时代之前就开凿的，约 500 米长、11 米宽，部分河段两侧列有木材①。它可以使吃水深达 1.25 米的船舶直接从深嵌陆地的斯唐斯峡湾进入岛屿西侧的海洋。树木年代法将运河的时代定为 726 年。想必它是出于军事目的而建的，即为了掌控丹麦中部的水域。从斯唐斯峡湾中的一座岛屿②的制高点上可以鸟瞰这片海域。

---

① 指木板建成的壁垒。参阅维京船博物馆网站上的介绍文章（Vikingeskibs museet：The Kanhave Canal, Samsø）。

② 本书此处未配相关地图，单看文字令人疑惑。萨姆索岛是位于日德兰半岛、菲英岛、西兰岛之间的一个小岛，扼守重要航线；而萨姆索岛中部狭窄地段的东侧，有一个海湾（即斯唐斯峡湾），其中又零零碎碎分布着大量更小的岛屿。

生计与居住

1075 年前后，维京时代晚期，教士不来梅的亚当在他的 99
《汉堡－不来梅大主教史》中描述了斯堪的纳维亚的诸多方面。下文概括了他对各国职业和居住状况的描述。

日德兰的土壤贫瘠；除了靠近河流的地方，几乎处处都像荒漠。这是盐碱地，是广袤的荒原……到处都很难找到一块耕种之地，适合人类居住的少之又少。但海湾伸向哪里，哪里就有特大城市……船舶常常从这个港口（石勒苏益格）前往斯拉夫地区（波罗的海南岸）、瑞典或萨姆兰（波罗的海东岸端），甚至前往希腊（即拜占庭帝国）。有人（从里伯）前往弗里西亚……英格兰或我们的萨克森……有人（从奥胡斯）前往菲英岛、西兰岛或斯堪尼亚（斯科讷），甚至前往挪威。

（菲英岛上）是大城市欧登塞。众多小岛包围着它，全都盛产谷物……（西兰岛的）最大城市是罗斯基勒，丹麦王权的总部……（西兰岛）由于勇敢的人民而备受尊敬，就像它丰盈的谷物一样……西兰岛上的黄金非常多，这是海盗抢劫积累而来的……其中一人抓住另一人时，就会无情地把他视为奴隶，卖给自己的部下或蛮族人……斯堪尼亚是观感最好的丹麦省份……人丁兴旺，五谷丰登，商业发达……（博恩霍尔姆）是丹麦最负盛名的港口，也是那些通常前往蛮族人（非基督徒）地区和 100
希腊的船舶的安全锚地。

由于拥有崇山峻岭且封闭……瑞典的国土极其肥沃；除了畜牧业出众，土地还盛产水果和蜂蜜，河流和树林令人惬意，整个地区都是外来的商人……黄金、白银、神骏、海狸皮和貂皮，各种炫富的手段在他们眼里都是浮云，这让我们无脑地羡慕他们……斯卡拉是西约特兰的哥特人（约塔尔人）的大城市（靠近波罗的海是斯韦阿尔人的大城市锡格蒂纳，另外南泰利耶书中也有提及。比尔卡城镇被数次提及，即便它在亚当写书时已经荒废了）。在东部……有一片广袤的荒原，积雪深不可测……在这里，成群的野蛮人阻止人们接触更远方的世界。

（挪威）是世界上最偏远的国家……由于崎岖的山区和过度的寒冷，挪威是所有国家中生产力最差的，只能放牧。他们将牲畜放养在遥远的荒僻之地（这肯定是指夏季牧场）。就这样，人们以畜乳或畜肉为食，以羊毛为衣，靠他们的牲畜谋生。因此，他们中涌现了非常英勇的战士……没有因为过度沉溺于战利品而弱化战力……丹麦人……也是这么穷……因此，贫困迫使他们走向全世界，发动海盗袭击，将其他地区的巨量财富抢回国。他们以这种方式从自己国家的资源匮乏中挺了过来。然而，自从接受基督教以来，他们已经知书达礼……安贫乐道……

挪威人的大都会是特隆赫姆……（由于）国王兼殉道者奥拉夫（的）奇迹治愈能力，（这里有很多人）扎堆而来。

（极北之地的）大洋沿岸（生活着异教徒）……擅长巫术……我听闻（那里的）女人长胡子，男人生活在丛林中……他们以野兽毛皮为衣……很难得到最邻近的族群的理解。（另一支族群居住在）山区，那里终年积雪……在那同样的山区，有巨量的大型野味，以至于该国绝大多数地区只依靠山珍就能生存。人们捕获原牛、水牛、马鹿，就像在瑞典一样……然而，只有在挪威，才有银狐和野兔、白貂和白熊。

十分明显，亚当认为挪威全境和斯堪的纳维亚半岛整个北部地区都是非常偏远、恶劣的地方，认为当地人民和他们的生活方式过于猎奇，难以置信。他也没觉得日德兰半岛好到哪里去；他其实只把丹麦东部和瑞典正面描述了一番。亚当写道，他的信息主要来自丹麦国王斯韦恩·埃斯特里德松，而后者曾为瑞典国王效力12年。亚当显然从未亲身造访过挪威或瑞典，在丹麦可能也没去过多少地方。他的知识是有限的，他喜欢概括和简化，他进行基督教的道德说教。有一说一，这番描述作为同时代人的观点仍然是有趣的，很可能也反映了斯韦恩·埃斯特里德松的一些见解。

然而，斯堪的纳维亚的状况在维京时代的三个世纪中远比亚当的描述要多样。在某些方面，后者完全是误导性的。让我们来比较一下它和斯堪的纳维亚史料。这三个国家的经济毫无疑问取决于当地条件。在大多数地区，农业是经济的支柱，但一位丹麦农民的生活与斯堪的纳维亚北部一位农民的生活大相径庭。在后一地区，庄稼的重要性低得多，人们的生计（主要是牛羊）常常得到渔业和猎捕驯鹿、马鹿、鸟类和其他动物获取毛皮的强力补充。人们也猎取海豹、海象和鲸。一些自然资源，如铁矿和适合制造烹罐、磨刀石、石磨的石料，是另外的财源。

维京人具有从事多种不同类型农业的经验，得以殖民多种多样的地区，包括青山绿水的诺曼底和大西洋中部乱石穿空的法罗群岛。过去常常认为，斯堪的纳维亚内部的居住区也在这段扩张期之前和之内得到了拓展。这种观点的一部分依据是该时期常见地名的分布，例如，有 - *by*、- *torp*、- *toft*、- *tved*、- *setr* 等后缀的地名。但这种情况很可能发生得较晚：在维京时代晚期和中世纪早期，人们在已有的聚落之间索取新土地；森林被推倒，新的聚落在海拔更高且不太肥沃或者可以开发新资源的地区建立了。

然而，斯堪的纳维亚半岛北部沿海地区最初的聚落可追溯至早得多的时期。我们对挪威的那些聚落了解得最多，湾流让那里更加适合人类生存。在维京时代，北极圈以北的远方都有农业聚落：北达特罗姆瑟（70°N）一带都发现过卢恩石碑和农场；甚至在更北的地方还有零零散散的发现，它们大概指示出了在永久聚落以北的旅途中的临时歇脚点。

萨米人也生活在北极圈以北，但多数是在内陆。他们的经济主要依赖渔猎（很晚之后，他们才开始饲养大群的驯鹿）。尽管语言障碍肯定存在，但有大量证据表明他们与维京人进行过交流。还有一些萨米人很可能在更远的南方生活。在维京时代，波的尼亚湾湾口的奥兰群岛上的文化模式主要是斯堪的纳维亚式的，而不是芬兰式的。

丹麦

20 世纪 70 年代以来，大量的考古发掘全面改变了我们对丹麦聚落发展的认识。关于农场和村庄分布、外观与构造的新证据，让我们对维京时代的经济有了重要的领悟。

虽然存在一些独设的农场，但现已明确丹麦大部分地区占主导地位的是村庄。与不来梅的亚当的记载不同，长期的地名研究揭示了日德兰有大量村庄。最著名的丹麦村庄位于日德兰中部的沃巴瑟，广泛的考古发掘（1974～1988 年）揭示了它的布局、外观和变迁。

发掘地点接近现在的沃巴瑟村庄。它的很多"前身"的遗迹被发现了，可追溯至公元前 100 年前后。这些"前身"都是在不同的时期用不同的方式修建的。每隔一两个世纪，聚落的地址会在一小块范围内变动。这在丹麦大部分地区似乎都是典型的，但我们不知道这是由村民们还是由一位大地主做出的决定。其潜在的原因我们也不知道。但一些人提出，这可能部分地是出于农业需要：一块地不肥沃了，就可以盖房子，而一块盖房子的地可以因丢弃的垃圾而增加肥力，从而适于耕作。由于房屋是木建筑，木材插入土中，它们的寿命在丹麦的气候下可能较短（复制品表明二三十年后就需要大修一次），所以为什么不隔一段时间就做出重大决定，将村庄搬迁到枯竭的土地上呢？

我们也想不通，为什么这座村庄在维京时代末期最终迁移了约 500 米，此后就停留在了这个位置。今天大多数丹麦村庄的地址最早可以追溯到 11 世纪或 12 世纪，通常比更早的村庄建立在更适合种庄稼的地方，而更早的村庄所在的位置更适合畜牧。因此，在沃巴瑟和其他村庄，将居住地搬迁到另一种类型的土地上，理由或许是对庄稼愈加重视和新的耕作方式的推广，可能包括耕犁和肥料的应用。到了 12 世纪和 13 世纪，社会和土地所有制状况越来越规范，人们开始向教会和国王承担很多基于土地的税收和义务。早在 1085 年，一份宪章就提到了土地估价（mansus，拉丁语）、很可能基于土地所有制的军事征召制度、上交国王的杂捐。从 12 世纪初开始，丹麦人要缴纳什一税，全国划分为各个堂区（parish）；多数堂区在该

104 世纪内都建立了一座石教堂。因此，在这个时期和之后的时
期，村庄的搬迁是件麻烦事。

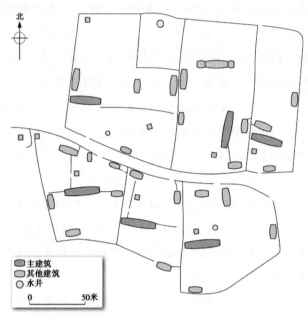

　　　10 世纪丹麦日德兰沃巴瑟村庄平面图。栅栏用线表
示。在栅栏围成的地块内，有 6 座农场，每座农场都有
一条面向公共街道的出入口。① 3 座在街北，3 座在街
南。所有农场都有若干建筑，包括一座主建筑和一座半
地穴式小型建筑（方形标志）。一些农场有一口水井
（圆形标志），北面的一口大水井位于一块单独围成的地
块内。8 世纪，一座更古老的村庄曾搬迁到这个地点，
进行了重建。10 世纪晚期，这座村庄又一次重建。

---

① 上方中间的农场似乎漏画了出口。本书作者也是《剑桥斯堪的纳维亚
史》有关章节的撰稿人之一。其所配 10 世纪沃巴瑟平面图，与本书有所
不同：上方中间的农场有出口；且左上和上方中间两座农场的边界，两
书差异较大，不知孰是。参阅 Knut Helle（editor）：*Cambridge History of
Scandinavia*. vol. 1，Cambridge University Press，p. 127。

8 世纪上半叶，沃巴瑟的地址往南移动了数百米，此时它被划分成新的地块。10 世纪和更晚的时代，这座村庄有 6 座农场。大多数农场的面积几乎相等，而其中两座略大。农场在布局上都是相似的：又大又方、栅栏围成的地块，有一条面向公共街道的宽过道。有一座大型主建筑大差不差地坐落在庭院中部，生活区在一角，牛棚在另一角。较小的建筑通常紧靠栅栏内侧。此外，有一座草料仓；还有一些小型的半地穴式建筑（即建筑的一部分深入地下），通常在出入口附近。一些农场中也有一口水井。某座农场有一间锻造房。由于存在火灾风险，锻造房按惯例坐落在居住地的外缘。

只有埋入地下的那部分建筑和栅栏才留下了痕迹：木材在淡色的土壤中留下的黑印，半地穴式建筑的坑中留下的黑印。因此，我们对它们的底层平面所知最多，而对高出地面的部分就了解较少了。这个地点在长约 3 个世纪的时间内有人居住，建筑和栅栏得到多次修缮、翻新。有些时候，某座建筑的地址变了，或者某处栅栏被略加重排。所有这些痕迹多多少少会令人感到混乱，但栅栏异乎寻常地保存较好，这使我们得以判断哪些是村中同一时期使用的，某个给定时间内村庄是什么样的。在这一方面，沃巴瑟是独特的；作为唯一被发掘的完整维京村落，它也是独特的，但它在历史上有人居住时很可能是平平无奇的。

农场的主建筑有着弯曲的侧墙和屋脊。主建筑长约 30 米，带有装得下二三十只动物（很可能是牛）的牛棚隔间（动物数量可以从分隔牛棚的遗迹中推断）。坚固的木材支撑屋顶，屋顶很可能覆盖着麦秆或芦苇。墙壁为木制，间以板条；或者是抹灰篱笆墙。

105

　　每个院落中的干草储藏室通常都是绕着排成正方形的四根柱子建造的。其他建筑想必包括仆人和奴隶的居室、工作室、食物和冬季草料的储藏室，可能也包括不设隔间的畜厩。它们通常与主建筑的建造方式相同。

106　　从公元 400 年前后到维京时代结束后，半地穴式建筑在欧洲北部的很多地方都是常见的（但显然不包括湿润的地区和崎岖的地带）。它们或是圆形或是矩形，空间相当小，一部分埋入地下——挖出来的土用于建造地面之上的墙体，墙体内侧常常排列着板条。屋顶由两根柱子支撑，地坑两端的中部各立一根。半地穴式建筑之所以流行，是因为易于建造，且泥土和低矮的屋顶有较好的隔绝效果，能起到冬暖夏凉的作用。在沃巴瑟，几乎所有的半地穴式建筑都是矩形的，2.5~3 米宽，3~4 米长，看起来是织布的地方，织布在当时对所有家庭都是一种重要的营生。在其他地方发现的半地穴式建筑，规模和形状略有不同，也是出于其他的用途，例如，作坊、居室或储藏室。

　　沃巴瑟村庄的经济活动必定是围绕畜牧业运行的。划给牛棚的地盘非常大，村庄的地址也接近丰美的牧场和干草田。沃巴瑟也种植了一定量的谷物，田地耕种过的痕迹已被发现。农庄在基本需求方面无疑是自给自足的，但他们有生产盈余，从外界甚至是远方购买货物——已发现的包括出自斯堪的纳维亚半岛的皂石罐碎片和磨刀石、莱茵陶器（平斯多夫器皿）[①] 和很多莱茵石磨的残片。其他很多村庄发现了类似的物品，表明进口货物深入得远远超出城镇和贸易中心的范围。造房木材似

---

　　① 莱茵河一带的高温烧制的土器，出自 9 世纪末至 13 世纪。一般器身为黄色，花纹为红色。

乎也不是当地的，这显然是因为该地没有合适的树木生长。

公元 1000 年前后的某个时候，沃巴瑟再度焕发新颜，扩建了原址，修建了大农场。一些大农场后来被分成了两块地产。村中农场的总数似乎未变，但公共街道不复存在了。

这一阶段村庄的景象是模糊不清的，因为栅栏留下的痕迹极少，但大多数农场中的主居室和牛棚此时已经是分离的建筑，半地穴式小屋也消失了。由于房顶不再是由内撑起，室内也更加宽敞了；斜柱以等距安放在外，撑起了墙壁的顶端，顶住了房顶的压力。这种房屋分为两间山墙室和一间位于中部的大厅，大厅的面积三倍于山墙室。这种设计与公元 980 年前后的大型王家环形堡垒中的房屋相同（参阅本书第 189 ~ 191 页）。

107

最大的农场拥有 2.58 万平方米的栅围区。其内建筑众多，有大量铜匠、金匠、铁匠，牛棚一次可能装得下 100 头牛。这显然是一位大富豪的地产。即便这里可能有大量工作人员，也一定有足够的生产盈余可供销售。

这座农场和其他类似的农场，为丹麦与其他国家交易的一些产品提供了有力证据。这些主要是农产品，其中以动物制品为多（直到最近，动物制品和谷物仍然是丹麦最重要的出口商品）。我们知道，12 世纪 20 年代丹麦大主教阿塞尔赠给班伯格主教奥托的礼物中就有黄油。这是将农产品输出国外的最早记录，它与大农场最后阶段的时间吻合，或者发生在沃巴瑟村庄迁至现址后不久。

维京时代丹麦的其他地方有没有产出剩余的谷物，我们并不清楚；但我们知道的是，一些农场土地是正常播种的。最重要的作物是大麦、黑麦、燕麦，以及豌豆、其他豆类、卷心菜。小麦和亚麻也在这里种植。土壤可以用木铲和锹、锄或带铁片的挖掘棒进行加工，也可以用耒/犁和耙子进行加工。耒（ard）挖开土壤，但与犁不同的是，它无法把土翻上来。我们不知道丹麦何时使用犁。最古老的犁地痕迹出自维京时代前不久的几个世纪，但只在往南数百公里之外，犁早在一两百年前就已经被使用了。[①] 维京时代的耒和犁都没有在斯堪的纳维亚发现过，所以它们的准确外形不为人知。

然而，我们发现了很多收割工具，如镰刀、短钐刀[②]、修叶剪。在北日德兰的林霍尔姆·赫耶，一部分宽30米、长40多米的田地存留至今。一层厚厚的沙子保住了它。这是11世纪的某个时候，因一场风暴而沉积在此的沙子。开挖后，这片田地重见天日，俨然就是风暴前的样子。最后一次犁地留下的人畜脚印和它们被车辙穿过的痕迹均历历在目。田地划分为许多又长又平行的畦（bed），形状略有弯曲，由狭窄的畦沟隔开。一畦有50~100厘米宽，不足10厘米高，看起来曾被犁过。虽然这里种植过什么已经不太可能考证，但很可能是那种必须除草的作物——人们可以沿着畦沟行走。畦沟在暴雨后也有排水功能。

牛、马、猪、绵羊是丹麦常见的农家动物，此外也有山

108

---

① 这句话在本书新旧版本中相差较大，应当反映了学术观点的变化。1998年英译本："我们不知道丹麦何时使用犁。最古老的犁地痕迹出自11世纪，但往南仅仅几百公里，它（犁）在公元后不久就被投入使用了。"新版的表述均是虚数，略显含蓄，丹麦国土面积不大（整个日德兰半岛南北也不过400公里），再"往南数百公里"基本出了丹麦的地界，指丹麦的南方邻国。

② 钐刀（scythe）：柄部近一人高，需要双手握柄挥动，收割半径较长的那种大镰刀。即西方传说中死神手中的那种大镰刀。原文偏在"钐刀"前加上一个形容词"短"，似乎略小于一般尺寸的钐刀，又不同于那种单手使用的、刀刃常弯曲成半圆形的小型镰刀（sickle）。

羊。人们也饲养鸡、鸭、鹅。对骨骼的测量表明这些动物要比今天的小得多。奶牛的奶被加工成了各种各样的乳制品，家牛则被驯养成了役畜。人们还食其肉、剥其皮，用于制作皮带、护套、鞋子。犊皮可以制成牛皮纸，在西欧的学术中心需求极大。马可以当坐骑，也可以用来拉马车；马肉可以食用（至少异教时代是这样），马皮也可以加以利用。绵羊出产羊乳、供纺织的羊毛、羊肉、用于制鞋的温暖毛皮。山羊可食用，可产乳。它们的皮可用于制鞋，也可能用于出口，因为山羊皮可以加工成羊皮纸。家禽提供蛋和肉，羽毛可用于羽绒被和枕头。某些动物骨制成了冰鞋、手柄、锭盘、长笛或针；动物的角经常用作饮酒用的角杯。此外，还有猫和若干品种的狗。

在丹麦，狩猎不是一种重要的食源或财源，而是一种深受喜爱的运动。渔业在沿海和湖区地位重要，似乎存在某些鱼制品的交易，但这并不是当地人的主要生计。他们的膳食通过蚌、牡蛎和大量野生水果、浆果、坚果得到补充。斯堪的纳维亚任何地方都没有留下花园存在的证据，但我们知道海泽比有接骨木、李树和一些桃树。

养蜂在斯堪的纳维亚很多地区无疑是重要的。蜂蜜是唯一已知的甜味料，也被用作防腐剂，还是酒精饮料中的一种重要成分，而蜂蜡是某些金属铸造过程中的必需品，也是制作蜡烛的最佳材料。我们没有维京时代养蜂的证据，但在稍晚的文字史料中提及过养蜂。为了酿造麦芽酒，人们还会收集酒花。

瑞典和挪威

在西约特兰平坦而肥沃的部分地区，也可能在挪威南部最肥沃的开阔山谷中，那些聚落想必与丹麦的较为相似——主要是村落，也有一些独设的农场——但在缺乏大型考古发掘的情况下，我们难以给出定论。我们认为，在乌普兰肥沃的梅拉伦湖区，聚落主要是单独的田宅，直到维京时代末期村落才兴起。这是基于对公墓研究的观点。由于公墓通常都建在未开垦的多石地带，它们似乎是近乎完整地保存下来了。两座公墓间的距离、每座公墓内坟墓的估计数目、该地区内独立农场的估计数目，都能佐证上述观点。正如不来梅的亚当所言，家畜和一些作物无疑是当地经济的支柱。

在斯堪的纳维亚半岛其他地区，环境只能维持单独的或者最多两三个农场。其中一座被发掘的农场位于挪威西部的于特尔·莫阿，接近那条 200 公里长的松恩峡湾①的头部②。该农场可追溯至 9 世纪或 10 世纪，包含了一些特别小的矩形建筑，内部有木墙，外部则有石墙避寒挡雨。每座建筑的功能很可能都不一样：居室、牛棚、储藏室、谷仓、厨房（烘焙、酿酒、洗涤、为宴会准备大量食物、屠宰都在此进行）。

110 挪威西部的人们为了谋生，常常将畜牧业（牛、猪、绵羊、山羊）、渔业、谷物耕种结合起来；在山区可能也有一定程度的狩猎活动，这需要因地制宜。海岸的温和气候意味着牛羊可以全年放养，任其自行觅食。如果帚石楠这样的食物丰富的话，相当多的动物就能生存下来。在其他沿岸和岛屿地区，捕鱼是主要的食物来源，另有少量动物和谷物加以补充。峡湾沿岸的聚落在夏季也能利用山地草场，并从那里得到冬季草料

---

① 挪威最长峡湾。
② 查阅地图可知为最深入陆地的那一端。

供应。

墓葬和其他考古发现表明，挪威南部的山区也有永久聚落，人们在这里以狩猎、设陷阱捕猎、渔业、贸易为生，贸易品多是毛皮，与农业人口和商人进行交易。在很多地方，也有大规模铁矿开采的痕迹，这是广泛的铁器贸易的基础。在挪威南部泰勒马克的莫斯湖（莫斯瓦滕湖）一带，使用沼铁矿进行的铁器生产在维京时代显著扩大（插页图7）。在瑞典达拉纳和诺尔兰南部，以及拥有大量沼铁资源的斯莫兰，都进行了铁矿开采活动。现在有证据表明，这一时期的丹麦也有铁矿开采；但这种重要产品大部分很可能还是从北方获取的。

皂石是在挪威的几处地方和今天的瑞典西南部开采的。它质地柔软，能够用刀切开，是制作烹罐的上佳材料。它们是直接从石头表面削下来的，当场完成塑形，然后在国内外销售。产自山上的板岩磨刀石销路更广；被发现的大量磨刀石是由一种典型的浅色板岩加工而成的，石料看起来产自挪威泰勒马克地区的埃兹堡。石磨的石料、制作串珠的水晶、驯鹿角和马鹿角（用于制梳）、浆果、肉类、毛皮——所有这些山中资源为很多农场的经济起到了补充作用，而对某些人群尤其是萨米人而言，它们是主要的收入来源。

来自霍洛加兰的奥泰尔

挪威酋长奥泰尔对他的收入来源的描述，为我们了解维京时代确立的贸易模式提供了独一无二的视角。980 年前后，他在英格兰造访了阿尔弗雷德大王的宫廷。阿尔弗雷德将奥泰尔的故事收入了他对 400 多年前西班牙人奥罗修斯的经典世界史著作的增译本中①。英格兰人自然而然地认为奥泰尔的生活环境太古怪了。

奥泰尔讲到，他居住在霍洛加兰，即所有挪威人地区的极北处；比这里更靠北的，只有萨米人。即便他是自己国家最有分量的人之一，他也只有20头奶牛、20头绵羊、20头猪；只有少数土地用马拉着的犁耕过。他的财产中包括"野生动物"，有600头驯化的驯鹿，其中6头是诱饵，可用于抓捕野生驯鹿，所以萨米人高度珍视它们。但奥泰尔的大部分财产来自萨米人以兽皮、羽毛、"鲸骨"（海象牙）、船索的形式缴纳的贡赋。萨米人按照他们的等级上贡：最高等级需上交15张貂皮、5张驯鹿皮、1张熊皮、10个单位的羽毛、1件熊皮或水獭皮的夹克，以及两根绳索，每根长为60厄尔②，一根由海豹皮制成，一根由海象皮制成。没有关于鱼的记载——或许这对奥泰尔和英格兰人而言都是一种太过寻常的商品，但我们知道挪威流行捕鲸。他曾在两日之内与其他五个人一起杀了60头鲸，一种能长到48～50厄尔的鲸。

有一次，他曾向北航行，想看看这片土地延伸至多远，远处居住着什么人。随后，他又往东航行，再向南转弯，进入白海。然而，他出航的另一个重大原因是猎捕海象，"因为它们有上佳的象牙……它们的毛皮非常适合制造船索"。

他也讲述了沿着挪威海岸向南前往贸易中心斯奇林厄希尔（最可能是西福尔的凯于庞厄尔）的一次航行。如果在夜间休整，这场航程在顺风条件下一个月内就能完成。他花了五天时

① 奥罗修斯：古罗马晚期历史学家、神学家。阿尔弗雷德曾命人将他的作品翻译为古英语，但增加了很多原书没有的内容。
② 厄尔（ell）：旧时长度单位，本意为肘长，常用于丈量布匹。

间，从斯奇林厄希尔到达海泽比。凯于庞厄尔是一个国际贸易　112
中心，海泽比是斯堪的纳维亚最大的交易站。此番航行的目
的，无疑是为了兜售来自斯堪的纳维亚北部的货物。它们被视
为奢侈品，可以卖个好价钱，然后再购买他在母国难以获取的
奢侈品。奥泰尔可能带回了精细纺织品和陶餐具、贵金属和玻
璃、首饰、一般金属、美食和美酒。

奥泰尔和其他酋长每隔一段时间就带上毛皮、羽毛、绳索
和海象牙，进行一趟这样的旅行。海象牙就是那个年代的象
牙，匠人用它来制作美丽的艺术品。奥泰尔带上了一些海象
牙，送给阿尔弗雷德作礼物。精制毛皮在斯堪的纳维亚南部和
西欧是奢侈品，也是抵御酷寒的最佳防护品。对毛皮和海象牙
的需求太大了，以至于在奥泰尔旅行的一个世纪后，它们成了
斯堪的纳维亚人在格陵兰新聚落的重要经济基础。

奥泰尔很可能生活在特罗姆瑟附近，或许是在比亚克于岛
上。这是最北的"庭址"①被发现的地方——这是一组房屋，
山墙端面向一片半圆形或椭圆形的空地，接近酋长的邸宅。在
奥泰尔的时代，比亚克于岛可能就存在庭址；后来，肯定有一
位酋长在岛上居住过。

奥泰尔并非挪威北极圈以北地区唯一以收取贡赋为生的酋

---

① 庭址（Court site），亦称"庭院地址"（courtyard site）。总的来说，庭址
是挪威西海岸地区的一种独有现象。一些学者认为"Court site"就是
"*Thing* site"，即举办集会（庭）的地方；也有人认为这是酋长扈从的营
房。可谓众说纷纭。参阅 Storli, Inger（2010），"Court Sites of Arctic
Norway：Remains of Thing Sites and Representations of Political Consolidation
Processes in the Northern Germanic World during the First Millennium ad?",
Norwegian Archaeological Review，43：2，128 - 144。该论文对庭址进行了
详细考证，并提供了9处庭址的示意图。

长。在罗弗敦群岛中，韦斯特沃格于岛上的博尔格发现了一处巨大的维京时代酋长农场遗址。83 米长的主建筑坐落在迎风的山丘上，视野开阔，可以俯瞰陆地，也可以轻松安全地通向海洋。原址已经修建了一座等大的复制品。屋主有西欧制造的金器银器、玻璃杯和精美水壶。距离这座农场不远，有一处"庭址"和一座大型"奈于斯特"（船库）。挪威国王的萨迦讲述了该地区的几位强势酋长。11 世纪初的圣奥拉夫时期，比亚克于岛的酋长是"猎犬"托里尔。与奥泰尔一样，他一度航行至白海，但这不是探险活动：他先进行贸易，然后实施抢劫。

对本地和进口的各种丰富资源的成功开发，是维京时代斯堪的纳维亚保持繁荣、巨量财富在墓葬和窖藏中存世的背后原因。不来梅的亚当写到挪威人是由于贫穷而沦为维京人，但这种解释非常片面。

然而，谈到经济机会时，我们当然不能忽视这个事实：很多人过着只能勉强温饱的生活，而温饱标准稍有下降就会导致灾难性的后果。很多人生活在与世隔绝的地区，不得不把很多不同的资源利用到极致。即便是那些拥有更多资源的人，收获、畜牧、渔猎也会时不时地受到重创，随之而来的就是匮乏和饥饿。对很多人而言，日常生活就是艰苦的生存斗争。

交易、白银、商品

114　　斯堪的纳维亚人在维京时代及此前不久的很多创新中，有一项就是建立了一套机制：奢侈品和日用品无论大小，均可深入村庄和农场；其中日用品还是首次。这早在 8 世纪就已经开始了。对外国土地的洗劫和被征服者缴纳的贡赋，部分推动了财富和商品的传播。贸易和手工业也在迅速增长。虽然以物易物广泛存在，但用钱支付商品变得愈发常见。斯堪的纳维亚到处是外来商品，很多人拥有其他人制造的美观实用品。

　　经济扩张的先决条件，是高效的运输方式，一个能够保障合理的安定程度和合适的贸易架构的统治力量。剩余产品、职业专业化的提升、新商站的建立、新型的聚落——城镇——这里的贸易和手工业比农业更重要，种种因素都推动了经济发展。在大片地区内实行标准的价格单位也是必要的。在维京人的世界里，这是依重量定值的白银；在某些地区他们还打造了银币。

商品交易

　　我们通常无法确定特定的货物如何获取、支付手段怎样实现、外国货物怎样进入北方。此外，将现代意义上的进出口及
115　国内贸易概念放到维京时代联系松散的王国，就显得以今度古了。贸易也只是交易形式的一种而已。

　　除了贸易，赠礼也在维京社会发挥作用，就像在其他地方一样。国王和酋长用礼物奖赏功劳，游吟诗人会因创作绚丽的诗歌获赠金戒指。在拜访和谈判之初，就要送上礼物。据记载，873 年，丹麦国王西格弗雷德的兄弟哈夫丹对"日耳曼人"路易国王①进行外交访问时，将一把金柄剑赠给了他。传

---

　　①　东法兰克国王，著名的《凡尔登条约》的签订者之一。

教士安斯加尔 830 年启程赴比尔卡拜访比约恩国王时，带上了路易皇帝赠送的精美礼品，但这些礼品及 40 本打算用于教会活动的书在半途被海盗夺走。考古发现的奢侈品中，想必就有贵族间互赠的；戈克斯塔德坟丘中的一只孔雀遗骨可能就是一例。很多日用品无疑是以同样的方式易手。嫁妆则是商品再分配的另一种形式。

然而，贡赋和税收、抢劫和贸易具有更加重大的经济意义。奥泰尔酋长告诉阿尔弗雷德国王，萨米人的上贡是他收入来源的一个重要部分。就像整个中世纪的大多数税捐都是以实物支付的，如贡给大地主的那些就是实物。被征服者缴纳的一些贡赋很可能也是如此，例如，斯拉夫的阿博德利人①向丹麦国王缴纳的，以及丹麦霸权时期的挪威人缴纳的。挪威的一部分贡赋可能是毛皮、铁器、海象牙、皂石、磨刀石。国王和酋长的贡赋和税收收入的一大部分，是用于分配给部下或收藏在宝库中的，但肯定也有一些变卖了。

维京人在斯堪的纳维亚内外远征中的战利品，很多不是被卖掉了就是拿来以物换物了，如果是贵金属和硬币的话，他们会拿来购物。这解释了一支维京军队与法兰克国王在 873 年的一份协议，它允许维京人居住在卢瓦尔河的一座岛上并在此进行短期贸易。安斯加尔在波罗的海被夺走的礼品和书或许已经卖得了好价钱。来自乌普兰于特耶尔德的某位乌尔夫 1000 年前后在英格兰捞到的大笔白银，必定极大地促进了他故乡一带的商业活动。

116

---

① 生活在北德梅克伦堡和荷尔斯泰因部分地区。

白银和硬币

维京人在东欧、西欧远征获得的大量金银必定极大地刺激了经济，因为为了适应他们的购买力，商品供应在斯堪的纳维亚和维京人立足的任何地方都扩大了——从西方的都柏林到东方的伏尔加河。文字史料记载，9 世纪的法兰克统治者和他们的部下至少向维京人交付了 4.4 万磅贵金属。这还得加上史料阙载的缴付和所有直接被抢走的商品和贵金属。991～1014 年，维京人通过在英格兰的官方渠道，获得了超过 15 万磅的银贡赋（丹麦金）——至少等于 3600 万枚同时代硬币。

文字史料中没有提供东欧的数据，但已被发现的 1000 多处斯堪的纳维亚维京时代窖藏诉说着这些来自东方和西方的白银的故事。窖藏通常被定义为两件或以上的贵金属器物被故意藏于地下。金银极少放在墓中，或许是为了避免盗墓。窖藏中有硬币、首饰、锭、配件等，还有一些无法辨认的碎片。在斯堪的纳维亚，窖藏的规模从两三件器物到 8～9 千克的白银不等。但也有例外：哥得兰岛的斯皮林斯窖藏存有约 65 千克白银，英格兰的奎尔达尔窖藏约有 40 千克（插页图 26）。

有些维京窖藏中只有黄金，但大多数窖藏中包含白银，可能外加一两件金器。挪威滕斯贝格附近发现的斯莱梅达尔窖藏中，白银共有 2116 克，包括 8 枚项圈、7 枚臂环、出自一枚非闭环胸针的 3 枚大型圆凸饰、4 枚法兰克镀金剑璲（其中两枚在背面有卢恩铭文）、另一枚配件，以及 5 枚硬币（其中 4 枚伊斯兰国家的，1 枚盎格鲁－撒克逊的）。黄金共计 291 克：4 枚臂环、1 枚戒指、1 枚圆牌状饰品、1 枚十字架坠饰、两个小金块。硬币表明该处窖藏一定是在 918 年之后入土的。

　　硬币是我们确定斯堪的纳维亚大量白银的来源的关键，因为大部分白银都有铭文，可以揭示它们在何时何地铸造。一些外来首饰和配件的来源也可以通过外形和装饰鉴定——斯莱梅达尔窖藏中的法兰克剑璲便是一例——但大多数外来贵金属被熔化后加工成了新的首饰和装饰品，以适应当地的品味。然而，在很多地方，一些外来硬币作为支付时的零钱而继续使用，根据重量计值——它们的重量在 0.5～3 克，其中最重的是阿拉伯或"库法"迪拉姆（根据硬币上的库法体字母①命名，源于伊拉克城市库法）。

　　斯堪的纳维亚发现了 20 多万枚维京时代硬币。绝大多数来自哥得兰岛，但来自瑞典西部和丹麦的也有很多（挪威的较少）。尽管文字史料记载过大额付款，但只有少数 9 世纪法兰克和盎格鲁－撒克逊硬币被发现。罗斯的环状首饰倒是有不少。970 年之前的硬币主要是阿拉伯的，在斯堪的纳维亚发现的超过 9.3 万枚。很多是在阿拉伯帝国东部，即今天的撒马尔罕和塔什干铸造的。需要记住，落入维京人之手的大量硬币只代表东方白银的一小部分。970 年后，由于东方的供应渠道开始迅速枯竭，斯堪的纳维亚不得不转而向西欧寻求白银。位于哈茨山脉的德意志银矿的开发在这一时期扩大了，流入斯堪的纳维亚的德意志硬币已经发现了 7 万多枚。此外，5 万多枚 10 世纪下半叶和 11 世纪的盎格鲁－撒克逊硬币被发现了，比在英格兰本国发现的还要多。这其中有较大一部分肯定来自巨额的丹麦金。

　　各地窖藏中，首饰、硬币、碎银等的分量与成色也有助于 118

---

　　①　阿拉伯文的书写体之一。

阐明维京经济的其他方面。装在一个小盒子中的小型折叠天平和几副砝码，用于给支付某件特定物品的白银称重；如果砝码稍有不足，可以将臂环或项圈切断，跟砝码加在一起。这些首饰通常是标准重量，因此有着固定的价格，故而成了一种"环形货币"（ring-money）。当然，重量固定的硬币不需要称重就可以用于支付。一件物品的含银量在交易之前常常会以刻痕或轻击的方式检验。

　　10 世纪末和 11 世纪初，切碎首饰在斯堪的纳维亚南部（丹麦和斯科讷）颇为常见。窖藏中发现的小件首饰常与阿拉伯或欧洲硬币的重量相同，所以可以用于小规模交易，无须称重就直接用于支付，就像被二等分或四等分的硬币一样。① 在挪威北部，没有发现碎银的证据，想必是因为以物易物仍然是那里通行的贸易形式。

　　人们长期以为，哥得兰岛上的很多大型窖藏表明大规模贸易产生了顺差，很多白银是从与罗斯的贸易中赚到的。我们知道，维京人的确在那边从事贸易，但很多窖藏其实可能是抢劫和搜刮而来的，而不是贸易赚来的。活跃的商人不太喜欢把他们的银子埋在老家，而是让其流通。切碎的阿拉伯硬币在哥得兰岛的窖藏中不算常见，不过在贸易中心帕维肯发现过一些小碎片，这表明岛上存在某种程度的集市贸易。

　　如果窖藏中有硬币的话，其入土的年代通常可以相当精确地确定。之所以遮遮掩掩，或许是由于当地的动荡、居民离家外出，或者像在哥得兰岛上那样，将贵重物品埋在农场中是一种习惯。如果财物仍然埋在地下，而物主知道隐藏地点的话，

---

① 也就是说，不仅首饰可以切碎使用，硬币本身有时也可以切碎。

他肯定是在国内或国外遇上了什么不幸。因此，各地发现的窖藏的规模和数量并不反映相应的财富或当地的经济发展程度。

丹麦是斯堪的纳维亚最早铸币的地方。早在 8 世纪，贸易 119 中心里伯就使用硬币作为现金了，因为我们在那里发现了很多硬币，它们被称作"sceattas"，可能出自弗里西亚，但越来越多证据表明它们是丹麦的。早在 9 世纪，硬币肯定就在海泽比铸造了——仿照查理曼在弗里西亚城市多雷斯塔德所铸之币；其他类型主要也是以加洛林王朝的样板为基础，或者加上了斯堪的纳维亚图案。然而，硬币的生产是有限的，在该世纪下半叶就中止了。900 年前后，铸币再度恢复，但大量硬币是在约975 年之后的"蓝牙王"哈拉尔时期铸造的，当时的铸币厂增加了，也开始仿效拜占庭铸造了。铸币厂的主人想必与欧洲其他国家一样一直由国王担任，但最早的那些货币没有刻印文字。

公元 1000 年之前不久，就是在远征英格兰和大量搜刮丹 120 麦金的时候，三个斯堪的纳维亚国家都仿照盎格鲁－撒克逊币制发行了硬币，尽管这个时间非常短，发行量也非常有限。国王的名字此时已经出现在了刻印文字上：丹麦的斯韦恩（双叉髭王）、挪威的奥拉夫（特吕格瓦松）、瑞典的奥洛夫（舍特康努格）。奥洛夫的继任者阿农德·雅各布也曾短暂铸币。1030 年前后，克努特大帝的名字出现在了锡格蒂纳的铸币上。这之后的一个多世纪，瑞典都没有再造币。在挪威，圣奥拉夫治下（1015～1030 年）再度开始铸币。"苛政王"哈拉尔时期（1047～1066 年），硬币开始加上铸币厂的名称，有效的货币经济开始出现。首饰和硬币混埋的窖藏不复存在。

丹麦在"双叉髭王"斯韦恩和哈拉尔·斯韦恩松时期很可能继续铸币。在克努特大帝（1018～1035 年）和他的继承人治

公元 1000 年之前铸造的斯堪的纳维亚银币。a 和 b 很可能是 800 年前后在海泽比打造的。a 受到了法兰克皇帝查理曼在弗里西亚的多雷斯塔德所铸之币的启发，但斯堪的纳维亚硬币上的字母变成了装饰性的；b 表面的图案完全是斯堪的纳维亚的。c 是 980 年前后"蓝牙王"哈拉尔治下打造的，而十字架表明他和他的国家信奉了基督教。d、e、f 都在 995 年前后，分别由丹麦"双叉髭王"斯韦恩、挪威国王奥拉夫·特吕格瓦松、瑞典国王奥洛夫·舍特康努格打造。他们仿效埃塞尔雷德国王时期的英格兰硬币，他在这一时期出于求和之目的向维京人支付了巨额银币。这是三枚最早加上国王名字、称号和铸币匠名字的斯堪的纳维亚硬币。铸币匠是英格兰人。a 的直径为 20 毫米。

下，铸币活动热火朝天。硬币较长一段时期是仿效英格兰的，通常也是由英格兰的铸币匠打造，出自很多指定的造币厂。不久，丹麦人就泰然接受了硬币，以至于首饰、锭、碎银都不再出现在窖藏中了。1070 年前后的一次大规模币制改革后，外国硬币基本消失；而且就像英格兰和西欧多国长期实施的政策那样，只有本地硬币是法定货币。经过非常长的发展历程后，全国性的货币经济此时已经建立了，对贸易和王室收入有利。

商品

关于在斯堪的纳维亚交易的商品，尤其是奴隶和毛皮，文字史料提供了一些信息，考古学和科学研究提供了更多信息，但对该时期的商品提供一份包罗万象的清单是不可能的，因为家庭自制品常常无法与专业制造品区分清楚，产地也不是总能鉴别出来。此外，很多类型的商品已经所剩无几或者荡然无存，如食品和纺织品，而这两者在经济中必有重要地位。

一些外国货易于鉴别——不见于本地的原材料，如丝绸或某几种石料、金属制成的物品，就是外来的。某一聚落发现的动物骨骼，可以揭示当地人是不是食用过从其他地方得来的肉类。有些时候，首饰这样的手工艺品的来源是可以确定的。时尚和式样、采用的技术、生产过程的蛛丝马迹，都有助于我们确认鞋子、梳子这样的日用品是家庭自制的，还是专业工匠制作的。

包括很多日用品在内的市场商品的专业化制造，在 10 世纪由于稳步增长的贸易而大大发展了，虽然各地的繁荣程度各不相同。很多人都拥有专业工匠制造的物品，很多外来货或生产它们的原材料是进口而来。人们基本上是自给自足的，但他们还想拥有更多东西，想要掌握获取它们的手段。家庭自制品与工匠产品之间的关系，与工业化时代前在农村的状况并无太大不同。

具有异域情调的单个发现有很多，它们必定曾是纪念品、战利品或外国人赠送的礼品。下文将一窥维京时代斯堪的纳维亚经常易手的商品类型。

从斯堪的纳维亚以外获取的商品主要是奢侈品。铁以外的所有金属很可能都是进口的，尽管当时在瑞典达拉纳的法伦可能已经开始开采铜矿。很多优质剑刃和锁子甲出自法兰克帝国，尽管法兰克颁布过几道禁令不允许将这些产品卖给维京人。法兰克也产优质盐。莱茵兰生产高质量的纺织品、为当地

121

纺织品染色的胡桃壳、迈恩熔岩制成的石磨、玻璃制与陶制的豪华饮具、其他玻璃制品、葡萄酒。来自东方、罗斯或其他东欧地区的货物，有丝绸与其他精细纺织品，毛皮、香料、玻璃器皿与其他精美饮具，半宝石串珠如红玉髓与水晶。哪里存在机会，哪里就有奴隶被抓。无论是作为商品还是作为劳动力，奴隶在经济方面重要性肯定是相当高的。

122

在外售卖或以物易物的斯堪的纳维亚产品（参阅本书第146~154页），包括奴隶、毛皮、海象牙、铁器、磨刀石、皂石烹罐。此外，在斯堪的纳维亚内部也交易着以上物品，外加羽绒、海洋哺乳动物皮制的绳索、纺织品、食品，很可能也有木材。接下来还有手工艺品，包括皮革鞋具，马鹿角、驯鹿角、驼鹿角制成的梳子，日用的熟铁器具，青铜首饰和玻璃珠。所有这些商品在其他章节有更为详细的讨论。

斯堪的纳维亚商品看上去可能不像西方和东方的进口奢侈品那样具有异国情调且令人心动，但这些交易具有重大的社会经济作用。它将斯堪的纳维亚连为一体，并为进口构建了基础；正当此时，本地贸易推动了很多市场、贸易中心和城镇的产生。

贸易与城镇

123　　　斯堪的纳维亚的很多资源和本地贸易的范围最近才被人认识和了解。之前，斯堪的纳维亚的财富几乎是无法解释的。很多人认为，维京人就是中间商，从遥远的东方搞到奢侈品，顺着俄罗斯的河流将它们带到波罗的海，进而带到西欧，而西欧的商品则沿着相反的方向进行交易。（更加直接的地中海商路据信是由于阿拉伯人的扩张而封闭了。）这种理论现在已经得到了彻底修正。虽然斯堪的纳维亚人确实将一些西欧奢侈品带往了俄罗斯－乌克兰南部，又把其他商品如皮毛带往西欧，但这很难算得上大规模的中转贸易，因为东西欧之间仍然存在直接的商路，例如从美因茨横穿欧洲到达基辅。而来自欧洲其他地区和东方的奢侈品，进入斯堪的纳维亚似乎是供个人使用的。

　　如我们所见，斯堪的纳维亚存在一个庞大市场，具有强大的购买力——白银和商品除了购买之外还有其他方式可以获取。随着维京人在北大西洋、西欧、不列颠群岛、波罗的海－俄罗斯－乌克兰地区扩张并在当地建立殖民地和商站，贸易繁荣了，市场扩大了。

　　很多外国商人造访过斯堪的纳维亚，包括弗里西亚人、萨克森人、斯拉夫人、东欧人。我们从海泽比和比尔卡的大型公墓的葬俗中可以发现这一点。英格兰商人想必也去过斯堪的纳

124　维亚。一位西班牙的阿拉伯商人塔尔图希在 10 世纪造访过海泽比，他评论道这座城镇位于"天涯海角"。

　　斯堪的纳维亚的很多贵重商品和流通的大量白银吸引了海盗和土匪的光顾。市场和城镇中，有必要保证和平与秩序，否则商人就避犹不及。担保人通常是国王或当地酋长，作为回报，他可以收取一定的费用，可能还拥有对商品的优先取舍权。国王在贸易中的利益，从他们参与铸币也可以看得出来。

他们向重要城镇和贸易中心海泽比、里伯、比尔卡派出了官员，早在 9 世纪就在那里拥有土地，还常常驻留在那里。他们似乎也积极推动了城镇的建立。

在漫长的旅途中，一些商人经常会结伴而行，以求安全。欧洲有很多这样的例子：两位国王达成协议，保障他们的臣民在另一国旅途中的安全。这种协议中与斯堪的纳维亚有关的最明晰的一份，记录在《富尔达编年史》873 年条目下。我们据此得知，丹麦国王西格弗雷德的使者来到沃尔姆斯，与"日耳曼人"路易国王达成协议，"在他们与萨克森人之间的土地上保证和平，这样，携带货物来来往往的两国商人就能和平买卖。国王本人承诺担保这一切"。我们也知道，奥泰尔酋长在北方的白海停止了旅行，当时他进入了贝奥尔马人的领地，但他由于"unfriþe"不敢继续向前。"Unfriþe"这个词的意思是没有安全协议可以保障他平安经过贝奥尔马人的地盘或者与他们交易。

大多数对外贸易和长途旅行发生在夏季，因为这个时候的交通情况是最佳的。在某些地方，建立了商人可以过冬的永久性商站。但在瑞典中部的大片湖区，冰雪改善了交通，2 月就可举办大型集市。在其他地方，冬季贸易主要局限于当地的必需品交易。

比尔卡和海泽比这样的大型贸易中心必定有商人活动，对 125
他们而言贸易是唯一的生计，但很多斯堪的纳维亚商人以农业、渔猎为主业，只是作为"费拉"或者说兄弟会的成员而时不时地参加贸易之旅。其他人，如奥泰尔，是酋长或大地主，家财万贯，可以冒险驾着自己的船，带着自己的货。很多工匠很可能直接从他们自己的作坊里售货，或者自己把货带到集市上出售。在不同的农场间游走，或者自带产品或工具前往集市的流动工匠肯定也是存在的。

城镇及集市和商站是贸易的聚焦之地，而它们在维京时代如雨后春笋般出现。文字史料中提到过一些，而越来越多证据是通过考古而发现的。它们通常建立在受保护的沿岸天然港口，或者通过峡湾与大海相连；随着贸易范围的扩大，一些内陆城镇在维京时代末期也发展起来了。目前尚无证据表明维京时代挪威和瑞典人口稀疏的北方地区存在商站；这里很可能存在一些前哨站，但没有真正意义上的城镇（到了中世纪也没有）。最北方的城镇是特隆赫姆，位于富裕的特伦德拉格地区。

城镇通常被界定为相当大的、人口高度密集的、永久性的聚落，并具有某种中心化的职能，例如，可以为周边地区提供服务的市场。城镇也可能是宗教中心、庭的召开地、行政中心或铸币厂。居民以贸易、手艺而不是农业、渔猎谋生。商品在这里生产，并分配给城内外使用。这里拥有稀有货物、原材料和专业技能。那些最重要的城镇是广泛的贸易网中的节点，也联系着本地与非本地贸易。

周边乡村提供食物和燃料——肉类、谷物和木材——及铁、其他金属、鹿角、兽皮或皮革等原材料，当地不能生产的日用品、奢侈品，都是从遥远的地方获取的。商品可以用来换取刀、衣物配件、鞋具、玻璃珠这样的必需品，或者用白银或硬币购买。城镇是复杂的社会经济组织，是维京时代斯堪的纳维亚的一大创新。

海泽比

海泽比（Hedeby）是斯堪的纳维亚最南方的城镇，位于日德兰半岛东侧，在后来的石勒苏益格城以南不远。与弗里西亚人、萨克森人、斯拉夫人的旧边界就在海泽比附近，而海泽比与边境工事丹麦土垒紧紧连为一体。它能成为国际贸易的十字路口，条件是得天独厚的：位于狭长的施莱峡湾的末端，距离流入艾德河与北海的小河仅有数公里①，而日德兰的南北大道即后来所知的"军路"或"牛路"就从附近经过。

最早的聚落出现于 8 世纪，就在后来的半圆形城墙以南。大多数已发掘的建筑是小型的半地穴式建筑，存在各种手工业活动的遗迹。对海泽比的文字记载最早见于《法兰克年代记》804 年条目，它提到丹麦国王戈德弗雷德曾率军前往那里（斯列斯托普）。该书又记载道，4 年后戈德弗雷德摧毁了一座曾向他缴纳大量税收的斯拉夫商站雷里克，将商人从那里迁往斯列斯托普，并决定修建一道护墙巩固南方边防。

在维京时代剩余的时光里，海泽比的名字在几份外国文字史料、卢恩碑文、游吟诗歌中被提起过；出现的名字多种多样：斯列斯托普（Sliesthorp）、斯里亚斯维奇（Sliaswich）、斯莱斯维克（Slesvic）、埃特·海舒姆（æt Hæthum）②、海撒比（Haithaby）。我们知道，这座城镇有很多中心化的职能，与国王联系紧密，而且在各个方向上都与外国保持联系。它经济富

---

① 施莱峡湾从日德兰半岛以东的波罗的海由东北—西南方向直接伸向海泽比，其长度接近日德兰半岛在此处宽度的一半，为船舶提供了近道，可以避免围绕整个半岛进行危险的航行；经过一段陆路搬运，可以进入艾德河，再进入北海。参阅 Theron Douglas Price：*Ancient Scandinavia：An Archaeological History from the First Humans to the Vikings*，Oxford University Press，2015，p. 337。

② 字面意思为"在荒野"。参阅 Alfred Bowker, Frederic Harrison：*Alfred the Great：Containing Chapters on His Life and Times*，London：Adam & Charles Black，1899，p. 160。

裕，曾经多次遭受围攻和征服。传教士安斯加尔获得霍里克国王允许，850 年前后在此建造教堂——丹麦的第一座教堂。

我们对海泽比的了解，远远多于对其他维京时代斯堪的纳维亚城镇的了解，因为自维京时代以来，海泽比的海平面上升了大约 120 厘米，为木材和其他有机质的保存创造了绝佳条件。重大的发掘是在半圆形城墙以内的中部定居地（然而，24 公顷的总面积中只有 5% 被发掘）、港口（只有 1.5%）和公墓进行的。学者们也对海泽比实施了地球物理学考察。

这座城镇是围绕一条溪流而布局的。溪流自西向东从城镇中间流过，其流向很快就受到了引导。木材铺就的大街与溪流几乎呈直角或者与之平行。栅栏围成的小型地块与大街毗连。每个地块内都有相对较小的长方形屋子，属于斯堪的纳维亚南部城镇的典型风格。在某些地块中也有一座小型外围建筑物，常常还有一口水井。一间 12 米长、5 米宽的略大于平均水准的屋子保存得尤为完好，今人还修建了原物大小的复制品（本书第 73 页）。

学者依靠树木年代学为数千件木材进行了断代：最古老的出自 811 年，最新的出自 1020 年。戈德弗雷德国王在 808 年将雷里克商人迁往海泽比并修建边境墙时，想必将这座古老的聚落加以重建，使之成为一座国际化的贸易中心。如本书第 163 页所述，当时这里也铸造了斯堪的纳维亚最早的硬币。

港口受到了沿半圆形布设的木桩的保护。在港口中发现了码头的遗迹及很多扔进或遗失在水中的小物件。船的残骸也被发现了，其中包括一艘大型商船和一艘格外雅致的战船。

巨大的半圆形城墙在今天仍然耸立在海泽比，有 1300 米长，某些地段足足有 10 ~ 11 米高。它大约建造于 10 世纪中叶，但墙围区从未完整建成。一道很可能稍晚建造的"接墙"将半圆形城墙与丹麦土垒相连。该城墙曾经过数次强化，"前墙"和南面一系列的护沟让海泽比进一步成为一座强大的堡垒。在这些防御工事造好前，居民很可能在霍赫堡避难。这是城北之外的一座山地堡垒。

海泽比已经发现了 34 万个以上的物件及骸骨和植物遗迹，129 为维京社会的诸多方面提供了信息。这里拥有来自整个古代世界的手工艺品，尽管这里与波罗的海地区的联系显然要强于与西欧的联系。皮革鞋具和玻璃珠在这里生产；梳子、别针、长笛、博具等物件是用鹿角和骨头制成的；首饰在这里被浇铸、锻打；琥珀和黑玉被加工为装饰品；这里有人做木工、炼铁和修船。有证据表明：10 世纪手工业的专门化加强了，而粮食种植和畜牧在城镇的经济中似乎都不占有重要地位。

目前尚未发掘出王家府邸或贵族建筑的蛛丝马迹，但海泽比的公墓表明这里存在极大的阶级差异。多数墓葬是朴素的，住在小型城镇房屋中的居民适合这样的墓葬，但这里有一些葬品丰富的 10 世纪墓室和一座以"船墓室"著称的王公墓①。剑、马具、饮具和其他很多陪葬品放在死者和两名同伴身旁，墓室位于一艘约 20 米长的战船或游船之下，上方覆以坟丘。

根据文字史料记载，海泽比在 11 世纪中叶曾多次被毁。考古发现表明，定居的痕迹自那以后就消失了。随着海泽比的衰落，石勒苏益格迅速发展了。两者在 11 世纪似乎存在某些时代上的重合，而国王及其官员的驻跸地可能一直在石勒苏益

---

① 墓主可能是一位国王或一位国王近亲。参阅 Pam J. Crabtree：*Routledge Revivals：Medieval Archaeology（2001）：An Encyclopedia*，New York：Routledge，2001，p.152。

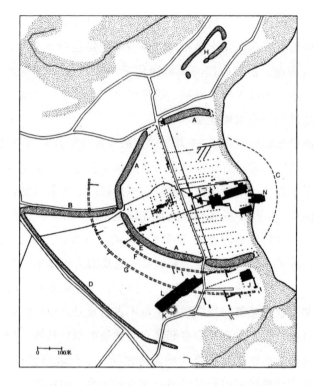

海泽比及周边地区平面图。洼地以圆点表示。半圆形城墙以内、以南的发掘区以黑色表示。A. 半圆形城墙；B. 连接丹麦土垒之主墙的接墙；C. 港口防御工事；D. 前墙；E、F、G. 护沟；H. 霍赫堡，很可能在半圆形城墙建成前用作避难所；J. 半圆形城墙以南早期聚落的已发掘部分；K. 坟丘，有葬品丰富的船墓室；L、M. 公墓；N. 1979～1980 年港口发掘区域，发现了一艘豪华战船遗骸。

格而不是海泽比。石勒苏益格位于施莱峡湾的西端，而海泽比位于内陆稍远的地方，坐落在峡湾的一个南支旁。推测起来，船舶吃水更深是石勒苏益格比海泽比更受欢迎的原因之一。石勒苏益格的大规模港口建设可追溯至 11 世纪 80 年代。

比尔卡

比尔卡（Birka）是瑞典最大的城镇，位于梅拉伦湖中的 比约克小岛上，往东 30 公里便是斯德哥尔摩。在维京时代， 它的地面比现在低了 5 米，所以船舶可以经过南泰利耶的出海 口进入波罗的海。在北方，有进入斯韦阿尔人王国的古老中 心——乌普萨拉的便捷通道。

130

早在公元 400 年前后，在比尔卡以东 12 公里，有一座贸 易和制造业中心海尔约。这里很可能与一位酋长的驻地有联 系。当地有很多出自不同时代的葬品丰富的墓地，它们展示了 这里是多么富裕；在文德尔和瓦尔斯耶尔德的公墓中，贵族之 家的一代代成员埋柩船中，随葬品琳琅满目。这些聚落的经济 想必和比尔卡一样，立足于铁器和北方毛皮的贸易。

比尔卡很可能是在 8 世纪晚期建立的。由于安斯加尔 830 年前后的传教而第一次出现在文字史料中时，它已经是一个繁 荣的中心了。林贝特 875 年前后撰写的安斯加尔生平中对比尔 卡进行了相当广泛的描写，因为曾有多位传教士造访此地并在 这里或长或短地生活过。安斯加尔自己在 852 年回国了，而瑞 典的第一座教堂就建在比尔卡。就像在海泽比一样，很多城镇 职能集中于比尔卡。我们知道这里有一位国王、一批王家官 僚、一座庭，有多神崇拜和国际贸易，包括与重要的弗里西亚 城镇多雷斯塔德的联系。这里举办大型的冬季集市，必定有巨 量的精细暖羊毛在此交易。

19 世纪 80 年代，一些居住区得到了发掘。对防御工事和 码头的研究稍晚。20 世纪 90 年代，进行了新的大规模发掘， 发现了房屋、包括进口货在内的大量物品，以及制造业活动的诸多证据。这些与海泽比的发现高度吻合。

比尔卡位于比约克岛的西北侧。在 10 世纪，面向陆地的一段低矮的半圆形城墙强化了城防（插页图 9）。在北面，城墙延伸到了海岸；在南面，它很可能与一座设防的岩石高原相连，这里发现了建筑物和武士的装备，是一座堡垒。半圆形城墙围起了一片约 7 公顷的区域。城墙有多处出口，其主要功能很可能是标记城镇的正式范围。居住区中部因独特的土壤颜色而被称作"黑土地"，其附近有个小海湾，浅吃水船舶可以通航。这里发现了码头，水中的木桩遗迹表明这里存在过受保护的海港。

在居住区的北端，有另一片海湾，名为柯克哈姆湾，传统上被认为是供深吃水船舶停泊的，但这个地名几乎肯定是要晚于比尔卡本身的。因此，这片海湾不像一些人提出的那样是供弗里西亚型船舶"柯克船"使用的。此地以东，还有两片港口似的海湾，名为科尔斯哈姆①和萨尔维肯。

大型公墓围绕着这座城镇，学者们尝试以墓葬数为基础估算比尔卡的人口。结果的范围是 500 ~ 1000 名居民，人口肯定是较多的。墓葬也展现了显著的社会分化。

1871 ~ 1895 年发掘的坟墓约有 1100 座，此类素材已经被研究和发表。随葬品最丰富的那些墓葬中有东方的纺织品、整件的东方式服装、不列颠器皿、弗里西亚水罐、萨米首饰等，它们表明对主要来自东方的奢侈品的消费是巨大的（插页图 10；本书第 210 页插图）。这些墓葬为我们了解比尔卡国际化

---

① "哈姆"（hamn）在瑞典语中即港口之意，如尼奈斯港（Nynäshamn）、孔斯港（Kungshamn）。

的上层阶级和能够购买的多样化商品提供了有趣的信息。成群的观光者来到这个大市场,必定有很多种语言在这里回响,有很多不同的神灵在这里受供奉。

但在975年前后,这座城镇被废弃了。此后没有留下确切的人类活动痕迹。继承比尔卡地位的可能是在它北方不远的锡格蒂纳,位于前往乌普萨拉的道路上。锡格蒂纳在980年前后建立,是个有意规划的聚落,且显然与国王联系紧密。1000年前后,这里铸造了硬币——铸币厂已经被发掘了。比尔卡的衰落原因已无人知晓:可能是陆地平面的上升,导致在南泰利耶入海的通道受阻;或者可能是获取东方的阿拉伯白银的渠道衰落了,从而改变了当地的经济生活。

132

凯于庞厄尔

挪威南部西福尔郡的凯于庞厄尔(Kaupang),位于奥斯陆峡湾入海口西侧,接近今天的拉尔维克城镇。维京时代以来,这里的陆地也上升了,所以与海洋的联系曾经比现在的状况好得多。西福尔是挪威最富裕、最肥沃的地区之一。英林王朝的"美发王"哈拉尔出自此地,维京时代最重要的一些纪念物也在此地发现:博勒的酋长和国王公墓、戈克斯塔德墓葬、奥塞贝格墓葬。我们知道这片地区存在争端,因为《法兰克年代记》记载9世纪初的丹麦诸王曾掌控此地;在整个维京时代,丹麦与挪威间的实力对比时常改变。

凯于庞厄尔在公元800年前后至10世纪下半叶有效运转。考古发掘表明,这是一座拥有常住人口的城镇,也是一座国际化的贸易站点——这个地名的本义就是市场。一些房屋和作坊被发现了,一起被发现的还有手工业活动的遗迹,如浇铸青铜、制作串珠。居住区内和附近公墓内发现的很多进口货表明人们主要与西欧和丹麦进行交流。这里有产自莱茵兰的陶器和玻璃、产自不列颠群岛的青铜配件、产自丹麦的陶器。我们也发现了一座码头的遗迹。

不少墓中埋有农具，所以埋在这里的一些死者无疑是生活在附近并时不时参与贸易的农民。其他死者可能是来自凯于庞厄尔等地的全职商人。凯于庞厄尔的经济必定以出口为基础，出产磨刀石、铁器、兽皮、鹿角和皂石烹罐，很可能也出口斯堪的纳维亚北部的奢侈品。凯于庞厄尔的位置和聚落的类型意味着它很可能是斯奇林厄希尔，即890年前后奥泰尔从霍洛加兰前往海泽比的漫长旅途中提到的那座商站。

在城镇附近，有一座贵族或国王的府邸及一处庭场和圣地。因此，凯于庞厄尔是一个复杂的权力综合体的一部分。我们不清楚为什么它在10世纪衰落了，也不知道它的后继者是哪座城镇。

其他商站和城镇

10世纪末之前，除了凯于庞厄尔，挪威没有其他已知的国际贸易中心或城镇。有几处地方，如特隆赫姆和奥斯陆一带，似乎曾经具备一个主要贸易中心所需的要素。有组织的集市可能就是这些城镇的发端，只不过尚未被发现；大规模的发掘表明，特隆赫姆地区的聚落在公元1000年之前不久就已经被组织成了一座城镇——可能是奥拉夫·特吕格瓦松国王所为。奥斯陆的发端稍晚。特隆赫姆成了重要的国王驻地，并在1030年圣奥拉夫去世后立刻成为这位国王圣徒的崇拜中心。1050年前后，这里铸造了硬币；挪威南部的哈马尔在"苛政王"哈拉尔时期也曾铸币。

丹麦和瑞典的城市发展更加蓬勃，并持续到中世纪。10世纪末或11世纪上半叶涌现的城镇包括丹麦的石勒苏益格、维堡、欧登塞、罗斯基勒、隆德，瑞典的锡格蒂纳、斯卡拉、勒德瑟、南泰利耶、维斯比。我们常常搞不清楚，这些聚落一开始是哪种类型的，但在很多地方，国王的坐镇和基督教的崇拜形成了一个中心。除了以上最后三地，所有列举的城镇在1060年前就设立了一位主教；除了以上最后四地，所有列举的城镇（及另外两三座丹麦城镇）在那之前都铸造了硬币。

可以证实有两座斯堪的纳维亚城镇在现址之上有更加古老的渊源：丹麦的里伯和奥胡斯。里伯位于日德兰西海岸，距离弗里西亚不远，这里含有大量8世纪作坊遗迹的地块被发掘了；我们知道，这里生产过玻璃珠、梳子、青铜器，而琥珀抛光是另一种专业技术。这种生产活动显然是面向斯堪的纳维亚市场的，但这里也有很多来自莱茵兰的舶来品。8世纪早期，此地建立了一座组织完善的大型商站兼城镇，建立者可能是国王。家畜交易大概是经济的基础，因为我们发现了厚厚的粪肥层。860年，安斯加尔造访里伯，建了一座教堂；948年，里伯设立了一位主教；10世纪，修筑了防御工事；11世纪初，开始铸币。考古学也揭示了这座城市在12世纪位于河流的另一侧，在今日主教坐堂所在的区域。一座混合了早期基督教墓葬和半异教墓葬的公墓已经位于此处了。

奥胡斯位于日德兰东海岸的中点处，建于9世纪。围绕它的强大半圆形壁垒是后建的，与海泽比和比尔卡的城墙几乎同时建造。此后，城防经历了多次强化。在4～5公顷的设防区内，我们发现了一些手工艺的痕迹，以及一些建筑物和大量半

134

地穴式小屋。某一时期，奥胡斯可能主要是一座堡垒，稍晚之后才发展为有常住居民的城镇。948 年、965 年和 988 年，一位奥胡斯主教载于史册。已知有 6 座 10 世纪晚期的卢恩石碑。公元 1050 年之前，硬币在此铸造；1060 年前后开始，这里稳固建立了一个主教区。

维京时代的大多数国际和地区贸易中心、集市仍未被发现。它们不是稳定的聚落，历史上频频中断发展或迁移。地形状况可以解释为什么里伯的城址几乎是固定的。很多城镇，不只是石勒苏益格和锡格蒂纳，必定是在一座早先的贸易站附近兴起的。例如，哥得兰岛韦斯特冈的一处贸易站帕维肯，兴于 10 世纪，可能就是维斯比的前身。维斯比在中世纪成了哥得兰岛的唯一一座城镇，也是斯堪的纳维亚最重要的城镇之一。

135　　11 世纪，斯堪的纳维亚多地开始了新一轮的城市发展，而维京时代晚期城镇的兴起未必取决于贸易。一些城镇起源于与异教中心相关联的贵族或国王驻地。10 世纪晚期推行基督教后，异教中心就荒废了。例如，丹麦的罗斯基勒是在莱尔的异教场所附近建立的，斯科讷的隆德则在异教中心乌波克拉附近。教会和中央权力的强化是稳定性的因素，但它们的影响力在不同地方大有不同。贸易站点仍然有盛有衰。例如，厄兰岛的雪平斯维克在 11 世纪和 12 世纪兴起，但没有演变为城镇。

防御工事、武器、战争

136   防御工事是在乱世中建造的。重大的防御设施，需要以一个在局地、区域或国家层面上组织的社会为前提。史料中除了提到戈德弗雷德国王在 808 年修筑丹麦土垒外，没有留下维京时代斯堪的纳维亚防御工事是如何建造的书面证据。人力和物资想必主要是通过公共防务义务而动员的。国王作为军事领袖，必定要对大多数大型防御工事负责。斯堪的纳维亚的很多防御设施是复杂的工程，其中一些无疑受到了国外工事的启发。

护墙、堡垒、海防

10 世纪中叶，维京人对西欧的袭击不再那么有利可图了，一部分原因是那里修建了很多新的防御工事。相比之下，斯堪的纳维亚欣欣向荣的开放贸易中心反而非常易受攻击。所以，在最大的两处中心海泽比与比尔卡，人们修建了防护墙。里伯和奥胡斯也得到了强化。哥得兰岛上的韦斯特冈护墙很可能也是 10 世纪的。海泽比的复杂防御系统将丹麦土垒与这座城镇相连，其中的原因无疑有边境问题（参阅本书第 170～171 页）。

137   海泽比、里伯、比尔卡、奥胡斯、韦斯特冈的护墙是半圆形的，面①向内陆（里伯的护墙背对河流，其他城镇的护墙背对海洋）；海泽比的港口还得到了水中的木结构的保护，比尔卡可能也是如此。奥胡斯也可能有类似的海防，但现代的港口已经抹去了过往的任何痕迹。护墙是用本地的建材建造的；填料通常是从外部沟壑挖出的泥土，也可能是石头，表面覆盖草炭土或木材，上方想必竖起了木栅栏；可能也建有木塔。海泽

---

①   指半圆形的凸面。

比已经发现了木材搭成的出入口的遗迹。

我们不了解斯堪的纳维亚其他贸易中心的防御工事，因为我们不确定斯科讷的勒德雪平厄城墙是否出自维京时代。

在海泽比和比尔卡，壁垒完工前，城外设防的天然山丘——海泽比的霍赫堡和比尔卡的博尔格——就是民众和他们的牲畜、财产即将遭遇攻击时的避难所。这是一种古老的防御工事类型。霍赫堡使用的时间段尚未确定，但考古发现表明博尔格是在维京时代使用的。林贝特的《安斯加尔传》确认比尔卡的居民在 9 世纪的一场进攻中逃入博尔格避难，而城镇本身则降服了。也有信息表明有一支城镇卫戍部队部署在博尔格。

在易受攻击的地区，农村人口也需要在乱世得到保护，所以在地形无法提供良好的天然隐蔽处时，一定存在很多设防的避难所。文字史料记载道，危险逼近时，岸边就会部署瞭望台，山顶会点燃烽火，向民众预警。很多早期斯堪的纳维亚堡垒已经无影无踪，只有少数存世的得到了透彻研究。但在维京时代，当需要在一段和平期后启用堡垒时，利用并扩建更早的但已颓圮的建筑一定是寻常之事。与此类似，维京人在海外远征时，如果需要自卫的话，常常会利用现成的建筑。

维京时代斯堪的纳维亚使用过的已知最大的避难堡垒，是哥得兰岛东海岸内陆的托斯布尔根——占地 112.5 公顷，位于一座嶙峋的高原上，没有天然防护物，但有延伸约 2 公里的石墙防御。这里没有永久性的聚落。科学断代法表明，它在罗马时代晚期修建，维京时代之前和之内进行过维修和强化。我们不知道其准确的功能，但它能够容纳哥得兰全岛的人口估计数和他们的牲畜、粮食。从该岛的大部分地区强行军，都可能在一日之内抵达此处。该岛东部突出的岬角有一座瞭望哨，可以

138

观察渡海而来的敌人。鉴于城堡内的饮用水补给，人们可以承受长约两周的围攻，而一支部署在此的守军可以对敌军发动战术突击。

哥得兰岛上的另一座大型堡垒，是岛上最大湖泊廷斯泰德·特勒斯克中部的布尔维克特。这是一个正方形的木结构，有附属建筑物，边长 170 米，中间有开阔的地带。它过去常被认为出自维京时代晚期，但树木年代学现已表明它建于 12 世纪 20 年代，也就是中世纪早期。该建筑在斯堪的纳维亚是独一无二的，但它与波罗的海东部和南部的同时代堡垒和更古老的堡垒有着密切联系。

在哥得兰岛以南不远的波罗的海中，有一座狭长而平坦的厄兰岛，岛上有一座埃克托普堡垒。维京时代晚期它曾被使用过。考古发掘表明，这座堡垒和托斯布尔根一样，可以追溯至罗马时代晚期，即 300～400 年。公元 400 年前后，它得到了扩建和强化，之后的 3 个世纪一直有人居住于此。随后，它想必时不时地也被投入短期使用，但年久失修，直到1000 年前后才再次恢复人气。旧有的环形围墙的残存部分延长了，还得到了一圈外墙的保护。就像原先的施工方式那样，建筑材料是本地的石灰岩铺设的，无砂浆。围墙大致是环形的，内墙围起了直径约 80 米的地区。人畜居住的建筑物外形长、排布密，从中部的开阔地辐射开来。① 这是埃克托普的第

---

① 第一阶段和第三阶段（见下一条注释）是辐射状分布的。而今天所见的埃克托普是 20 世纪为了发展旅游，仿照第二阶段重建后的样貌，该阶段的房屋不完全是辐射状分布的，也有在堡内中部平行分布的。Jan Olofsson & Egil Josefson: *Horse Sacrifice at Eketorp Fort, Sweden*, Expedition Magazine, 2007 (49), p. 30.

三阶段①也是最终阶段，直到 13 世纪还在一定程度上发挥作用，人们认为它曾是座军事要塞。显然，这不是避难堡垒。复建这座独特的堡垒一定是源于波罗的海的军事形势——斯拉夫人正在从事海盗活动和扩张，而波罗的海东岸的族群正在发动进攻。而且，自从 1042 年哈撒克努特死后，丹麦的政局经常不稳定。② 厄兰岛上大概建造过其他特征类似的堡垒，因为这座岛上天然的庇护所非常少，而考古发现表明稍大的格罗堡堡垒在维京时代就已经投入使用，又在中世纪扩建过。

斯堪的纳维亚的很多地方有受到海上袭击的风险，所以常常要修建防御设施，在遭遇突然的登陆时保护一方。围绕海泽比和比尔卡港口的坚固防线上文已有提及。在峡湾和海滩，通往一片聚落或更大地区的航道会用木桩、石头或凿沉的船（如 5 艘斯库勒莱乌船，参阅本书第 125～126 页）封锁，这样只有熟悉当地的人才能从狭窄的开口找到出路。

这样的防御设施在维京时代之前、之内、之后都使用过，在斯堪的纳维亚以外也是常见的（为了阻止维京人溯欧洲的河流而上）。在斯堪的纳维亚南部，这些障碍物很多出自 11 世纪或 12 世纪，因为当时的社会高度动荡。这些建筑物往往非常大，需要消耗大量的物资和人力，而它们对于当地人而言也并不总是安全的，就像不来梅的亚当记载的比尔卡的相关

① 阶段一，300～400 年；阶段二，400～650 年；阶段三，1170～1240 年。外墙是第三阶段加上的，内墙沿用了第二阶段的。参阅 Theron Douglas Price：*Ancient Scandinavia：An Archaeological History from the First Humans to the Vikings*，Oxford University Press，2015，pp. 292 - 293。该书还配上了三个阶段的手绘图，可供参考。

② 原文如此。埃克托普并不属于丹麦，这里大概是指丹麦与瑞典屡有冲突，瑞典厄兰岛靠近当时属于丹麦的斯科讷，易受攻击。

情况：

> 在那个地方，有波罗的海或称蛮族之海的一个海湾，它向北延伸，形成了一座宜人的港口。但是对于散布在这片海域的蛮族部落，这是一座非常危险的港口，他们不够警觉，也不熟悉这种地带。那里海盗众多，比约克人经常受到侵袭，他们便开始通过狡猾的策略，欺骗他们无法以武力抵抗的敌人。他们利用大量暗藏的岩石，在长达100"斯塔迪亚"（stadia，约200米）乃至更长的范围内封锁了这片不平静的海湾。这导致路过此地对他们自己和对海盗一样危险。

丹麦土垒

140　　丹麦土垒保卫丹麦的南境，是北欧最大的古代防御工事之一。建筑群由不同时期的长垒组成；有几段经常被修缮或扩建，以适应后来的历史时期的防御需要。它从公元500年前后直到13世纪修建、扩建、改建、维护，其中有很多出自维京时代和中世纪早期。1864年普鲁士入侵前夕，这座墙垒又被扩建。最近一次扩建是在第二次世界大战期间，德军在这里布置了坦克陷阱。

　　各种各样的壁垒共长约30千米。东端是施莱峡湾末端的海泽比地区，西端是赖德河和特雷讷河，从东到西形成了一道有效的壁障，扼守了进入丹麦的道路。在更往西的地方，日常的交通因河流和多沼泽的宽阔山谷而受阻。日德兰南北向的主干道，即"军路"或"牛路"，从海泽比附近的丹麦土垒上的一个出入口穿过；墙垒与约 20 千米开外的界河艾德河之间的地区森林密布，荒无人烟。南部生活着萨克森人，西部生活着弗里西亚人，东部生活着斯拉夫诸部。丹麦人和邻居的冲突是修建丹麦土垒的主要原因。

考古发掘为揭示壁垒的外观提供了很多证据，某几段护墙的修筑年代也依据树木年代学做出了精确判断。政治背景有时可以从文献中找到证据。几道不同的壁垒是在不同的时期建造的（本书第 187 页插图），但丹麦土垒的复杂历史仍然是研究和修正的主题。最早的壁垒是公元 500 年前后建造的，并很快得到了扩建。这一时期壁垒的政治背景尚不明确。

可精确断代的最早壁垒，是 737 年前后建造的——这是它的木材被砍伐的年代。木材未经晾干。护墙约 7 公里长，造法独特，气象雄伟，泥土制成，表面铺以重木。它在海泽比北面有一小截护墙，称为"北墙"（只有一个建造期），而北墙也成了"主墙"多个阶段的其中一段。护墙穿过沼泽地时，修建了特殊的地基；越过潮湿地带时，护墙采取了堤围的形式，堤围也是建在特殊地基上的，使沿着防线通行成为可能。护墙前方的坚实地面掘有一条护沟。另一段护墙"东墙"大概也是同一时期建造的。

这段丹麦土垒建造的政治军事原因没有文字史料记载，但我们知道大约在这个时候丹麦人有一位强大的国王，名叫翁根杜斯。他强硬地拒绝法兰克王国派出的传教士威利布罗德（逝于 739 年）劝他皈依基督教的要求。修建这种规模的边境墙需要以中央权力作为前提，所以翁根杜斯可能是为了阻止萨克森人或斯拉夫人的侵袭而建造了它。但这座伟大的护墙也有可能是由于一场紧张的政治局势而建的——就是导致强大的法

141

兰克统治者查理·马特在 738 年向萨克森人发动作战的那一次紧张局势①。

　　8 世纪 70 年代和 80 年代，查理曼征服了萨克森，法兰克人和丹麦人成了政治版图上的邻居；9 世纪初，双方在边境爆发了激烈冲突。与此同时，丹麦人向法兰克王国的沿海地区发动袭击，勒索贡赋。《法兰克年代记》记载了斯拉夫人与法兰克人和丹麦人缔结过各种各样的联盟，描写了丹麦人的骄傲国王戈德弗雷德。戈德弗雷德的庞大海军在海泽比登陆了。808年，他决定建造一道从波罗的海到北海的边境墙，只设一条出入口。此后不久，查理曼下令在易北河以北建了一座堡垒，斯拉夫的阿博德利人也在旧吕贝克建了一座堡垒，而边境冲突又持续了一些年头，各方的结盟关系变化多端。

　　因此，戈德弗雷德所建的护墙是复杂的权力政治的一部分，但我们尚不清楚丹麦土垒的哪一部分与之吻合。目前没有任何部分被定位到他的时代，而有记载的建造活动几乎肯定是对先前护墙的修缮。

　　10 世纪下半叶，丹麦土垒经历了大规模强化，其中包括主墙的重建。主墙由一道"接墙"与海泽比的半圆形城墙和海泽比的"前墙"连为一体；而在西面，延长了一段长度可观的"弯墙"。这一道丹麦土垒可能曾以一个巨大的"Z"字形绵延了 14 公里。它是泥土垒砌而成，前部为草炭土，坡陡；顶部很可能设置了木栅。

　　树木年代学判断"接墙"建造于 965～968 年。这一线土垒大部分很可能由"蓝牙王"哈拉尔所建。文字史料有载，

---

　　①　查理·马特进攻萨克森导致局势紧张，似更合理。此处待考。

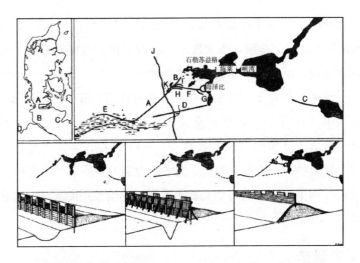

丹麦土垒边境墙。左上：A. 丹麦人；B. 萨克森人；
C. 斯拉夫人；D. 弗里西亚人。右上：护墙的布局。A. 主墙；
B. 北墙；C. 东墙；D. 科维尔克；E. 弯墙；F. 接墙；G. 海
泽比周围的半圆形城墙和前墙；H. 双墙；I. 弧墙；J. 军路或
牛路；K. 曲勒堡。丹麦土垒全长约30公里，一些护墙是分多
个阶段建造的。下方：三座墙垒，并有示意图展示护墙和护
沟的建造方式。施莱峡湾内建有另外的防御工事。最早的丹
麦土垒源自公元500年前后。

10世纪60年代丹麦与日耳曼帝国①发生了矛盾，这为修建这
座辉煌的边境防御工事提供了解释。974年，战争公开爆发，　143
虽然"蓝牙王"哈拉尔作为挪威的领主，得到了特伦德拉格
的哈康伯爵的军事支持，但丹麦土垒仍然落入敌手，德意志士
兵在边境地区驻扎。但敌军的堡垒在983年被摧毁，这无疑是
因为得到了国王新建的环形堡垒中的武士们的帮助（参阅本

---

① 原文如此，疑指神圣罗马帝国。

书第 90 页）。海泽比以南那道笔直的护墙"科维尔克"①，长 6.5 公里，泥土垒砌，表面覆木，前方有沟，可能就是这个时期建造的。但我们难以给出精确的断代。

后来，丹麦土垒再度扩建，其表面得到修缮。在瓦尔德马尔大王（1157 ~ 1182 年）及其继任者在位期间，丹麦土垒修建了砖面。这里爆发过数次战斗——11 世纪，斯拉夫族群构成主要威胁——有那么几次，丹麦土垒被攻克了，但在 500 多年的时间里，这道边境墙都标志着斯堪的纳维亚的政治、文化南界，并成为丹麦的一道有效防线。

王家堡垒

就我们所知，王家堡垒在维京时代的斯堪的纳维亚只存在过很短的时间，而且都是丹麦的。已被发现的王家堡垒分散在丹麦各地：西兰岛的特雷勒堡、日德兰东北部的菲尔卡特、日德兰北部利姆峡湾旁的阿格斯堡。菲英岛上也有农讷巴肯这样的堡垒，但它存在的痕迹几乎已经荡然无存。斯科讷的博尔厄比（也严重被毁）、西兰岛东部的博尔格灵（2014 年得到鉴定）很可能也属于这一类。这些堡垒都是按照同样严格的几何学设计在 975 ~ 980 年建造的（特雷勒堡和菲尔卡特是根据树木年代学断代的），这意味着它们必定都是由"蓝牙王"哈拉尔所建，尽管没有文字史料的记载（插页图 14）。

所有堡垒都有一道圆形的壁垒，由泥土和草炭在内部的木结构基础上筑成，表面覆上了木材，外表面是倾斜的。壁垒上有隐蔽的出入口，其上可能修建了塔楼，位于圆周的四个方位

---

① 科维尔克（Kovirke）：Ko 意为奶牛；virke 意为工事。

点；四个出入口被两条由木材铺设的、在堡垒中心点相交的街 144
道和另一条围绕壁垒内侧的街道连接在一起。壁垒被一道
"V"字形截面的护沟包围，护沟与壁垒之间由一道狭径隔开。
堡垒的四个象限中都有大而划一的木建筑，排列成四边形。

尽管有诸多相似之处，但这些堡垒并不完全等同。最为惊
人的是它们在规模上的差异，见下表。

单位：米

	堡区内径	壁垒宽度	护沟宽度	房屋长度
阿格斯堡	约240	9	4.5	32
特雷勒堡	约136	18	18	29.4
菲尔卡特	约120	10.6	7.5	28.5
农讷巴肯	约120	14	8	?

我们在特雷勒堡和菲尔卡特的环形护墙外均发现了一座公
墓。在特雷勒堡和阿格斯堡，堡垒修建前就将原有的村庄平毁
了。特雷勒堡的考古发掘发现了被填实的水井中埋有小孩的尸
体。特雷勒堡和菲尔卡特狭小的立锥之地必须通过大量填实的
方式扩大，但是，尽管投入了大量人力、物力和技术，这两座
堡垒还是在几年后被废弃了。尽管木建筑和木表面的壁垒很快
就需要维修，但我们没有发现修缮的痕迹。菲尔卡特的护墙很
快就在它的填建之处坍塌了。这些堡垒消失了，直至20世纪
30年代开始被人发掘出土。

大屋的原貌和堡垒采用的原型、它们的精确年代和功能都
众说纷纭。建筑物唯一的遗迹就是柱子和板条在插入地下之处
遗留的暗痕，再就是一些火塘。木材都没有留下来。大型建筑 146
物的外观只能结合我们对当时的建筑习惯的了解，依据它们的
底层平面进行推断，依据单个的柱子和板条实施评估。它们是

标准化的建筑，整体设计布局与当时大型农场中的居室一致，就像沃巴瑟那样（参阅本书第 146 ~ 147 页）。然而，堡垒中并不都是居室，一些建筑物是加工金、银、铁的作坊，其他建筑物应当是马厩、谷仓、储物室。可以想象，一些建筑上有精美的雕饰和图画（1985 年，菲尔卡特一座房屋的原大复制品在城堡外建成，见插页图 13）。

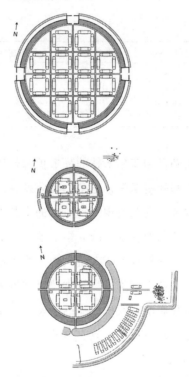

复原的平面图：保存最佳的几座丹麦几何形状堡垒，建于 975 ~ 980 年，分别是阿格斯堡、菲尔卡特、特雷勒堡。基本的几何原理是一样的，但几座堡垒的规模不等，且只有特雷勒堡有一道外部工事。①

————————

① 图中，特雷勒堡和菲尔卡特外的斑斑点点代表公墓。

学者们在整个欧洲乃至东方寻找这些堡垒的建筑原型。荷兰和比利时沿海有一些具有共同特征的环形堡，很可能是 9 世纪晚期为防御维京人而建的（见本书第 268～269 页）。荷兰瓦尔赫伦岛上的苏堡有一道环形护墙，圆周的四个方位点上有城门，相对的出入口之间有街道相连。但苏堡与丹麦圆堡也有很多不同之处，如房型。斯科讷特雷勒堡的一座维京时代堡垒，有一圈接近圆形的壁垒，但与丹麦的典型样式也有不同。

丹麦堡垒可能建立在尼德兰那些堡垒的基础上；但即便如此，丹麦人也非常灵活地对其加以调整，因为特雷勒堡（西兰岛的那座）、菲尔卡特、阿格斯堡的建筑材料和房屋设计均出自斯堪的纳维亚。采用几何学的设计并将房屋排列为方形，可能受到了加洛林王朝或奥托王朝的纪念性建筑的启发，而建造这些堡垒必定是为了行使君主的政治军事权力。在斯堪的纳维亚以外的欧洲多地和东方，都存在这类中心地点。维京人对于这种理念不会一无所知。

考虑到这些丹麦堡垒的建造时间为 975～980 年和它们极短的生命周期，认为它们是 1013 年在"双叉髭王"斯韦恩和克努特大帝率领下洗劫并最终征服英格兰的那支维京人的军营和训练营的观点就被推翻了。显然，堡垒不只是为武士提供的。这里也有妇女、儿童、匠人的住处。此外，它们的位置有助于其控制内陆而不是沿海：没有一座位于海边，而每一座都在重要的陆路附近。

然而，远在堡垒建成并投入使用之前，日耳曼帝国就对丹麦构成了重大军事威胁，974 年在丹麦土垒爆发了一场主要战役，丹麦战败了（参阅本书第 187 页）。此外，丹麦有时还会遭到挪威舰队的袭击。因此，975 年前后，哈拉尔国王及其属

147

下可能感到有必要巩固权力，保护整个国家免遭外来攻击。这造成了一种特殊的政治形势，哈拉尔似乎可以借此在不必集结军队保卫国土的年头将臣民的普遍军事义务转移到兴建堡垒上来。这种手段在欧洲其他地区颇为常见，顺便提一句，这有助于加强国王对权力的掌控。

在这种规划下兴建的独特堡垒，可以发挥王权的地区性中心作用，以保障周边地区的安全，履行行政和王权的其他职能。它们可以安置负责维修养护工作的家庭及一些工匠，还能部署守军，在危急关头或国王发动攻势时可以迅速出动。这些堡垒也能作为收集王室财富、各种税费，以及战利品、搜刮品和王国以外的税收的中心地点。如前文所示，在海泽比、里伯、奥胡斯存在时代略早的防御工事。[1] 环形堡的独特外观一定是为了彰显威严。

巨大的阿格斯堡想必也扮演了特殊的角色。从这里出发，经过一道由利姆峡湾至斯卡格拉克海峡的水道，就容易进入挪威，而"蓝牙王"哈拉尔在挪威拥有重大利益。他可以控制贯穿日德兰的南北陆路交通并对此征收路费，而阿格斯堡就位于主要的路口；也可以对利姆峡湾的水路交通征收路费，因为这里一定曾是西欧和波罗的海之间最安全的航路。

这些堡垒与耶灵纪念建筑群、丹麦土垒扩建、朗宁草地桥（本书第 220 页、第 187 页、第 120～121 页）和其他工事一道组成了一项宏大建筑计划的一部分，但它们的生命周期都不长。983 年，日耳曼的皇帝[2]死后，南方的威胁解除了。这应

---

① 此句疑衍。
② 奥托二世。

148

当改变了丹麦的政治形势。约 987 年，丹麦爆发了一场叛乱，部分原因很可能是人民承受了很多新负担。哈拉尔国王流亡在外，客死他乡。其子"双叉髭王"斯韦恩掌权，那些堡垒很快就荒废了，被人彻底遗忘。

武器和战争

前文已经提到了国王领导下的"利兹"（国王和酋长的私人战斗单位）、军事义务和公共征召制度。此外，所有有能力持武器的男人都有在必要时刻踊跃参与保卫一方土地的义务。对于这些军事组织的形式，我们所知有限，但征召制度几乎不能被投入对外进犯中。在外作战的维京军队通常是在自愿的基础上组织为一群"利兹"的。其他志愿队伍时不时地参与国内外的海盗活动。

然而，对于维京人是怎么战斗的，我们所知着实不少。在异教维京时代的很多地方，存在将武士和他们的武器一同下葬的习俗；一些武器也在河流湖泊中被发现，或许这是作为一种奉献礼而投入水中的。也有一些对军事技术和战役的描述，其中最详尽的都是外国人写的：教士阿博在 9 世纪撰写的一篇关于 885～886 年维京人进攻巴黎的诗歌；各种各样的西欧编年史；《盎格鲁－撒克逊编年史》；关于 991 年盎格鲁－撒克逊人和维京人在莫尔登交战的盎格鲁－撒克逊英雄诗。

自由民有持武器的权利和义务。维京人用剑、斧、矛、标枪、弓箭、石头作战，用盾、头盔和包括锁子甲在内的各类盔甲护体（插页图 8）。在攻城战中，有时会使用特殊的器械，如投石机和移动掩体，或者用燃烧的船只攻向敌人。对维京人在外作战的很多记载表明，他们熟谙野战工事。885 年进攻巴

149

黎的军队中有两三位工程师负责建造大型攻城器械，想必是指破城槌。

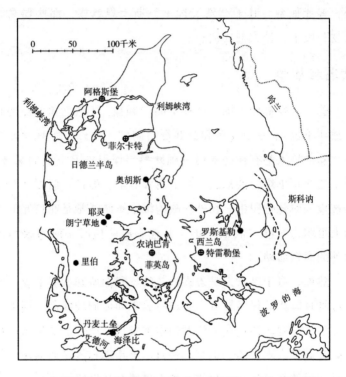

出自丹麦 10 世纪的王家建筑：奥胡斯、里伯、海泽比周围的城墙，丹麦土垒的大规模扩建，耶灵纪念建筑群，朗宁草地桥，几何形状的堡垒（西兰岛东部还有一座，斯科讷也有，图中未标示），今罗斯基勒大教堂原址上的第一座教堂。可能是"蓝牙王"哈拉尔下令建造了这一切。

最佳也最昂贵的武器当属剑（插页图 8）。它们是用于砍斫[①]的单手剑，有宽阔而坚硬的剑身，约 75～80 厘米长，剑柄足

150

---

① 而不是戳刺。参阅 Kirsten Wolf（2004，p. 122）。

够一只大手握住。全长通常约为 90 厘米。我们知道，单刃剑从维京时代最早的时期就存在了，但维京时代最典型的剑是双刃的，沿着剑锋的中间有一道血槽，可以减轻重量并提升灵活性。高超的工艺可以生产出轻便、柔韧但强力的剑身，剑身中段可能是花纹锻接（pattern-welded）而成，剑锷由特殊处理的铁制成。① 剑身和剑柄的华丽程度，可以反映剑的质量和持剑人的地位。朴素的剑柄可能由鹿角制成，而装饰丰富的剑柄由金银制成。

很多优质的剑身是从法兰克帝国进口的，一些还镌刻了铭文，但剑柄通常是在斯堪的纳维亚安装的。对锻造技术、工具和作坊的研究表明，优质武器是斯堪的纳维亚生产的，甚至可能有花纹锻接技术。剑插入由木材和皮革制成、以羊毛或织物为内衬的剑鞘中，通过一条跨过右肩的皮带挂在身体左侧。剑鞘也可以加上华丽的装饰。

剑造价不菲。宝剑被当成王公间的赠礼，或者父子相传。游吟诗歌赞美它们。特殊的剑还有名字，如"噬盔者"（Brynjubítr）或"黄金柄"（Gullinhjalti）。

很多人认为斧头是维京武器中首屈一指的。它们稳准狠，被很多人在战斗中使用，但墓葬发掘和挪威地方法律条款都表明，截至维京时代晚期，斧头通常都是一种廉价的替代品，有别于富人偏好的剑、矛组合。有些时候，我们也不可能区分一把斧头是战斧还是工具。然而，富人墓中有一些上等的、饰银的斧头，就像优质剑一样，它们不只是武器，必定也是一种地

---

① 铸剑是一门专业的学问，可参考现代爱好者根据维京人铸剑的基本原理，在现代机器帮助下铸剑的过程，其中包括"花纹锻接"和剑锷打造（https://www.bilibili.com/video/BV1hx411V7TD）。

位的象征。

矛也用得比较多。它们的矛头最长达 0.5 米。一些矛有花纹锻接的矛头或镶银的插筒。标枪通常都是不加装饰的，但很多枪头无论是否有装饰，其尺寸都表明它们可能既用于戳刺，也用于投掷。当然，长矛像弓箭一样，也用于狩猎——这是贵族最爱的运动项目。在海泽比发现了一张完整的弓，有 192 厘米长，紫杉木制。箭镞是铁制，箭杆是木制，尾部有一道凹沟，附有箭羽。海泽比的王公墓（所谓的船墓室）内有一捆带有青铜底端的优质箭以及一把精美绝伦的剑。

从远处来看，一支维京军队最醒目的特征必定是大型圆盾。它们经常涂上各种斑斓的颜色。黄色和黑色盾牌在戈克斯塔德船上被发现了，而红色盾牌在同时代文献中有记载。《朗纳赞歌》——现存最早的游吟诗歌——描述过有一面盾牌绘有众神和英雄的流行故事的场景。盾牌必须能保护从下巴到膝盖的身体，而戈克斯塔德船上发现的盾牌其实直径在 1 米以下。盾牌为木制，边缘以多种方式强化；在盾牌中间，有一个铁凸，可保护手掌，手在盾的背面握住一根把手。

维京战衣一定包括头部和身体的护具，但存世的太少了，因为死亡的武士罕有用盔甲陪葬的。很多维京人图片上展示的头盔是圆锥形的，有时候带有护鼻，而这种类型的头盔在中世纪早期也比较常见——11 世纪 70 年代的巴约挂毯上就能看得到，诺曼人和盎格鲁－撒克逊人都戴着这种头盔。然而，为数极少的遗存头盔的顶部是圆的，而不是尖的，并且接近年代更早的头盔。唯一一个保存状态良好的头盔出自挪威南部耶尔蒙德布的一座葬品丰富的坟墓。圆形的铁顶得到了铁箍的强化，还有眼镜形的护眼和护鼻。护颈很可能安装在背面（插页图 8）。

保存最好的一副链甲衫残件出自同一座墓葬，但我们仍然搞不清楚链甲衫的外观。推测起来，它应该长及膝盖，还有两只长袖子，就像之前和之后时代的链甲衫一样。锁子甲的小型残件已经在其他几个地方被发现了。斯堪的纳维亚诗歌中的描写让我们产生了很多军事首领都有一副锁子甲的印象。另一种样式的盔甲是由系在一起的小铁板制成，在比尔卡的城堡中被发现，这可能反映了比尔卡与罗斯和东方的密切联系，这种样式在那里是常见的。

152

对维京人作战的很多描述似乎说明维京人与法兰克人不同，前者是徒步作战的。马匹往往用于战场间的往返运输和侦察敌情，尽管有些时候，一群维京人可能进行马上作战。

军队应当常常乘坐战船到达战场，804年戈德弗雷德国王在海泽比召集反查理曼大军时就是这样的。海上也会爆发战役。最著名的海战之一就是1000年前后的斯沃德大战。奥拉夫·特吕格瓦松国王阵亡。海战（和海盗活动）通常由进攻方掷石块、投标枪、射群箭开始，然后登上敌船，再用剑、矛、斧作战。

在陆地作战前，两军首领通常会向部下们发表振奋人心的演说，有时候还会向敌人发表挫其锐气的演说。作为战斗的前奏，双方的口中都要飙脏话，箭筒嘎嘎作响，战士们发出狂野的战吼，为自己壮胆并恐吓敌人。掷出一些冰雹般的石块、箭、标枪后，双方用剑、矛、斧近身作战，一边作战一边狂吼。管乐器奏响信号。国王通常身先士卒，身边簇拥着最强大的部下组成的卫队。混战之中，首领的位置以军旗为标记；旗手是一位颇有能耐的人，必须阻止军旗倒下。878年，英格兰从维京人手中缴获了一面绘有一只渡鸦（战神奥丁的象征）

的旗帜；891 年的代勒河（位于今比利时）战役中，维京人的16 面王旗被缴获，被送往巴伐利亚作为胜利的凭证。

153　　维京人善于利用地利。例如，为了对付骑马作战的法兰克人，他们会挖掘陷阱，或者在马匹难以通行的地方占据阵地。他们也经常筑造野战工事。西欧史料记载，维京人经常利用岛屿、堡垒、设防城镇、石教堂作为安全基地。他们极少实施长期围城战，但如果实施了（如 885～886 年围攻巴黎），他们有时会建造攻城器械；他们的战术也包括挖壕沟、筑壁垒。他们的西欧对手屡屡对维京军队的机动性和足智多谋感到敬畏。

据德意志的《富尔达编年史》记载，维京人可以将盾牌高高举起，以示和平，但有一次，维京人被困于一座堡垒埃尔斯洛（位于马斯河畔，今荷兰和比利时交界处），他们就用这种方法欺骗敌人。几份史料记载，维京人签订和约时会以武器起誓，由双方宣誓确认，通过交换高级人质和礼物而加以担保。其他史料记载，维京人有时会以一枚神圣环起誓。当一支在外的维京军队获胜时，和约的缔结通常需要支付贡赋并向军队提供补给。

很多出自维京时代的考古发现都是武器。战斗和武士的理念——勇气、力量、对武器的热衷、战役的恢宏气势、对战友的忠诚、对首领至死不渝的信赖——是那些歌颂王公的诗歌和很多卢恩石碑的永恒主题。

> 宝剑长矛我有，
> 浸透鲜血滑手。
> 苍鹰盘旋之处，
> 看我维京猛斗！

烈火笼罩顶头，

大杀特杀怒吼。

尸体横七竖八，

躺在城镇门口。

（约925年埃吉尔·斯卡德拉格里姆松创作的诗节）

萨克瑟为纪念队友阿斯比约恩·托克松而立此碑：　　154

他在乌普萨拉没有逃跑，

而是抄起家伙就干。

（约1000年斯科讷的舍鲁普石碑）

但这些理念并非维京人独有。这是当时的根本理念，在盎格鲁－撒克逊英雄诗里也有表达，如关于莫尔登战役的诗歌。布里特诺思①和他的部下在这场战役中全军覆没。当然，在斯堪的纳维亚及其他地方，也有以更加和平的眼光看待世界的人。

---

① 时任埃塞克斯（东撒克逊）郡长，991年阵亡。

新旧宗教

维京时代的大部分时期，斯堪的纳维亚人的宗教信仰都不是基督教。基督徒称呼他们为"异教徒"（*paganos*），这是对所有不同信仰者的贬称。除了西班牙和地中海其他地区的穆斯林，整个西欧和南欧都是基督教的。在北欧和东欧，斯拉夫人、波罗的人、芬兰人、萨米人与斯堪的纳维亚人一样，不信仰基督教。

基督教热衷传教。大约在维京时代之初，斯堪的纳维亚在南方最近的邻居们就改变了信仰——由于被法兰克王国吞并，弗里西亚人在8世纪、萨克森人在8世纪末改变了信仰。在萨克森，查理曼实施了格外残酷的强迫改宗活动。在政治条件许可的情况下，传教活动就继续向北方和东方拓展。约公元965年，丹麦官宣为基督教国家；挪威在11世纪初跟进；瑞典则在11世纪内非常缓慢地改教。

这些国家的改教是为了增强王权，正如波兰、基辅罗斯、匈牙利一样，后三国分别在966年、988年、1000年成为基督教国家。1000年前后，维京人在大西洋的殖民地也接受了基督教。在接下来几个世纪，斯堪的纳维亚人推动了新宗教在波罗的海地区、芬兰和萨米人之中的传播，并且常常是以武力推进的。

然而，传教活动并非协调一致的，基督教也绝非统一的宗教。罗马教会和东正教会分庭抗礼；教皇和拜占庭宗主教都认为他们是基督教正统的垄断者。很多瑞典人凭借他们与东欧和拜占庭的紧密联系，接触了东正教信仰，但罗马天主教在斯堪的纳维亚占了上风。然而，它并非没有对手，因为传教活动通常是由一位大主教派出的，而他的威望、影响力和收入会随着基督教新地盘的开拓而增长，这可能导致大主教区之间的纷争。并且，一国的教会组织与王权紧密联系，传教活动和教会

155

156

政治通常与国内的权力政治并肩而行。

但是，基督教的传入在到处制造文化的分歧。它不只带来了新的仪式和新的信仰，也造成了道德准则的变化，对根深蒂固的文化模式逐渐带来了侵蚀。

旧宗教

前基督教时代斯堪的纳维亚宗教信仰的书面证据，几乎都是基督徒写的，而最完整的那些叙述是在改教的几个世纪后写就的。最重要的史料，出自13世纪成书的《旧埃达》诗集中关于诸神的古老诗歌和1220年前后斯诺里·斯图鲁松关于诗歌艺术的书（本书第36页、第236~237页）。这本书收录了详细的北欧神话，考虑到它是推行基督教约200年后写成的，它已经尽其所能地做到可靠了；然而，这些史料中基督教的影响时有体现。阿拉伯旅行家的描述、西欧基督徒的记录、歌颂王公的游吟诗歌、卢恩石碑提供了碎片化的同时代信息。更多关于异教习俗的知识，可以从早期法律文本的禁令中搜集，也可以通过对12~13世纪历史著作的一番详细考察而获取信息。考古学可以阐释丧葬习俗、异教纪念物、神符、献祭和实施崇拜活动的建筑物。各种图画（插页图15）很少能够得到精准解读，但它们可以提供关于庆典和仪式的一种印象，也确认了关于众神的一些故事。而地名可以显示诸神在斯堪的纳维亚不同地区的人气。

因此，我们对前基督教时代宗教信仰的描述依据了多时多地的信息，而记录这些信息的人常常具有截然不同的宗教背景。这可以很好解释为什么基本的理念看起来经常模糊不清，还带有几分原始性。宗教理念在维京时代也在发生变化，毫无疑问，这有一部分是基督教影响的结果，并且地区之间还存在差异。与基督教不同，旧宗教是包容的，有很多神祇，也吸收新神。例如，《安斯加尔传》记载道，比尔卡人开始崇拜一位先王埃里克，而来自东欧的宗教影响或许也融入了这里。然而，旧宗教的主要特征在整个斯堪的纳维亚都是相同的。

众神各自负责人类生存的某个重要领域。他们呈现为人形，很大程度上拥有凡人的行为方式。他们生活在稳定构建的社会共同体中，就像当时的富农一样。他们分为两大神族：阿萨神族和华纳神族。

阿萨神族势力更大。首领为奥丁，全知全能的权力、智慧、诗歌和战争之神。不像其他神祇，他性情狂野，难以预测，具备很多奇怪的能力。这些能力是通过神秘的、超自然的、与死亡相关的所作所为而获取的。他只有一只眼睛，因为他曾用一只眼睛换取智慧之井的一口水。他以矛为武器，骑着一匹八足马，名曰斯雷普尼尔。他的渡鸦胡金和穆宁每天飞入尘世，探知凡间发生的一切事情。

奥丁居住在瓦尔哈拉，即英灵的殿堂。瓦尔基里将被奥丁选召的武士从战场上引导至瓦尔哈拉。瓦尔基里是女性，但不是严格意义上的女神。武士们在瓦尔哈拉度日，等待那场对抗邪恶力量的终极大战。他们作战，他们宴饮，就像凡间的军阀一样，不同之处就是瓦尔哈拉没有真实的女人。奥丁和他的武士输掉了正邪之战。他被巨狼芬里尔吞食。紧随其后的是"诸神之黄昏"（Ragnarök），即世界的毁灭，但一个新世界也应运而生了。

奥丁的崇拜者主要是国王、酋长和他们的部众。奥丁可以满足他们的需求——如果奥丁也是这么想的话。地名也表明在丹麦和瑞典的约特兰，存在对奥丁的官方崇拜。但他在挪威和

158

冰岛的人气似乎没那么高。哥得兰岛图像碑上载骑手的八足马图像，一定是斯雷普尼尔，骑手可能就是奥丁（本书第51页）。1075年前后，不来梅的亚当写道，乌普萨拉的大型异教神庙中的三个偶像，有一个就是"奥丁——这是一个狂暴者——他推行战争，向人类传授打击敌人的力量"。奥丁的很多奇怪品性和他的崇高地位，可以解释为什么他的名号没有被用作人名的一部分，为什么卢恩碑文中没有召唤他的大名。但我们也知道，在8世纪，一块人类头盖骨刻上了他的大名，该头盖骨发现于里伯。

据不来梅的亚当记载，托尔是乌普萨拉神庙三神中最强大的一位。"据说，托尔主宰天空，掌管风雨雷电、宜人天气和五谷丰登……如果瘟疫和饥荒构成威胁，就向托尔的偶像斟上祭酒。"托尔是奥丁之子，但天性大为不同。他接地气、可信赖。他代表了体能。根据西诺尔斯语的文学材料，他与以巨人和尘世巨蟒为代表的邪恶力量作战。其中有一个广为传播、大受欢迎的故事，乌普兰、哥得兰、丹麦和英格兰西北部的图像碑也有所展现，讲述了托尔钓取尘世巨蟒的旅程；由于巨人希密尔切断了钓线，巨蟒得以逃脱。托尔乘坐一辆由山羊拉动的车，他的武器是强大的战锤妙尔尼尔。他在整个维京世界都受到崇拜。战锤的标志被制作成吊坠。这是个分布广泛的神符——唯一可以确认的前基督教时代神符（插页图16）。随着基督教的推行，十字架取代了它的地位。许多卢恩碑文也召唤过托尔的名号；游吟诗人创作歌颂他的诗歌；他的名字是很多至今仍在使用的人名、地名的词语成分。

159　　　阿萨神族还有其他更多成员，其中包括奥丁的好儿子巴尔德和奇怪的"众神守护者"海姆达尔。乌普萨拉神庙的第三位神是华纳神族的弗雷。亚当记载称，弗雷"将和平与欢乐降至人间。他的外形也被塑造为一根巨大的男性生殖器"。庆祝婚礼时，人们会向弗雷献上贡品。弗雷是丰饶之神。根据《英林传奇》一诗所述，他首先是斯韦阿尔人的神灵，是英林王朝的始祖，在乌普萨拉和挪威西福尔为王，但地名、人名和诗歌表明他也在斯堪的纳维亚其余地区受到崇拜。一些故事说，向弗雷表达敬意的庆典飨宴在春季举行，同时举办的还有列队游行和祈求丰收的仪式。不来梅的亚当记载道，虔诚的埃吉诺主教砸碎了西约特兰一尊著名的弗雷雕像，很可能位于斯卡拉。维京时代晚期的一枚小型弗雷青铜像留存了下来，在瑞典的南曼兰被发现。这是一位端坐的男性，佩戴臂环、尖顶帽，盘着腿，有一根勃起的阳具。

瑞典乌普兰的阿尔蒂纳石碑上描绘的托尔垂钓之旅。托尔坐在船上，锤子在右手准备就绪，他用一头牛当诱饵，已经擒获尘世巨蟒。他拼命抵住船底，以至于一只脚把船底踩穿了。根据故事所述，巨人希密尔与他同乘一艘船（图中未展示），切断了钓线，放跑了邪恶的尘世巨蟒。

斯堪的纳维亚全境都有发现的微型金箔饰板，描绘了一对
160 温柔相拥的男女，该图式与某种生殖崇拜有关，可能就是以弗
雷和芙蕾雅为核心。芙蕾雅是弗雷的妹妹，爱与生育的女神，
与弗雷一男一女相互对应。很多人也崇拜她。她统领着"迪
西尔"（*dísir*），即一群代表自然丰饶与人类繁衍的女性。斯韦
阿尔人之中很可能存在对迪西尔的公开崇拜，但地名表明她们
在瑞典其他地区和挪威也受到崇拜，通常是在私人飨宴的
场合。

诺伦与瓦尔基里不属于两大神族。诺伦是命运女神，凡人
和众神都要听从其安排。此外，还有邪恶的巨人，他们是众神
和凡人的敌人，生活在世界的外围圈层和凡间的无人之境。怪
异、狡猾、善变的洛基是尘世巨蟒和芬里尔巨狼的父亲，在众
神之间和巨人之间来来回回搬弄是非、屡施诡计。矮人也生活
在荒郊野外。他们聪明、狡黠，是能工巧匠。精灵在地上生
活，"飞而归"（*fylgjur*）则是一个家族或个人的守护灵，他们
象征了被我们今人视为祖传特质的东西。一个家族中的死者前
往幽冥世界时不得怠慢。这个世界是充满精怪的，它们能够影
响凡人的生命和幸福，而凡人必须与它们和睦相处。人们必须
表现得体，尊重诸神和其他超自然事物，给予其应有的待遇。
然而，没人向诺伦奉上祭品，尽管是由她们来编织人类不可逃
避的命运之线。

很多地名提供了前基督教时代异教崇拜的证据，还有一些
是通过考古得知的。但诸神和其他精怪是以怎样的方式被崇拜
的，我们知道得不多。不来梅的亚当对乌普萨拉神庙的记载出
自 1075 年前后，很可能受到了基督教习惯的影响。但萨迦中
简短提及的"沃鲁尔"（*völur*），即女巫，如今在墓葬考古中

得到了确认。

总的来看，异教崇拜似乎是去中心化的，由地方酋长或富农带头推行。在某些场合，一个地区的农民们会参加一场祭祀缮宴，或称"布洛特"（*blót*），齐聚一堂歌颂众神。这通常在酋长的农庄厅堂里举行，例如在挪威罗弗敦群岛的博尔格发掘出的厅堂。也有私下在家中的崇拜活动。在1020年前后的诗歌《东游记》中，基督徒游吟诗人西格瓦特写道，在所有农庄都庆祝"布洛特"的时候（很可能发生在西约特兰某地），这天夜里是不可能找到庇身之所的；一位妇女解释说这是献给精灵的"布洛特"。

10世纪下半叶，西班牙阿拉伯人塔尔图希造访海泽比后写道：

> 他们举行一场缮宴，齐聚一堂，歌颂众神，大吃大喝。负责宰杀牺牲的人，会在家门口竖起一个木制脚手架，将牲畜置于其上，公牛、公绵羊、公山羊、猪皆可。然后，人们就知道他在敬神了。

诸神和其他超自然事物也可以在户外进行崇拜：在树丛中，在名为"vé"的祝圣地，在丘陵和高山上，在小溪旁。"赫尔格"（*hǫrg*）可能是一种祭坛——一堆石头，要么是露天的，要么像在后来的维京时代位于室内。船形石阵，也称作"船阵"（ship-settings），其中最大的那些，尤其在瑞典和丹麦发现的船阵，可能也是崇拜的场所。船阵中极少包含坟墓在内，但通常有装填木炭和其他燃料的小坑。它们能够容纳很多人在内。最大的一处位于丹麦日德兰的耶灵。

161

国王是否具备有别于其他首领的宗教崇拜职能，我们并不确定，但丹麦的莱尔和瑞典的乌普萨拉举行过官方的大型异教飨宴。两地的大型纪念物仍然可见（在莱尔，有一处长约80米的船阵遗址，以及坟丘；在乌普萨拉，有一些非常大的坟丘），它们很可能都与王权有关。

在丹麦推行基督教半个世纪后，德意志人梅泽堡的蒂特马尔描述了莱尔的异教崇拜。不来梅的亚当讲述了同时代乌普萨拉的情况，尽管他从未亲自造访该地。两者的描述惊人地相似。在这两地，人们每9年聚一次，被献祭的既有人类也有动物：在莱尔，99人和99只马、狗、公鸡被宰①；在乌普萨拉，各种雄性活物献上9只/人②，它们的尸体挂在神庙附近的圣树林中。亚当写道，瑞典全境都一起庆祝这场宗教盛宴。包括国王在内的每个人都献上祭品，而基督徒只能通过购买豁免权来选择退出③。莱尔被称作"王国中最重要的地方"（*caput istius regni*）。这里出土了一座非常大的厅堂和其他很多建筑——厅堂长48米，最宽11米，地面面积约500平方米。

在丹麦的莱尔、蒂瑟和瑞典的乌波克拉这样的地方（均

---

① 这句话数词的搭配有歧义。经查，原文出自《梅泽堡的蒂特马尔编年史》第1卷第17章。按照戴维·A. 瓦尔纳（David A. Warner）的英译本，或应理解为"99人与同样多的马，以及狗和鸡"（ninety-nine human beings and as many horses, along with dogs and cocks）。暂未找到拉丁语原版查证。参阅 *Ottonian Germany: The Chronicon of Thietmar of Merseburg*, Manchester University Press, 2001, p. 80。

② 亚当写道："对于每一种雄性活物，他们献上9颗头颅。"（Adam of Bremen: *History of the Archbishops of Hamburg-Bremen*, translated by Francis J. Tschan, New York: Columbia University Press, 1959, p. 208.）

③ 按上引书，亚当记载称"比各种类型的惩罚更痛苦的是，已经皈依基督教的人通过参与这些仪式而痛改前非"。与本书解读似有不同，不知孰是。

为贵族或王权的中心），有露天献祭点或小型异教建筑。在乌普兰和哥得兰岛，埋有受损武器的维京时代大型献祭遗址在泥沼和其他沼泽地被发现了。在哥得兰岛上的古丁索克拉尔内，500多件物品被发现了，其中多数是矛和箭头。异教仪式的实物遗迹极少，但奥塞贝格挂毯描绘的必定是一场宗教游行的场面：人们乘坐马车、骑马或徒步，一些人携带长矛和盾牌，一人戴上了一副动物面具。装扮成动物的人必定会在某种仪式中扮演角色，因为他们的形象在瑞典发现的物品中也有描绘。海泽比港口发现的纺织品中，有两副非常写实的动物立体面具，一副是一只小型动物如狐狸、狗或绵羊的头，另一副是一只牛头。奥塞贝格挂毯和其他发现也展示了佩戴角状头饰的男人，但这与维京人战斗中佩戴的头盔没有关系。 164

对于死亡和丧葬相关的仪式，我们所知有限。旧宗教中含有一些关于死后归宿的观念，而考古发现证实了丧葬习俗彼此间是千差万别的。文字资料中提到过若干个亡灵世界，但这些残存的资料多多少少是有矛盾的，所以它们对前基督教时代观念的描述是非常不完整的。

其中一个亡灵世界，是阴惨、污浊的"海拉"（冥界），统治它的女神就是同名的海拉（Hel），即尘世巨蟒和芬里尔巨狼的妹妹。无论男女，都要魂归此处。奥丁的瓦尔哈拉是为被选召的武士准备的，但有说法称芙蕾雅的殿堂里也有武士。也有关于在墓中生活的死者的故事。有一段资料讲到一位临终的妇女投奔芙蕾雅，但几乎所有现存的故事都是关于男人的。

异教时代的葬俗与基督教大相径庭。很多人与个人财产一同下葬，以供死后所用。随葬品小到穷人的一把刀，大到比尔卡贵族和奥塞贝格王后的豪华装备。在挪威，田野、作坊、厨

　　10 世纪瑞典比尔卡的富裕男性①墓葬。 这位男性很可能是采取坐姿，葬在 2.35 米长的木制墓室中，以豪华的财产随葬。东侧有一个坑，埋了两匹马。其他发现有：一把剑（1），一把大刀（2），两枚大矛头（3、4），一把斧子（5），25 枚箭头（6），倚在墓穴两端的两面盾牌的圆凸饰和底座（7、8），马镫（9），一把刀（10），磨刀石（11），28 枚赌博筹码、3 枚骰子和 3 只砝码（12），913～933 年铸造的一枚阿拉伯银币的四分之一（13），一枚环形针（14），源自东方的一个含丝绸银顶座和 4 枚银垂饰，均出自一顶帽子②（15），一个铜碗（16），一枚带铁环的带銙（17）和一枚铁扣子（18），一把梳子（19），两副马嚼子，一些铁配件和铁环，4 副马蹄尖铁③（20、23），一只铁钩（24）。此外还有一些大型铁配件和一副赌盘的基座，很可能位于大刀（2）以南的位置。

---

①　据报道，2017 年夏洛特·赫登谢纳－荣松（Charlotte Hedenstierna-Jonson）的研究团队确认墓主为女性。参阅 *A female Viking warrior confirmed by genomics*，American Journal Physical Anthropology，2017 Dec.，https://www.ncbi.nlm.nih.gov/pmc/articles/PMC5724682/。

②　此处原文措辞过于简洁（如 with silk），令人费解。所谓"银顶座"，即帽顶的圆锥形物体。所谓"含丝绸"，指圆锥体内部有残留的丝绸。说明帽子至少有一部分是丝绸的。Anders Winroth：*The Age of the Vikings*，Princeton University Press，2014，pp. 119-120.

③　安装在马蹄底部的尖铁，可以防滑，和人的鞋钉同理。

房里或织布机前劳作的工具受到了重视，而武器和上流社会地位的象征物在整个斯堪的纳维亚都有被发现。10 世纪丹麦一群武士的墓葬中的随葬品，似乎反映了瓦尔哈拉观念。由前文可知，在挪威和瑞典，贵族葬在舟船之中并不罕见；斯堪的纳维亚的男性与马合葬，而 10 世纪丹麦上流社会妇女的棺材常常由一辆马车的车体组成，以它代表一整辆马车。墓中通常放入食物和饮料。所有这一切表明，亡灵世界是要经过一段旅程才能到达的，而文字史料中也流露了这种观念。葬俗中的一个要素在今人看来极其恐怖，即杀人陪葬的可能性。殉葬者可以是一名男性或女性追随者，想必常常是一位奴隶。

随葬品的数量与死者的社会地位之间不是简单的等同关系，因为不是所有富人都有随葬品。在某些地区有将死者和随葬品火化，再埋葬遗骸的风俗。阿拉伯使者伊本·法德兰曾在伏尔加河参加过一场维京葬礼，听到过如下解释："我们立刻火化他，他就立刻进天国。"考古发现证实了伊本·法德兰目睹的葬仪与斯堪的纳维亚的那些差不多。下文节选了他亲眼所见后的描述：

> 一位首长死后，奴隶和仆人会被问到谁愿意殉葬。自愿赴死者不得反悔。葬礼正在准备时，有一位女性在这种特别的场合会得到高度礼遇。出殡之日，首长的船被拉到岸上，人们围着它走动，口中念念有词。一位称作"渡灵师"的老妇人将停尸架置于船上，再将衣物、垫子铺于其上。她负责准备工作。遗体之前置于墓穴中，现在抬出，穿上特意为葬礼制作的盛装。他在船上搭建的帐篷中的垫子间停灵，与他放在一起的有酒精饮料、食物、香

165

草和他所有的武器。随后，一条狗、两匹马、两头母牛、一只公鸡和一只母鸡会被杀掉，放入船中。

将要殉葬的女子到营中的每顶帐篷拜谒，与帐篷的主人性交。完事后，她要进行其他各种仪式。她会被三次升到一个形似门框的东西上说："我看见了我的主人坐在天堂中，那里风景秀丽、草木青翠，有男人和奴隶（或青年人）陪着主人，他也呼唤我过去。引导我去见他吧。"随后，她杀死一只母鸡，被带到船上，摘掉首饰，喝下两杯酒，唱起歌谣。最后，"渡灵师"带她到帐篷中去见死去的主人。六个男人跟随她进入帐篷中，与她性交，然后再把她杀了。死者最亲近的家属现在点燃船下的木柴。其他人将更多燃烧的木头扔进火中。只需一个小时，一切化为灰烬。随后，他们在这个地点建一座坟丘，在中间插上一根杆子，写上首长和他的国王的名字。最后离开此地。

在斯堪的纳维亚，坟墓通常靠近农庄，这样人们就能与祖先保持联系。乡村中通常有一座社区公墓，建在附近的开阔地。杆子、石头、各种外形的石阵、坟丘，都可以成为坟墓的标志。卢恩石碑并不总与坟墓相关，因为它们是纪念碑，竖立在很多人经过的地方。

一场又大又奢侈的葬礼彰显了家族的声望，很多贵族墓葬以大型坟丘作为其豪奢之风的标志，例如：挪威的博勒、奥塞贝格、戈克斯塔德，瑞典比尔卡附近阿德尔瑟岛上的斯科平图尔，丹麦的耶灵。耶灵的北坟丘（本书第 220 页）是丹麦最大的坟丘，是为戈姆国王而建的。他是一个新王朝的国王，也是这个国家最后的异教国王。约 958 ~ 959 年，他在一座大型

166

墓室中安葬了。随葬的有一匹马和马具、一只银杯、雕刻并上色的木器、一套柜子和其他很多几乎不复存在的物品。

改宗

当基督教成为斯堪的纳维亚国家的官方宗教时，一些人早已是基督徒了，而大部分人都对这种新信仰有所耳闻。在每个地方，国王都支持它的推行。很多在欧洲和拜占庭帝国参加军事远征、贸易之旅或外交活动的维京人都见过教堂和修道院，聆听过主教和神父的教诲，理解了基督教信仰的一些传统和准则。令人敬畏的石教堂、感人至深的仪式、荡气回肠的歌唱、巨量的财富（有时会被他们偷走），都给他们留下了深刻印象。他们见证了强大的帝王对上帝和圣子耶稣的尊敬。

很多维京人在国外受洗，一些人还受洗了好几次，因为洗礼常常是政治联盟或有利的和平条约中的一个条件，而洗礼仪式意味着有新衣服穿、能获得一件受洗的赠礼、参加一场受洗宴。一些斯堪的纳维亚人接受了画十字（*prima signatio*）作为改宗的第一步。在与基督徒打交道时，这种做法常常是有用的，如在商贸中，但这并不能排除人们对旧神祇的崇拜。其他人通过移民到英格兰、爱尔兰、诺曼底等基督教国家的亲友而熟悉了基督教。那里的移民很快就接受了当地的信仰。斯堪的纳维亚改宗前的几个世纪，就有基督教的商人和外交使团及传教士在这里活动。

所以，在整个维京时代，就有斯堪的纳维亚人真诚地宣称信仰基督教，而其他人将基督纳入斯堪的纳维亚诸神的谱系中，甚至在某些场合向他献祭。

我们所知最早前往斯堪的纳维亚的传教士是"弗里西亚

167

人的使徒"威利布罗德，8 世纪初，他试图让丹麦人之王翁根杜斯皈依基督教，但徒劳无功。823 年，兰斯大主教埃博在丹麦布道，据说给很多人施洗过。他的行动想必是法兰克人的皇帝"虔信者"路易向哈拉尔·克拉克提供的一项政治支持。哈拉尔·克拉克是第一位受洗的斯堪的纳维亚国王，826 年，他在美因茨与家人、侍从一同受洗。为了庆祝这一事件，英格尔海姆的皇宫中举行了一场盛典。

安斯加尔有个略带误导性的称呼——"北欧的使徒"。他随哈拉尔·克拉克返回丹麦，一直保持活跃，直到哈拉尔在827 年流亡。几年后，斯韦阿尔人请求传教，安斯加尔带上丰厚礼品造访比尔卡，只不过礼物在半路被人劫了。经国王允许，他在比尔卡工作了一些年头。850 年前后，他积极参加在丹麦的传教，在这里也是得到了国王的同意。他去世时，是新成立的汉堡－不来梅教区的大主教。该教区成了斯堪的纳维亚传教活动的中心，后来也是斯堪的纳维亚教会的首领。直到1103 年，斯科讷的隆德成立了新的大主教区。

168　安斯加尔的布道集中在比尔卡、海泽比、里伯这样的大型贸易中心，那里早已有基督徒，或者有来访的基督教商人。很多人受洗，教堂也纷纷建立。基督徒在里伯和海泽比获准鸣钟，尽管这并不招异教徒喜欢。然而，《安斯加尔传》指出，官方对基督教的承认和参加教会服务的获允推动了国际贸易，所以，这无疑是国王支持这些地方传教活动的一个强烈动因。

安斯加尔在斯堪的纳维亚的活动激起了异教徒的几次抵制。9 世纪下半叶的政治气氛似乎对传教不利。10 世纪 30 年代，大主教温尼前往比尔卡推进教会工作。934 年，丹麦国王被德意志国王"捕鸟者"亨利打败后，据说被迫接受了洗礼。

截至 948 年，有史料提到了石勒苏益格（海泽比）、里伯、奥胡斯的主教们。他们可能是"传教主教"，负有巡游各地、传播福音的任务。

此时，基督教向北、向东传播。随着新的族群和国家接受了新信仰，越来越多的主教区建立了，尽管挪威和瑞典的异教反对活动干扰了这个进程。皈依者均接受洗礼。洗礼是对基督教的一种奉献，但有时在临终之际才会举行——乌普兰的几座卢恩石碑是为了纪念"穿白衣"（*í hvítavaðum*）的死者竖立的。这是受洗期间和此后一周所穿的服装。

基督教有什么吸引力？传教士们采用了什么方法？基督教首先是胜利的一方。从国外教堂的权势和辉煌中，从基督胜利的图像中，可以看到上帝和基督是强大的、乐于助人的。当传教士们摧毁圣地而没有遭到报应的时候，就是旧宗教暴露自己无能的时候。信奉单一神，看起来可能比信奉常常不灵验的众神更有吸引力。在这样暴力的时代，教会传播和平与宽恕的理念，而优秀的传教士身体力行，例如，赎回战俘和奴隶、向穷人施舍救济品。他们也宣传非暴力和上帝面前人人平等。他们强调，不是诺伦的丝线，也不是奥丁的独断，而是一个人自己的行动决定了是否能过上好日子并进入"光明与天国"，乌普兰的一座卢恩石碑就是这么写的。如果按照应有的方式生活，那么所有人都会在那个真正的亡者世界中重聚。

对于维京诸王而言，新信仰意味着短期和长期意义上中央权力的加强，因为教会是集权化组织，传统上也非常依赖国王。教士接管了地方酋长的宗教职能，削弱了他们的权力。与传统的决裂也让国王更容易实施新的社会准则和新的统治方式。此外，基督教鼓励与其他基督教国家的统治者和居民保持

169

和平——如果克努特大帝是异教徒，他根本不会被接纳为英格兰国王。官方接受基督教，阻止了其他国家以传播唯一正信为由发动军事扩张；由一国之君推行改宗或许不用背负过多的压力。

为了成功传教，传教士需要熟谙当地的行事方式和习俗，能够以当地的语言布道。他们通常向国王或地方领主提出申请。史料中几次提到他们献上了丰厚的礼品，举办了盛大的飨宴。他们被视为来客，获得了某种形式的保护。基督教文献歌颂传教士们传播福音的真诚，赞美他们的虔诚、博学、日常生活中的理智、忠贞和善行。他们言行一致地生活，令异教徒感触很深。从纯粹实用的层面来说，他们常常购买少年奴隶，以便按照基督教的生活方式培养他们，让他们成为助手。

由于基督教的排他性，摧毁异教的圣地被视为一项重要工作。挪威和瑞典有很多这种描述，丹麦很可能也发生过。不来梅的亚当讲述过虔诚的阿达尔瓦德主教的故事。1060 年前后，此人在锡格蒂纳的斯韦阿尔人中间展开传教工作。他与来自斯科讷的埃吉诺主教一致认为，他们要一同前往乌普萨拉，摧毁那里的神庙，因为"如果将它拆毁或者烧为灰烬，随之而来的可能就是整个国家的改宗"。但邀请阿达尔瓦德前往锡格蒂纳的瑞典基督教国王斯滕希尔，劝他们放弃这个计划，解释称这会导致斯韦阿尔人将他们处死、国王自己会流亡、已经皈依的基督徒也会重返异教。

两位主教随后前往约塔尔人之中，"打碎偶像，随后拉拢成千的异教徒加入基督教"。在此之前，基督教信仰已经在那里建立了稳固根基，所以遭到报复的风险没那么大。

推行基督教

关于965年前后（准确年代不明）"蓝牙王"哈拉尔和丹麦改宗的情况，萨克森人维杜金德为我们提供了一个近乎同时代的描述。波珀神父（似乎不是汉堡－不来梅大主教区派出来的）展示了一番奇迹，证明基督比其他神祇更加强大：他赤手拿起一大块烧红的铁，毫发无伤。"经过这番考验，国王就改宗了，他决定将基督奉为独一神，命令他的异教臣民拒斥偶像，此后就要向神父和上帝的仆人表达应有的敬意。"然而，哈拉尔的动机必然也有实用的政治基础——希望加强王权，并避免与德意志王国发生冲突。

就我们所知，宗教的变革是和平发生的。哈拉尔的耶灵大型纪念建筑群将异教和基督教的建筑实现了宏伟的结合，表明两种宗教存在渐进而包容的过渡。那里不是所有纪念物的日期和重要性都明确，但由于耶灵建筑群与维京王室和推行基督教具有明确联系，它们一直是关注的焦点。考古学家进行了多次发掘，一些建筑可以通过树木年代学进行相当精确的断代——这些都加强了我们的认识，激发了讨论，有些时候还改变了我们的解读。下文基于从之前一直到2014年的研究成果（参阅本书第220页）。

耶灵最古老的纪念物中包括石阵遗址。它们必定组成了一个或多个巨大的船阵，也是斯堪的纳维亚迄今所知最大的。很多年来，人们认为只有一个船阵，170米长，从后来的南坟丘正南延伸到北坟丘。但是，北坟丘以北发现的石块可能是船阵的一部分，这就会让石船长了几乎一倍——实乃庞然大物。船阵是异教的，必定是在基督教推行之前建造的。戈姆国王为纪

171

念蒂雷王后竖立的较小的卢恩石碑，也是耶灵最古老的纪念物之一（除非它是从其他地方被搬到耶灵的）。它最初的位置不太明确，而它现在的位置（插页图 12）可追溯至 16 世纪。

北坟丘也可以追溯到前基督教时期。现在它大约 8.5 米高，65 米宽——是丹麦最大的坟丘。墓室中的木材出自 958 ~ 959 年。19 世纪对墓葬开展考察时，没有发现人骨，但有精美的随葬品遗存，其中包括马具。坟丘下埋葬的肯定曾是丹麦最后的异教国王戈姆。它显然曾被破土而入，这可能发生在 964 ~ 965 年，非常接近丹麦人改宗的年代。

958 ~ 985 年的某个时候，耶灵曾有扩建，用结实的橡木打造了一道菱形的栅栏，边长约 360 米。北坟丘构成了它的中心。栅栏将一个（或多个）船阵包围在内，而新的纪念物和建筑物也在这个围栏中。一些标准化的建筑物沿着栅栏的内侧坐落有致。在现存约 1100 年的石教堂下方，另有一座木建筑，长期被解读为在丹麦确立基督教的"蓝牙王"哈拉尔所建的教堂。但它可能是一座世俗的厅堂。如果真是个教堂，盛大节庆时基督教的仪式想必就在这里举行（就像前基督教时代，异教仪式在贵族的厅堂里举行）。在这座建筑下，有一间墓室，墓中有一位男性的大部分骸骨。他本来是葬在其他地方的。随葬的有两件精美的带锌和高档布料上的金线。此人的身份众说纷纭，但他可能就是戈姆国王。哈拉尔将他父王的遗体从异教坟丘中迁出，从而制造一种溯及既往的连续性，使他"基督教化"。

南坟丘的建造始于 970 年前后，即基督教时代，并断断续续地进行了十年以上。它甚至比北坟丘还要大。但考古发现表明它里面没有坟墓。这大概是一座纪念性的坟丘，也许是献给哈拉尔之母蒂雷王后的。它大而平整的顶部大概是用以举行公共典礼的。它显然是权力的象征。坟丘传统上被视为异教的特征，但这座坟丘恐怕是个例外。为了追思父母并铭记自己，哈拉尔在两座坟丘中心点连线的正中位置，竖立了已知最为宏伟的卢恩石碑（参阅本书第105页和插页图12、18）。他在一幅基督像下的铭文中吹嘘自己将丹麦人转变为基督徒的功绩。这座石碑坐落在原本的位置，在现存的石教堂前方，也是解读整个耶灵建筑群的关键。

这些纪念物聚焦于哈拉尔和他的祖先，比丹麦之前出现的任何纪念物都要壮观得多。它们扎根于斯堪的纳维亚传统，巍然屹立，成为王权、威信和正统性独一无二的象征。栅栏围起了一块明确的空间，适合举办大型集会。这一地点可能也承担庭的职能（参阅本书第91～93页、第107页）或供王国内的头面人物举行特殊聚会，但该建筑群的使用期不长。哈拉尔被儿子"双叉髭王"斯韦恩起兵推翻后就去世了。不来梅的亚当说他葬在罗斯基勒。耶灵不再得到维护，失去了重要性。2013年，学者们在地面上标记了原址的范围和一些消失的建筑。

挪威第一位基督教国王是阿瑟尔斯坦的养子哈康。他在英格兰长大、受洗。约935年，当他成为异教祖国的国王后，仍继续信奉基督教。据游吟诗人所述，他没有破坏异教圣地，但从英格兰带来了神父，在挪威西部沿岸地区建造了教堂。在更遥远的北方和特伦德拉格，基督教没有扎根。约960年，哈康被杀后，他被人以传统的异教方式埋葬在坟丘中；游吟诗人艾温德在《哈康叙事诗》中描述了他的最后一场大战、他的死亡和他入选瓦尔哈拉。讽刺的是，关于一位基督教国王的诗歌为展现奥丁的亡灵世界提供了一些最佳的信息。

174

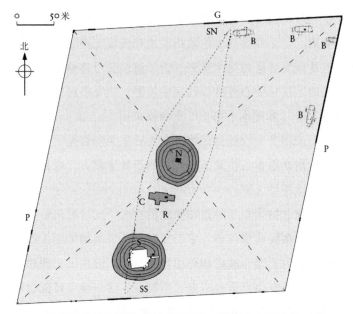

丹麦日德兰的耶灵建筑群平面图，展示其主要特征（2014
年）。SS（正南）：一个船阵的南部，有南坟丘下发现的石块；
其他石块在教堂墓地中发现。SN（正北）：北面的石群。正北
和正南之间的曲线展现了石块是如何组成一个巨型船阵的。
N：北坟丘和墓室，位于后期围栏中心处。P：菱形栅栏，标
出了发掘区。G：窄门。S：南坟丘，标出了1942年的发掘区
（白色）。B：栅栏沿线的木建筑。R：哈拉尔国王的卢恩石碑。
C：现存的石教堂，其下发现了木建筑遗迹和一座男性大人物
的墓葬，有从他处迁入的骸骨。此地大部分建筑是10世纪50
年代晚期至80年代初期依照"蓝牙王"哈拉尔的命令建造的，
当时的耶灵发展成了融合异教与基督教元素的独一无二的纪
念地。

奥拉夫·特吕格瓦松在外多年，约995年带上大笔白银回
国，成为挪威第二位基督教国王。他也曾在英格兰受洗，还让
教士随自己回挪威。他发起了系统性的、残酷的改宗行动，与
统一王国的工作齐头并进。他在挪威西部和南部取得了最大的

成功。1000 年前后，奥拉夫很可能以威胁报复的手段，推动了冰岛的改宗。此后不久，他在斯沃德战役中阵亡。

奥拉夫·哈拉尔松时期完成了挪威的改宗。他也是在对外远征时成为基督徒的。据说，他受洗是在诺曼底的鲁昂。1015年，他返回挪威时，王家扈从中仍然有教士的身影，其中就包括格里姆凯尔主教。他帮助奥拉夫无情地向人民强加基督教。古老的圣地被摧毁了，人民不得不在受洗和斗争间做出选择。可能在 1024 年，规定基督教生活方式的敕令颁布了，基督教在穆斯特庭①上被确定为强制的信仰。

1030 年的斯蒂克勒斯塔战役让奥拉夫命丧黄泉。这场战役不是宗教引起的，而是因为他试图无情地统一王国。然而，他被追封为殉道者，他的遗体在一年后被运往特隆赫姆。他成了维京人的主要圣徒，从俄罗斯到爱尔兰的广大地区都有人崇拜他。早在 11 世纪下半叶，他在特隆赫姆安葬的教堂就成了一处朝圣中心；整个中世纪，他仍然是一位受欢迎的圣徒。

11 世纪的政治局势意味着，丹麦和挪威的教会影响主要来自英格兰，这就让汉堡－不来梅大主教们感到愤愤不平。

瑞典的改宗缺乏记载。我们不知道标志性的年份或事件。 175
新信仰是逐渐渗透这个国家的，首先发生在西约特兰。西约特兰的斯卡拉在 1020 年前后成为一位传教主教的驻地。除了来自汉堡－不来梅大主教区的天主教布道团，东正教会可能在某段时间也有一定影响力。和维京时代晚期斯堪的纳维亚的其余地区一样，瑞典诸王支持基督教，但在 11 世纪瑞挪交界处耶姆特兰地区的改宗活动中，有一位当地酋长表现活跃，他在以

---

① 位于挪威西南的霍达兰。

弗雷神（Frey）命名的福洛色（Frösö）小岛上竖立了一座石碑，纪念他自己的功劳。铭文曰："古德法斯特之子厄斯特曼命人竖立此碑，建造此桥，他使耶姆特兰皈依基督教。造桥者奥斯比约恩。勒石者特林和斯滕。"

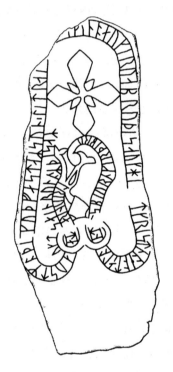

瑞典耶姆特兰福洛色岛上的厄斯特曼卢恩石碑。部分铭文写道："他使耶姆特兰皈依基督教。"该石碑在 11 世纪中叶或下半叶竖立，是瑞典位置最北的卢恩石碑。

176　　瑞典最早的基督教国王是奥洛夫·舍特康努格。他在 11 世纪初兼为约塔尔人和斯韦阿尔人的国王。他的继任者都是基督徒，但新旧信仰共存了近一个世纪。甚至在不来梅的亚当时代，异教还在盛行，尤其是在斯韦阿尔人地区，但与此同时，也有大群基督徒存在，他们竖起了该地区的大多数卢恩石碑。我们不清楚乌普萨拉的异教是何时废止的，但截至 12 世纪初，基督教必定在瑞典成了主流。

基督教带来了全新的仪式、信仰和行事准则，例如，洗礼、教堂礼拜、鸣钟、在祝圣的教堂公墓中无陪葬品下葬、信奉独一神（或三位一体）、针对近亲结婚的严厉规范，而抛弃没人要的孩子、吃马肉、崇拜旧神祇均被禁止。

改宗之后，对异教信仰的公开表达很快就销声匿迹了。但在乡野间的很多地方，与多子多福、田地丰收、牲畜多产相关的古老农民传统和地点，继续以秘密的形式或者借用基督教的外衣保存下来。一个由教堂、堂区、主教区构成的网络覆盖了整个斯堪的纳维亚，持续了几代人的时间。接受基督教是一项划时代的事件，但它的推行花费了相当长的时间。

艺术与诗歌

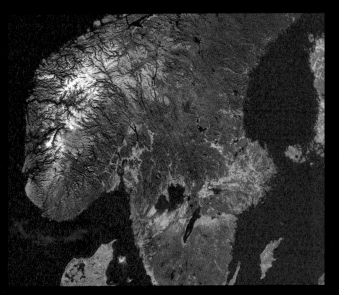

1. 斯堪的纳维亚和波罗的海卫星照片。

2. 挪威奥塞贝格船发掘现场。

3. 挪威奥塞贝格的家用器皿。

4. 瑞典锡格蒂纳的戴盔维京人头像。

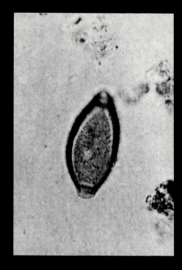

5. 约克的人休肠道寄生虫卵

6. 挪威的霍恩窖藏

7. 挪威默斯特兰的铁矿开采区

8. 出自挪威的武器。

1

2

10. 比尔卡墓葬中的玻璃器具

11. 挪威博勒的坟丘。

Runestenene i Jelling

12. 丹麦的耶灵卢恩石碑。

13. 丹麦菲尔卡特一座房屋的复建物。

14. 丹麦特雷勒堡。

15. 瑞典哥得兰岛莱尔布鲁的哈马尔斯图像碑。

16. 瑞典厄兰岛布雷德瑟特拉的托尔之锤坠饰。

17. 挪威特隆赫姆的十字架坠饰。

18. 丹麦耶灵石碑上的基督像.

19. 博勒风格：挪威博勒和戈克斯塔德的配件.

20. 耶灵风格：丹麦耶灵的杯具和配件。

21. 马门风格：丹麦马门的斧头。

22. 灵厄里克风格：伦敦的圣保罗石碑。

23. 乌尔内斯风格：挪威乌尔内斯教堂大门.

24. 奥克尼韦斯特内斯的维京墓葬。

25. 英格兰布朗普顿的"猪背"墓碑。

26. 英格兰的金尔达尔银窖藏。

27. 英格兰的克努特国王与艾玛画像手稿

28.格陵兰的布拉塔利兹

　　维京人的艺术充满活力、想象力和自信。装饰艺术和绘画艺术，以及诗歌在斯堪的纳维亚全境繁荣发展，独具特色。

　　作为一种艺术形式，诗歌存世最久。早在 13 世纪上半叶，它就在斯堪的纳维亚的宫廷圈子里备受喜爱。当时，冰岛人是格外出色的诗人。斯诺里·斯图鲁松关于诗歌艺术的著作《埃达》创作于 1220 年前后，为理解游吟诗歌的复杂惯例提供了一把钥匙。没有斯诺里的解释，很多游吟诗歌今人就无法理解了。

　　对于装饰艺术和绘画艺术同样复杂的惯例，就没有这样的"钥匙"了。所以，我们虽然能从视觉上欣赏它们，但很难理解它们的含义。话虽如此，大多数艺术想必纯粹是装饰性的，其线条之间的优雅互动和其力度令人着迷。

装饰艺术和绘画艺术

　　维京时代的艺术在运用对比和色彩方面十分张扬，但也有理有节，对于细节及整体构思，可谓小心翼翼。高质量物件上的装饰常常十分精微，以至于只有凑近了才能看得到。

　　装饰物留在了种类繁多的功能性物品上：衣物、胸针、船舶、武器、雪橇、挽具、建筑、纪念碑、墙帷、杯具，等等。 立体艺术大多数以头像的形式呈现，通常是装点各种尺寸物件（如马车、匣子）的兽首。最常用的材料必定是纺织品和木材，但这些存留下来的极少。奥塞贝格墓葬中的绘图挂毯和很多雕刻木器，以及出自 11 世纪下半叶、又在 12 世纪挪威西部的乌尔内斯教堂上被重新利用的木刻（插页图 23），让我们了解已经消失的同类物是什么样的。除了哥得兰岛上的纪念碑外，其他纪念碑直到 10 世纪中叶后才开始有装饰，很可能是照着"蓝牙王"哈拉尔的耶灵石碑设计的。维京时代晚期有很多装饰过的石碑，一些在丹麦和挪威，但大多数在瑞典。我们发现了大量小型装饰性金属物件，特别是金属探测器发现的和在墓葬、窖藏中出土的，贯穿维京时代，遍布几乎整个斯堪的纳维亚。金银器显然深受喜爱，想必引领了时尚，但海象牙、鲸骨和驼鹿角上的雕刻也是珍贵的。这种雕刻最为瑰丽的实例，就是班伯格和卡明匣子。它们又通过镀金青铜的条箍实现了进一步的美化①，并在德国和波兰的教堂中作为圣物箱而保存。卡明匣子体积大，外形为房屋，在第二次世界大战末期下落不明，但文字描述、照片和铸模尚存。骨骼、琥珀，以及产自英格兰东北的黑玉均被雕刻过。

浮雕效果、材料和颜色的对比感、空白处和装饰处的光影互动，都得到了利用。例如，一件首饰可能由镀金青铜制成，但搭配了白银和乌银②制成的细节部分；一副铁马镫可能遍布了银、铜装饰，与黑色的铁产生了对比效果。

盾牌、家具、帐篷杆、卢恩石碑、建筑木材上的颜料痕迹经常被发现，以至于可以推断大多数大型石器和木器一定曾被上过色，这常常是为了突出以浅浮雕形式雕刻出的装饰图案。游吟诗歌和其他文字史料也提到过涂色，例如，瑞典的一些卢恩碑文记载它们曾经上过色。常见的颜色有黑、白、红，但也会用到棕、黄、蓝、绿。存世的颜色已经发暗并在一定程度上

---

① 匣体为方形，橡木制成，由雕刻过的海象牙镶板盖住，盖子接缝处由镀金青铜条箍扣紧，条箍（其上也有装饰）位于盒盖的对角线，组成了一个十字形，钉在了木制的盖座上。传统上曾认为这是克努特大帝之女的珠宝盒。仅靠文字说明难以概括匣子的精美，原书未配任何图片，不免令人遗憾。参阅 Kirsten Wolf（2004，p. 99）。

② 乌银（niello）：银、铅、铜和硫的合金。

消散，但那些能够被修复的颜色则变得强烈而明亮。服装和家用纺织品常常被染色。

斯堪的纳维亚艺术的主导图式是风格化的兽，其中一些可以追溯至罗马时代晚期即 4 世纪和 5 世纪，并在维京时代之内继续做出调整。这些艺术品也会用到长带编结交织而成的蛇、鸟纹。植物纹在 10 世纪中叶前是罕见的，但在之后一个世纪因欧洲艺术的影响而走向兴盛。

呈现人物的纹饰存世极少。但是，与高度风格化的动植物纹饰不同，人物图案常常是半自然主义的。它们主要出现在纪念碑上，如哥得兰岛的图像碑所描绘的场景很可能有宗教意义（插页图 15），就像奥塞贝格挂毯上那样。在哥得兰岛丰富的绘画世界中，有一个流行的图式：一艘满帆的船，盾牌沿着舷缘排列，武士们驾驶着船，或许是航行在黄泉路上。其他场景有：一位骑士受到了一位递牛角杯的女士的迎接——或许是迎接他前往幽冥世界；男人们拔剑出鞘，参加战役。今天的我们极少能有把握地鉴定这些场景，但是出自前基督教时代神话和大英雄传说的那些场景可以在现存文献的帮助下得到鉴定。托尔神的垂钓之旅（本书第 205 页）、英雄人物"屠龙者"西古兹（杀死法夫尼尔①的人）的功业与败亡，都是这样的例子。基督的形象当然容易从他的十字架光环和伸开双臂的姿势中辨认。其他图式必定拥有纯粹的象征意义。

当解读复杂的兽纹时，最好先从头部开始，再沿着肢体的曲线而下。追踪维京时代的几个世纪中艺术的发展时，我们能

---

① 法夫尼尔是传说中一条龙的名字。"Sigurð"（西古兹）这个名字在其他资料中可以写成"Sigurd"（西古德/西居尔），但更常见的还是德语版的"Sigfrid"（西格弗里德/齐格飞）。

够辨认出各种各样的风格。大多数风格是根据该风格某个优秀
或著名实例的所在地命名的。除了博勒风格和耶灵风格几乎处
于同时期，其他风格都是前后相继的。

11 世纪一块岩石上雕刻的英雄人物"屠龙者"西古兹的
故事，位于瑞典南曼兰的拉姆松德，在埃希尔斯蒂纳附近。卢
恩铭文提到了造桥活动，该纪念碑是由一位叫西格丽兹的女性
竖立的。图画展示了传说中的场面：在底部，西古兹杀死了恶
龙法夫尼尔，它的身躯构成了卢恩字母条带；上方是西古兹的
坐骑葛拉尼；左边，西古兹烹了法夫尼尔的心脏。他用手指蘸
了一点龙血，放进嘴里——尝了龙血，他就能听懂鸟儿的歌声
了。鸟儿停在右边的树上，警告他说铁匠雷因是个叛徒。[①] 雷
因带着工具在最左边躺着，但失去了头颅，因为西古兹听了鸟
儿的话，已经把他杀了。

180　　　学者们正在进行这些方面的研究工作：完善对各种艺术风
格的界定和断代，判断外来的影响程度、斯堪的纳维亚艺术家
如何创新、斯堪的纳维亚及其殖民地之间的艺术交流。近年

---

① 法夫尼尔原是矮人，和雷因是兄弟。雷因因为没有分到黄金，而对法夫
尼尔怀恨在心，怂恿西古兹替他"火中取栗"。参阅 Snorri Sturluson：*The
Prose Edda*，translated by Arthur Brodeur，New York：The American-
Scandinavian Foundation，1916，pp. 152 – 153。

来，树木年代学已经提供了一些确切的断代。这些成果较大程度上确认了早先的断代。大多数学者对斯堪的纳维亚的主要艺术特征的看法是一致的。

8 世纪晚期和 9 世纪部分时期的艺术风格称作 E 型风格，该风格由维京时代之前的 A—D 型动物风格发展而来，它们均属于所谓的"三号风格"①。E 型风格的一些最佳案例有：奥塞贝格的木刻，包括五个立体兽首柱头的其中一例；哥得兰岛布罗阿一座男性墓中的 22 枚小型浇铸镀金青铜当卢。

181

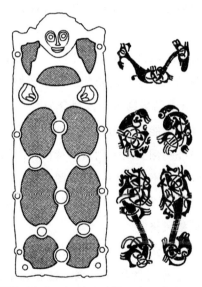

瑞典哥得兰岛布罗阿的浇铸镀金青铜当卢，具有典型的
E 型风格纹饰。高 9 厘米。左：当卢的轮廓和分区。右：复
杂的兽纹填充了区块。藏于斯德哥尔摩瑞典历史博物馆。

---

① "三号风格"这一术语在本书出现仅此一次。数字编号与字母编号是两套不同的分类标准。关于维京艺术的分类方法和各类风格的特征，详见：David M. Wilson & Ole Klindt-Jensen：*Viking Art*，New York：Cornell University Press，1966。该书还有长达 80 页的插页，案例足够丰富。

E 型风格的特点是长身的兽类或鸟类图饰，有时几乎呈缎带形，头小，侧颜，大眼；它们弯曲的身体均匀地变宽，交织的四肢在与身体连接处分解为开放的环形，带有蔓须。协调而流畅的动物线条通常安置在一套框架结构中，框架将物件表面分成若干个区域。E 型风格兽纹的一种变体更加紧凑；一种全新的图式"攫取兽"与 E 型风格一同出现在斯堪的纳维亚艺术中。这是一种有活力的、丰满的、高度自然主义的动物或人物，头部可见完整面部，脚部抓住了够得着的任何东西①。这种图式有着欧洲的前身，但对斯堪的纳维亚人颇具吸引力，继续流行了 200 年。

182　　　奥塞贝格的发现出自 9 世纪上半叶——墓室的木材被树木年代学鉴定为公元 834 年，而船是以 E 型风格装饰，在 815 ~ 820 年建造。这众多的装饰木器被划分为若干组，每组都有自身的艺术特色，很可能是因为它们是不同艺术家的作品。五个兽首柱头中的另外一例引入了创新的特征，例如，大量同等重要的兽纹和鸟纹，而不是采用一种主图式。一些学者认为，这是对 E 型风格的一项非常重大的发展，足以给它取一个专门的名字：奥塞贝格风格。

在斯堪的纳维亚南部，E 型风格有一种同时代的变体，称为 F 型风格，但它很可能昙花一现。这受到了盎格鲁－撒克逊传教士在欧陆传播、兴盛于莱茵河河口等地的盎格鲁－法兰克艺术的启发。F 型风格表明，甚至早在史载的第一次维京远征前，斯堪的纳维亚人就与西欧发生了联系。这种风格的动物

---

① 有的抓住边框，有的抓住其他动物，有的抓住自己。参阅杜凌云：《被束缚的兽——对维京艺术的"攫取兽"纹饰研究》［D］，北京：中央美术学院，2008。

纹饰总体小巧、紧凑、连贯，图式在轮廓范围内，覆盖了整个表面。

在奥塞贝格附近，博勒的某座坟丘中出土的镀金青铜配件属于下一种风格——博勒风格（插页图 19），图式要比 E 型风格容易解读得多。这种风格很可能发展于 9 世纪下半叶，延续到 10 世纪末——一些经典实例出自附近的戈克斯塔德墓葬，该墓葬可追溯至约 905 年之前。一种全新且典型的图式就是紧凑的长带交织并插入了几何图形，被称作"环链"。这种图案包括了一对双股辫状物，它们的交叠之处有菱形图式和带沟纹的横条交替填充。长带末端通常是小巧的兽首，兽首为俯视面①。另一种重要的博勒图式是单只的扭曲"攫取兽"，脖子又长又弯，瘦长的身体绕回到脖子，位置正好处于头部之下。第三种重要的图式是一只紧凑、半自然主义的动物。

因此，典型的博勒纹饰是长带和兽形的紧凑组合。线条的流动常常用附加的线进行突出；几何形状常见，此时在首饰和其他饰品上流行累丝和造粒或用浇铸法模仿这些效果。博勒风格是首个用于维京殖民地的斯堪的纳维亚风格，来自冰岛、马恩岛、英格兰和俄罗斯的考古发现证明了这一点。9 世纪晚期，博勒风格在斯堪的纳维亚发展成熟时，斯堪的纳维亚人正在这些殖民地立足。

耶灵风格基本上与博勒风格同时代，在戈克斯塔德墓葬（约 905 年之前）中也有呈现，但在公元 1000 年前销声匿迹。耶灵坟丘出土的银杯只有 4.3 厘米高，其上的动物图案是这种风格的经典案例（插页图 20）（很可能下葬于 958~959 年）。

183

———————————

① 换句话说，兽首自下而上直视观者，产生一种震慑感。

两只"S"形的长带动物对称缠绕，它们的头部以侧面呈现，每只都有一根长辫子和一片唇瓣。该风格的兽纹通常被编结的长带包围，或者与之纠缠在一起。叶状嫩芽可能从它们身上伸出。耶灵教堂下的墓中发现的两件兽首带銙也属于耶灵风格（插页图20）。就像博勒风格一样，耶灵风格经常使用累丝、造粒工艺或以浇铸模仿这些效果。俄罗斯和英格兰也发现了耶灵风格物品。英格兰北部出现了一种有趣的盎格鲁－斯堪的纳维亚风格物品，具有强烈的博勒和耶灵元素。

耶灵北坟丘墓室中发现的小银杯上的纹饰（亦可参阅插页图20）。藏于哥本哈根丹麦国家博物馆。

184   970年或971年，随某位富裕男性在日德兰中部马门下葬的一把斧头，极好地展示了马门风格（插页图21）。斧头的一面是一只孔武有力的鸟，另一面是银丝镶嵌的充满活力的蔓须纹饰。该风格显然是对耶灵风格的发展。虽然在马门风格中，鸟兽纹被赋予了形体①，而植物纹获得了新的重要性，但有时仍然难以分辨耶灵风格和马门风格。马门风格没有对称结构，

① 马门风格是耶灵风格的夸张版，动物轮廓更加突出，躯体更加完整而不只是条带。参阅 Lawrence Gowling：*A History of Art*，New York：Borders Press，2002，p. 421；Peter Hupfauf：*Tracing Their Tracks：Identification of Nordic Styles from the Early Middle Ages to the End of the Viking Period*，Cambridge Scholars Publishing，2014. p. 42。

但具备了前所未有的活力和动感。它是斯堪的纳维亚和欧洲艺术的宏伟融合，后者启发了常为半自然主义的动植物纹饰。它必定在 10 世纪中叶出现，流行到 1000 年前后。

以该风格装饰的主要纪念物，就是耶灵的巨型卢恩石碑，其特征是一只充满霸气并被一条蛇缠绕的巨兽（插页图 12）。其他的优秀案例有：前文提及的卡明和班伯格匣子；马恩岛上柯克布拉丹的一个十字架（参阅本书第 288 页）。但该风格在不列颠群岛使用的不算太多，这或许是因为当时的政治形势。

灵厄里克风格在世纪之交时继承了马门风格，充满了速度感和动感（插页图 22）。西欧的影响力增强了，例如，受到了克努特大帝时期英格兰南部兴盛的温切斯特风格影响；植物纹相比于鸟兽纹更加重要了。主图式是一只摆出活力姿态的大型兽类（推测来看应是对耶灵石碑上动物图案的发展）、蛇和长带状动物，大量蔓须和叶状物或是从动物身上茁壮长出，或是独立生发。大多数灵厄里克风格作品是围绕一根轴线创作的，小型的蔓须通常是成组出现的。这种风格是根据奥斯陆以北的灵厄里克地区一组砂岩制成的优质纪念碑而命名的。

灵厄里克风格的一个绝佳实例就是挪威布斯克吕郡海根的风向标，一面是一只大型动物，一面是一只炽身长羽的鸟。另一个优秀案例，是伦敦圣保罗教堂墓地的一座墓葬中一块刻有卢恩文字的石板（插页图 22）。英格兰南部发现了灵厄里克风格装饰的其他物品，但该风格在爱尔兰更加知名，因为它非常流行，以至于走上了独立发展的道路。甚至爱尔兰的教堂艺术也会用到它。这种风格在爱尔兰的寿命比在斯堪的纳维亚还要久，一直兴盛到 11 世纪中叶。

乌尔内斯风格是斯堪的纳维亚动物纹饰长期发展的最后阶

段（插页图 23）。它似乎是在 11 世纪中叶前不久发展出来的，流行了近一个世纪，也就是说进入了中世纪早期。乌尔内斯风格在其最后阶段，为此时在斯堪的纳维亚占主导的罗马式艺术提供了细节和影响，随后就在公元 1200 年之前完全消失了。其他很多形式的维京时代文化也走上了同样的路。

灵厄里克风格的活力被这种老成、优雅又近乎衰颓的风格取代了。它得名于挪威西部乌尔内斯教堂重新利用的精美木刻：一扇门框和门板，两块壁板，一根位于角落的柱子，两个山墙端，其中一个是完整的（插页图 23）。该风格一个更加寻常的例子，是日德兰赫宁教堂一块雕刻并上色的木板，树木年代学判断它很可能出自 1060～1070 年。大型四足兽仍然是主图式之一，但它们已经变得跟灵缇犬一样苗条。有一条前腿的蛇形动物、蛇、末端有时是蛇头的细蔓须，都是该风格的特征。该风格的典型设计是形成开放而且不对称的纹样，制造了一种兽与蛇波动交织的感觉。大型环纹常常是"8"字形，且这种外形收放均匀，线条没有陡然的变化。这种风格也被精湛地用于胸针和瑞典中部的大量卢恩石碑上。这些石碑上波澜起伏的纹饰顺着石碑的外形分布，长长的蛇身被用作卢恩文字条带（参阅本书第 375 页插图）。因此，在瑞典经常使用"卢恩石碑风格"一名而不是"乌尔内斯风格"。在英格兰也发现了该风格的几个实例，而在爱尔兰它变得和灵厄里克风格一样流行。

维京艺术的发展已经通过介绍艺术杰作而加以概括。这些杰作通常是在昂贵的材料上操刀的，但我们可以从各种更廉价的材料制成的多得多的寻常物品上看到同样的美学理念。可能除了马门风格之外，这些艺术风格对于整个斯堪的纳维亚和所有社会阶层都是共通的。它们与语言、宗教及其他很多事物必定共同促进了斯堪的纳维亚人的认同感。

艺术杰作和风格创新，必定是由为国王、酋长、维京时代晚期的教会服务的工匠推出的。创新得到了快速传播，这想必是因为很多工匠曾前往集市和商站，或者是因为他们为贵族服务过一段时间并在国外或通过舶来品接触了外国艺术。模仿是一种可以接受并广泛采用的惯例。对于艺术家兼工匠而言，生产一系列近乎一致的青铜、银、金制品在技术上也驾轻就熟，例如，搭配女装的椭圆形胸针和累丝纹饰的首饰。

工匠和艺术家都被称为"smiðr"，这个词有时会与他们所加工的材料或器物的名称组成合成词，如"trésmiðr"（字面含义：树匠，即木匠）。熟练的兵器匠和"船匠"受到高度尊重，但首饰匠和其他多数工匠的地位我们就不得而知了。在维京时代，唯一在艺术作品上署名的人群就是卢恩石碑艺术家，且主要在维京时代晚期的瑞典梅拉伦湖区。一些人的名下有惊人数量的作品，他们也在相当大的地区内工作。奥斯门德·考雷松的署名出现在 20 多座石碑上，福特有 8 座，厄皮尔有 50 座左右。其他大量卢恩石碑的风格细节表明，它们也是厄皮尔或其他有名的卢恩雕刻师制作的。

除了形式化的艺术，存世的还有一些涂鸦。就像各个时代的涂鸦一样，它们是在任何合适的材料或物品上快速刻画的，与寥寥几笔的卢恩文字相似。它们为那些触及心灵的东西提供了生动活泼但只有泛泛印象的速写——其中，华美的船舶是频繁出现的图式。

诗歌

在本书其他很多地方，诗歌被用来阐述历史事件、宗教、 187

伦理等多种问题，而本节简要地介绍了诗歌的传播、诗歌的社会架构和形式特征。韵律、风格和用词使缺乏耐心的读者对埃达诗歌和游吟诗歌敬而远之，但对于那些能够洞察其形式和概念，学习聆听头韵法的沉稳旋律的人而言，它们颇具吸引力，令人着迷。

斯堪的纳维亚维京时代的诗歌可以根据传播方式和内容，分为三大类：卢恩诗歌、埃达诗歌、游吟诗歌。卢恩诗歌保存在卢恩碑文和其他一些器物上，来自斯堪的纳维亚各地，尤其是瑞典；它们的年代在约 970～1100 年；它们通常是简短的诗歌，以朴素的韵律和风格创作，歌颂某个有名的人。斯科讷海勒斯塔德的一块 1000 年前后的石碑，就遵循了这种常见的模式："埃斯基尔为纪念他慷慨的主公、戈姆之子托克而立此碑。"接下来就是这首诗：

> SaR flo æigi
>
> at Upsalum
>
> Sattu drængiar
>
> æftir sinn broður
>
> stæin a biargi
>
> støðan runum.
>
> Þæir Gorms Toka
>
> gingu næstiR

（他在乌普萨拉没有逃跑。勇士为了他们的弟兄，在岩石上竖立石碑，刻上了卢恩碑文。他们紧密追随戈姆之子托克。）

大部分卢恩诗歌在韵律和风格上，而不是在内容上类似于埃达诗歌。埃达诗歌讲述了古代日耳曼或斯堪的纳维亚的英雄事迹，或者讲述了异教的众神，这些诗歌被保存在 13 ~ 14 世纪在冰岛著录的一些手稿中（本书第 36 ~ 37 页）。作者是无名氏，我们难以分辨他们中的很多人是来自维京时代还是更晚的时代，也不确定他们来自何方。然而，他们确实能让我们鉴定一些维京时代图画上的故事。"屠龙者"西古兹的故事就是典型的一例。它讲述的是勇气、壮举、黄金、背叛、爱情和命运。托尔钓取尘世巨蟒的故事也是一例。这些神话传说在维京时代广为人知。

埃达诗歌的诗节形式也在卢恩诗歌中发现。有一座独特的卢恩石碑——瑞典东约特兰勒克的那座瞩目的 9 世纪石碑，在它漫长的铭文中，收录了一段上佳的诗节。推测起来，它摘自关于中欧古代英雄贝尔恩的西兹里克①的一首诗。这些都暗示维京时代存在大量关于众神和英雄的诗歌，与冰岛埃达手稿中的那些同根同源，形式、风格和韵律也一致。

大多数游吟诗歌通过 12 世纪末和 13 世纪写就的冰岛萨迦而得以保存（本书第 36 页）。在萨迦中，长篇诗歌常常拆解为各个单独的诗节，穿插在不同的地方佐证散文体的叙述。因此，我们通常难以确定诗歌整体上的结构。游吟诗歌本质上是对著名国王和酋长的公开颂扬，由知名游吟诗人在特定场合创作。与埃达诗歌不同，游吟诗歌歌颂的是同时代事件，常常可以置于某一历史背景中，所以很多诗歌可以相当精确地断代。尽管它们在很多年之后才著录成文，但我们认为它们是经过逐

188

---

① 原型即中世纪早期的东哥特国王西奥多里克（Theodoric）。

字逐句记忆而得到忠实传播的。它们通常采用复杂的韵律，以精致的风格创作，默认听众有着足够高的知识水平来理解诗歌。这一因素，加上游吟诗歌被视为最尊贵的艺术形式，毫无疑问地促进了众多诗节的保存。在厄兰岛卡尔莱维的一块卢恩石碑上，以文字形式保存了一段维京时代独立的、完整的游吟诗节，时代约为公元 1000 年。

从以上信息来看，卢恩诗歌、埃达诗歌和游吟诗歌似乎没有严格区分。需要强调的是，大多数现存诗歌是较晚在冰岛成文的，而我们所知的很多游吟诗歌常常是冰岛人在挪威创作。维京时代瑞典的诗歌没有在中世纪手稿中保存下来。在丹麦，虽然这样的诗歌保存在 1200 年前后的萨克索《丹麦人的业绩》① 中，但被翻译成了精致的拉丁语，有时候甚至以六步格形式重新创作，因此完全走了样。

尽管在传播上非常不平衡，但诗歌看起来确实是斯堪的纳维亚共同文化的一部分：内容、结构、韵律、措辞不只是在冰岛和挪威受到重视，在整个斯堪的纳维亚亦然。因此，冰岛传统文化中的诗歌宝库，有很多可以用来阐明与斯堪的纳维亚维京时代相关的问题。诗歌表现了那个时代的形式感和风格理念。一些诗歌中对历史和史前时代进行了不错的描写，而词语通常都是古雅的。很多维京时代的现象，只能借助诺尔斯语诗歌中的古老词语才能用语言精确描述；例如，战争和航海的很多特色，参考埃达诗歌和游吟诗歌中的多样化用语才能得到最佳的理解。

---

① 《丹麦人的业绩》，萨克索·格拉马蒂库斯（Saxo Grammaticus）著，是中世纪丹麦史学和文学的代表作，洋洋洒洒十六卷，以拉丁语写成，涵盖从远古到 12 世纪末的丹麦历史。

诗歌是一种良好的娱乐方式。古诺尔斯语指代诗人的词语"skáld"起源不明，但它在维京时代早期就已经为人所知了，并出现在几座卢恩石碑上。诗歌艺术不只是男人的专属，因为我们知道，在930年前后，挪威活跃着一位诗人约伦·斯卡尔德迈尔（"诗歌少女"约伦）。游吟诗歌是截至当时最难的体裁；如上所述，还受到了特别的尊重。很多游吟诗人是国王或酋长扈从中的一员，常常受到高度信任。他们的任务就是为他歌功颂德、保存记忆和业绩、向听众表演诗歌艺术从而提高他的名望——通常是在他的大厅里进行。即兴创作的能力是必备的；在一些案例中，一首诗是在极端环境如战场上创作的。

一些埃达诗歌可能也是游吟诗人创作的。作为诗歌艺术的专家，他们可能也会被要求在宫廷夜娱时朗诵埃达诗歌。在1230年前后写就的《圣奥拉夫萨迦》中，斯诺里·斯图鲁松描述了朗诵埃达诗歌的稍有不同的理由。1030年的一个清晨，导致奥拉夫国王战死的残酷的斯蒂克勒斯塔战役前，他要求宫廷诗人索尔莫兹·科尔布鲁纳斯卡尔德诵读诗歌。这就是埃达诗歌《比亚尔事迹》①（Bjarkamál），内容关于古代英雄之王赫罗尔夫·克拉基②及其忠诚的部下进行的伟大战役。索尔莫兹声音洪亮，以至于整支军队受到了感染，很多人都为了这首

190

---

① 比亚尔是赫罗尔夫麾下的狂战士。

② 6世纪早期丹麦一位带有传说性质的国王。绰号"克拉基"意为小棍。在斯诺里的《新埃达》中，记载了这么一个故事：有位穷酸小子叫沃格（Vöggr），曾面见国王说："我曾闻赫罗尔夫在北方矫矫不群。而今视之，所谓国王者，实为身居高位的一截小棍。"谦虚的国王竟然接受了这个称呼，还给沃格赏赐了礼物。参阅 Snorri Sturluson：The Prose Edda，translated by Arthur Brodeur，New York：The American-Scandinavian Foundation，1916，pp. 169–170。

诗而感谢他，它太契合当时的情境了，而且鼓舞了他们的士气。埃达体裁的诗歌通常容易理解，常有激动人心的情节，知名度无疑超出了宫廷和武士的圈子。

斯堪的纳维亚诗歌与日耳曼诗歌有若干共同特征，包括频繁使用头韵。但不同的是，前者分为多个诗节，且每一行的音节数目通常是固定的。理想状态是每行只有少数几个音节。这种简洁性和游吟诗歌特殊的韵律、风格，在别处是见不到的。现存最早的游吟诗歌很可能要追溯至 9 世纪末，很多证据表明：最瞩目的斯堪的纳维亚韵律和游吟诗风格是在维京时代初期创造的。

埃达诗歌的两种主要韵律是"fornyrðislag"（古词韵）和"ljóðaháttr"（可能意为"巫诵韵"，尽管现存诗歌中只有一小部分与巫术有关）。古词韵也在几乎所有卢恩诗歌中使用，例如，上文提到的海勒斯塔德石碑上的诗节。一些游吟诗歌也使用这种韵律，但它在这种体裁中不是非常受欢迎。巫诵韵则在埃达诗歌之外极其罕有。

古词韵的一个诗节有 8 个短诗行，每个短诗行有两个重读音节和一些非重读音节（通常是两个）。一对短诗行通过押头韵构成一个长诗行。前一诗行的头韵通常体现在两个词上，后一诗行的头韵体现在一个词上，即第一个重读音节。一个诗节有两部分，每部分构成一个整句。

191　　这种韵律可以由诗歌《女占卜者的预言》的第三诗节说明。这段诗节描述了创世前的时代，尤弥尔是异教神话中的人物。押头韵的词语以斜体标注。头韵的规则：辅音与相同的辅音押韵，而所有的元音互相押韵。斯诺里·斯图鲁松在他的游吟诗人手册里建议：押头韵的元音以互不相同为宜。

Ár var *alda*,

Þat er *Ymir* bygði

vara *sandr* né *sær*

né *svalar* unnir；

iọrð fannz *æva*

né *upphiminn*,

gap var *ginnunga*,

enn *gras* hvergi

很久以前，

尤弥尔活着的时候，

没有沙子，

没有海洋，

没有汹涌的波涛，

哪里都没有土地，

也没有天空，

混沌未开，

何来青草。

  巫诵韵的一对诗行按照相同的规则押头韵，但随后是第三行。第三行有两三个重读音节，内部押韵，而不与其他诗行押韵。一个诗节通常由两组三行诗组成。两种韵律最重要的区别是：巫诵韵的诗节有六行而不是八行，第三行和第六行只在自己内部押头韵。所有现存的巫诵韵案例均是直接引语的形式。诗歌《高人的箴言》便是这种韵律的优秀呈现。一些诗节的译文见本书第98~100页，包括下面以古诺尔斯语引用的一段诗节，押头韵的词以斜体呈现。

> *Deyr fé*
> *deyia* frændr
> deyr *siálfr* it *sama*;
> en *orðztírr*
> deyr *aldregi*
> hveim er sér *góðan getr.*

> 牛羊早晚会死，
> 亲属终归黄土，
> 凡人皆有一死；
> 而建功立业者的美名，
> 永垂不朽。

192　　　游吟诗歌中应用最多的韵律是"dróttkvætt"（英雄韵）。一个诗节有八行，每行六个音节。每行中必有三个重读音节，而这一行的倒数第二个音节一定是长音且重读，而最后一个音节必定不重读。各行像古词韵一样，通过押头韵而结对，一对诗行的第一行一定有两个押头韵音节。所有诗行必有行间韵。因此，英雄韵的诗节对韵律的要求是非常高的。冰岛人埃吉尔·斯卡德拉格里姆松925年前后服务于英王阿瑟尔斯坦时创作的一段诗节，或许可以展示英雄韵：

> Hrammtangar lætr hanga
> hrynvirgil mér brynju
> Hǫðr á hauki troðnum

heiðis vingameiði;

rítmœdis knák reiða

ræðr gunnvala bræðir

gelgju seil á galga

geirveiðrs, lofi at meira.

一段英雄韵诗节分为两部分，每部分是一个单元，但语序
与正常的散文或说话的语序没有什么关系，不能直白地让人理
解。按照散文形式，该诗歌的前四行应该写成：

Brynju Hǫðr lætr hrammtangar hrynvirgil hanga mér á
hauki troðnum heiðis vingameiði.

此外，游吟诗歌使用了大量委婉语。这些委婉语建立在神
话传说和英雄传奇的基础上，通常具有谜语性质，只有知识水
平高的听众才能解谜。这种惯例是游吟诗歌艺术不可或缺的一
部分。这也就是斯诺里将众神和英雄的故事纳入他的游吟诗人
手册的原因。他将委婉语划分为两种主要形式：拽文（heiti）
和隐喻。拽文是两者中比较简单的一种，全世界的诗歌中都能
看得到。就是用一个同义词，通常是生僻词和文艺词，代替一
个普通的词语；典型案例如古雅的词语或者公认的神名同义词。

隐喻在游吟诗歌中使用得要比其他任何形式的诗歌广泛得 193
多，也是游吟诗歌用语最为典型的特色。一个隐喻包含两个成
分：基础词和限定词；后者要么是属格形式，要么是与基础词
构成复合词。限定词本身可以是两个词组成的隐喻，所以一个
委婉语可以由四五个成分组成。游吟诗歌有数千例隐喻，包括

"伤口的海洋"或"剑的汗水",意思是血;"渡鸦的饲养者"——武士;"浪中之马"——船;"金镯子的疆场"——妇女;"莱茵河的火焰"——金子;"矮人的负担"——天堂。最后两个例子只有知道如下典故才能理解:西古兹从恶龙法夫尼尔手中夺取的伏尔松黄金大宝藏(见本书第 228 页插图),最后沉到了莱茵河的水底;天穹是由矮人撑起来的。

由于游吟诗歌的复杂韵律、不规则语序和很多微妙而意味深长的委婉语,翻译是不可能忠实于游吟诗歌艺术的。此外,一首诗常常存在若干种可行的解读。为了理解一首典型的游吟诗歌,例如,上文引用的埃吉尔的诗节,重要的是要了解它的创作背景。该诗节出现在创作于 13 世纪的《埃吉尔萨迦》中。据这部萨迦所述,埃吉尔和他的弟弟索罗尔夫在阿瑟尔斯坦国王一方参加了一场大战,但索罗尔夫战死了。之后,在国王的厅堂中举办的一次飨宴上,阿瑟尔斯坦高居其位,埃吉尔坐在对面长椅中间的贵宾席,两人都将剑横放在膝盖上。埃吉尔满腔悲愤。过了片刻,国王从手臂上取下了一枚金镯,把它挂在剑尖上,站起身来,从地板上走过去,隔着火塘递给埃吉尔。埃吉尔亦站起身来,走过地板,把剑伸进镯内,挑到自己的剑上,然后复归原位。他把剑放下,接过牛角杯,念了那首诗。

这里有一段对该诗节几乎逐字逐句的译文,括号内解释了隐喻。译文采用了正常散文的语序,而忽略了韵律:

194 　　　锁子甲的霍德尔(武士、国王)让手臂的缰绳(镯子)挂在我的鹰驻的(老鹰停留的地方)鹰架(胳膊)上;我知道如何让盾牌折磨者(剑)的针串(臂环)(连起来理解,即那枚金镯)骑在长矛风暴(战役)的绞架

（剑）上。战鹰的饲养者（武士、国王）乐享更大的赞扬。

　　用大白话来说，这段诗节的意思是："武士让这枚镯子戴在我的手臂上；我知道如何让镯子搭在剑上；武士（阿瑟尔斯坦）乐享更大的赞扬。"这些隐喻及它们的委婉表达，让人想起了战役和死亡，这是阿瑟尔斯坦赐给埃吉尔金镯的真正原因。第一行中提到的霍德尔是众神之一，美德之神巴尔德的兄弟，也是他杀死了巴尔德；这场祸患在这里也有一提。①

　　遗憾的是，在游吟诗歌的翻译中，我们无法恰如其分地做到那么老练。然而，诗人约翰·卢卡斯在他的意译中把握了埃吉尔原诗的诸多形式和语气。

> It was the warrior's
>
> work，to hang this gold band
>
> round an arm where hawks ride
>
> ready to do my will.
>
> And see how I make my sword
>
> summon the ring to *its*
>
> arm. There's skill in this. But
>
> the prince claims greater praise. ②

---

① 北欧神话中，世间万物均发誓不得伤害巴尔德。唯有一种低矮的灌木，由于太过柔弱，被众神忽略，没有立下不伤害巴尔德的誓言。在众神的一次嬉戏中，霍德尔受邪神洛基欺骗，误以其枝条射杀巴尔德。这段剧情之后不久就发生了"诸神之黄昏"。

② 国内翻译家石琴娥女士意译的版本是："我的胳膊原本栖息着隼鹰，如今戴上臂镯闪烁着黄金。我把臂镯挑过来用的剑尖，赏赐给我全仰王上的恩典。"（《萨迦》，译林出版社，2003 年）

扩张

英格兰北约克郡米德尔顿教堂中的 10 世纪盎格鲁－斯堪的纳维亚风格石制十字架。高 106 厘米。（示意图复现了十字架的右臂。）该十字架制造于维京人大举征服和定居之后。主干部分刻有一位戴头盔、系腰带的武士，腰上还别着一把刀。他的左侧是盾、剑、斧，右侧是一把长矛。十字架背面装饰有一只大型带状动物，属于耶灵风格。该十字架是分布广泛的乡村艺术的良好案例，但这种乡村艺术并不总是具有较高的艺术价值。

背景和发端

197   现代斯堪的纳维亚奠基于维京时代。在如此短的时间内发生这么多决定性变化，这种状况此前从未有过；该时期斯堪的纳维亚人在海外发挥的重大作用，也是空前绝后的。这种特质处于维京迷思的核心位置。维京人轻松而娴熟地从西方的利默里克前往东方的伏尔加河，从北方的格陵兰前往南方的西班牙。他们以多种面目现身：海盗、贸易商、索贡者、雇佣兵、征服者、统治者、军阀、移居的农民、无人之境的探险家和殖民者。

        良好的帆船和强大的航海技术，使他们能够在广阔的地域内畅游，又保证他们可以在奇袭和机动的基础上取得大量军事成就。他们与周边族群（弗里西亚人、萨克森人、斯拉夫人、波罗的人、芬兰人、萨米人）长期联系，熟谙各种文化，而这必定是他们具有高度适应性的背后原因。但是，这股对外活动的巨大浪潮又是什么原因造成的呢？

        自从维京时代以来，各种答案往往反映了当时的文化问题，以及问题所产生的环境。例如，1020 年前后著书的诺曼底教士杜多认为，维京人之所以对他所处的那个世界发起大规模远征，原因是故土达契亚①的人口膨胀：

        这群人沉溺于无度的声色犬马，与多名女性保持不正当关系，无耻且非法地生出了不可胜数的后代。长大后，

① 达契亚（Dacia）通常是指多瑙河以北的一块地区，大致相当于今罗马尼亚。但本处所言显然不是罗马尼亚。其实，中世纪的文献中，屡以"达契亚"指称丹麦，应为"Dania"（拉丁语"丹麦"）之讹。参阅 John Bergsagel et al（editors）：*Of Chronicles and Kings: National Saints and the Emergence of Nation States in the High Middle Ages*, Copenhagen: Museum Tusculanum Press, 2015, pp. 85 – 89。

这些年轻人就为了财产，与他们的父亲和祖父激烈争吵，或者年轻人之间相互争吵。如果他们的人口过快增加，无法获得足够生活的耕地，他们就按照古老的习俗，通过抽签的方式选出一大批人，将其驱逐到外族和外国，这样的话，他们可以为自己打出一片天地，在那里持久且和平地生活。

198

半个世纪后，不来梅的亚当写道，挪威人由于贫困而成为维京人；而他也吹嘘道，是基督教让狂野的丹麦人、挪威人、瑞典人停止了维京征服。在信奉基督教之前，他们只能

> 磨牙吮血，但现在他们早已学会了以"哈利路亚"的吟咏颂扬上帝。看看这群海盗吧，我们从书上了解到高卢人和德意志人的全境都曾经被摧毁，而现在这群人行为规矩，并且可以跟随使徒说："我们在这里本没有常存的城，乃是寻求那将来的城。"①

13 世纪的冰岛文献中流行着一种观点，即公元 900 年前后来自挪威的移民活动，是对王室暴政和"美发王"哈拉尔统一国家的反抗。毕竟，就是在 13 世纪，挪威国王最终获得了对冰岛的霸权，结束了冰岛的独立。

最后一种解释想必具有某些历史依据，因为同时代的资料提到，酋长、王子或王位觊觎者之所以离开家乡，是因为外面的机会更多，或者是因为他们已经被流放。然而，不能确定杜

---

① 语出《新约·希伯来书》。

多的解释是否具有真实性；教士亚当对于维京远征源于野蛮且能够被基督教教化的观点是否只是一厢情愿。

很多斯堪的纳维亚游吟诗歌和卢恩碑文宣称：荣誉与劫掠是维京扩张的主要驱动力。西欧的文字资料表明，维京人起初寻求赚快钱，随后适时地寻找贸易基地和土地，实施控制并居住在此。斯堪的纳维亚正发生着迅速的变化，很多人与故土断绝联系，在各种不同的时期留居海外。从9世纪40年代开始，军队在外过冬。像在诺曼底和英格兰那样，在很多地方长期从事海盗活动的士兵团体成为最早在外定居的人。另一些人则最终带上自己获取的钱财返回故土，并用这笔钱树立权力和地位，挪威的"苛政王"哈拉尔便是如此。也存在以故土为稳固基地的远征，因为国王和酋长需要良好的收入，才能犒劳追随者并维持权力；或者，一位国王可能为了支持他的对外政策或征服一个王国而出兵远征，如"双叉髭王"斯韦恩1013年对英格兰的入侵。

此外，斯堪的纳维亚甚至早在维京时代之前就与欧洲存在诸多联系，对维京扩张的评价也要结合这一背景。整个北欧在8世纪经历了瞩目的经济增长。例如，西欧和英格兰的海岸与河流沿线和波罗的海地区建立了贸易中心，并且在罗斯开辟了多条贸易路线。截至800年，当维京远征开始发力之时，贸易中心组成的巨大网络已经存在，包括布洛涅以南不远处康什河畔的康托维克，莱茵河畔的多雷斯塔德，英格兰的哈姆威（南安普顿的前身）、伦敦、约克，斯堪的纳维亚的里伯、海泽比、凯于庞厄尔、比尔卡；在波罗的海南岸和东岸，有德意志的拉尔施维克，波兰的沃林和特鲁索，拉脱维亚的格罗比尼亚，罗斯北部可通往东方大型贸易中心的旧拉多加。货物的交易远远多于以往，这意味着在斯堪的纳维亚和其他地方，有多得多的物品可供劫掠或收贡。

这些地区的政治结构相对松散、易变。拜占庭是个主要大国，但西欧和不列颠群岛诸王国历经诸多变迁。英格兰在 954 年才统一在一位国王统治下。查理曼的广袤帝国在他死后经历了长期的动荡。公元 843 年，即他去世 29 年后，帝国被他的三个孙子瓜分。这些王国在该世纪结束之前还经历过多次变化。在 9 ~ 10 世纪的俄罗斯 - 乌克兰，一个斯堪的纳维亚王朝建立了一个大而稳的王国。维京人善于利用均势的改变。流言迅速传播着获取金银、快钱、新土地的机会。斯堪的纳维亚本地也和其他地区一样易受攻击。

1971 年，英国历史学家彼得·索耶认为，维京时代对外活动的大爆发是先前时代寻常之事的一种扩展，但由于特殊的形势，这种活动比以往的规模大得多，利润也更加丰厚。此说法或许已经接近了真相。除了适航船舶的发展和上文提及的经济增长与趁内乱打劫外，这种扩张必定是由斯堪的纳维亚社会环境所造就的冒险精神、自信心和宿命论心态推动的。生活危机重重，维京远征和移民活动成为很多人的谋生方式。

约 1040 年，在瑞典南曼兰的格里普斯霍尔姆立起了一块卢恩石碑，纪念追随瑞典酋长英瓦尔参加远征的众多部下中的某一人。这次远征打向了东方和南方的塞克兰（意为"撒拉森人之地"，想必是指阿拉伯哈里发国家），但没有取得成功。虽然英瓦尔的大名只在为纪念他人而立的卢恩石碑、时代晚得多的冰岛编年史和一部萨迦中出现，但这次远征成了传奇。格里普斯霍尔姆的碑文写道："托拉为纪念她的儿子哈拉尔，即英瓦尔的兄弟，而立此碑。"结尾是一首诗：

200

> 他们去远征，
>
> 黄金令人盼。
>
> 他们赴东方，
>
> 饲鹰在身畔。
>
> 他们又往南，
>
> 死于塞克兰。

一位叫斯卡尔泽的人遭遇了类似的命运。为了纪念他，1000年前后"双叉髭王"斯韦恩在海泽比立下了这块石碑：

> 斯韦恩国王为纪念他的家臣斯卡尔泽而立此碑。他曾向西远游（即远征西欧或英格兰），在海泽比丧生。

201　　在一枚维京时代晚期的银项圈上刻下了这句欢快诗歌的人，或许已经逍遥法外：

> 我们去弗里西亚拜访伙伴，
>
> 也正是我们瓜分了战利品。

这枚银项圈埋藏在北极圈以内的塞尼亚岛，一同发现的还有另一枚项圈和两条链子，其中一条带有一个十字架，另一条带有大型的东方坠饰。

很多维京袭击的暴力性质必定不能掩盖这一事实：维京人也依据公认的社会行为规范和特殊的协议，与周边的世界享受和平的关系。国际贸易、城镇和贸易中心兴盛起来。外交关系通过官方的外访而得以建立，包括传教士在内的外国人前来造访斯堪的纳维亚。很多维京军队与故土的联系极为薄弱，以至于斯堪的纳维亚没有哪位国王或酋长可以为这些军队的行为负责。这或许可以解释，为什么即便当时的维京人仍然构成重大威胁，威塞克斯的阿尔弗雷德大王在 890 年前后仍然准备在宫中接待来自挪威霍洛加兰的奥泰尔。

并非所有定居在外的斯堪的纳维亚人都是披坚执锐的征服者。他们也定居在荒无人烟的北大西洋地区。在另外一些地方，他们有时只是诸多外来族群中的一支。很多维京人加入了外国王公的军队，一些酋长取得了高位。在西欧和不列颠群岛，在取得这些职位或者迎娶某位贵族之女前，必须先接受基督教。宗教是斯堪的纳维亚人与外国人之间最主要的文化差异。

维京人的侵犯活动通常会对当地造成灾难性影响，但他们也常常为那些因当地领主和统治者间的纷争而造成的灾难背锅。例如，爱尔兰敌对的群体之间会互相打草谷和焚烧修道院，与维京人不遑多让。事实上，无论哪里发生内乱，其中一方通常会争取专业而机动的维京兵团的支持；一些心怀不满的酋长或王位觊觎者也加入了维京军队，与本国的合法统治者作战。在一些地方，维京人只短期活跃过。他们也不是干涉欧洲国家事务的唯一势力：来自西班牙的摩尔人和来自匈牙利的马扎尔人都发动过军事远征。

之所以对维京人造成的破坏加以夸大，原因之一在于文献资料中对军队和舰队规模的估值。它们给出的一般是整数，并且常常因文学需要或民族主义热忱而被过分夸大。例如，《圣贝尔坦编年史》描述了丹麦国王霍里克 845 年对易北河的远征，认为他派出了 600 艘船（一艘斯堪的纳维亚战船很可能

202

载约 50 人）；据阿博神父记载，885～886 年巴黎城外的维京大军有 4 万人，而城中的防守者只有 200 人，有些时候更少；《雷吉诺编年史》① 表示，布列塔尼的阿兰② 在 890 年获胜后，1.5 万维京人中只有 400 人返回了他们的舰队。

很多军队，或者说是"利兹"，可能由 100～200 人组成，但有些时候，几股军队聚在一起，使兵力膨胀，865～880 年在英格兰的维京人必定是这种情况。11 世纪初征服了整个英格兰的军队显然是庞大的。9 世纪 40 年代，维京人在很多不同地区发难时，一定有庞大的兵力在行动。

维京人被描绘为极度嗜血的残暴之人，但这一定是由于同时代人对他们的异教信仰的抵触。当时的很多基督教史料提到了劫掠成性、杀人如麻的异教徒，但基督徒们也心安理得地互相洗劫和杀害。在基督教时代创作的斯堪的纳维亚萨迦文学和史书，也对维京人的狂暴大肆渲染。维京人残忍行为的经典案例，就是在受害者的背上刻上老鹰图案，称为"血鹰"。这其实是 12 世纪的发明，很可能是由于误解了一部复杂的游吟诗，其中说国王埃拉被伊瓦尔所杀（这一场景是指 866 年维京人征服约克）。这发展成了一段具有感官刺激的故事，大意是，埃拉的背上被刻下了老鹰图案。在更晚的故事中，"刻鹰"演变为一种与奥丁有关的异教仪式，受害者的背部被剖开，肋骨向外展开，肺被拉出体外③，让人联想到鹰的外形。这种文学化的异教施虐吸引了很多人。

203

① 雷吉诺是 9 世纪与 10 世纪之交的东法兰克僧侣，他记载了加洛林王朝晚期的状况。
② 9 世纪与 10 世纪之交的布列塔尼公爵、国王。
③ 这个具体的细节见于《朗纳诸子传奇》（þáttr af Ragnars sonum）等资料中。

8 世纪末，维京人的袭击对西欧和不列颠群岛构成了严重威胁。《盎格鲁－撒克逊编年史》记载，载有"丹麦人"（无疑是指维京人）的船最早来到英格兰，是在威塞克斯国王布里特里克在位期间（786～802 年）。来船有三艘，国王的大管事（reeve）以为他们都是商人，骑马前去迎接，要求他们随他前往王家庄园，这时他们就将他杀害了。到了 792 年，麦西亚国王奥法正在组织肯特的防御，对付"乘船漫游的海上异教徒"。800 年，查理曼视察了他沿法兰克王国北岸直到塞纳河的防线，这是一片受海盗威胁的地区。

793 年出现的一场袭击，传统上被视为维京时代的开端，这就是对诺森伯里亚近海的林迪斯法恩修道院的洗劫。《盎格鲁－撒克逊编年史》记载道：

> 这年诺森伯里亚出现了可怕的凶兆，把人们吓坏了，包括狂猛的旋风和闪电，还有火龙在空中飞舞。一场严重的灾荒立即继这些征兆而来。同年不久之后，6 月 8 日，异教徒将林迪斯法恩的天主教堂残忍破坏，又抢又杀。

约克的阿尔昆是个博学之人，掌管查理曼在亚琛的宫廷学校。他对这场灾难大感震惊，便向英格兰致信，认为维京袭击必是出于天罚，警告人们要过上符合德行的生活，这样才能避免受到神的惩戒。他致书诺森伯里亚国王埃塞尔雷德：

> 看吧，我们和祖先们居住在这片最可爱的土地上已经有 350 年了。不列颠从来没有像现在这样，感受到一支异教徒带来的强烈恐怖。也从来没有人想到，居然会发生来

204

自海上的袭击。看吧，神父们将鲜血洒满了圣卡斯伯特教
堂，所有的装饰品被洗劫一空；不列颠最易受攻击之处，
就这样沦为了异教徒的猎物。

截至795年，维京人已经绕着苏格兰劈波斩浪，抵达了爱
奥那岛，在此洗劫了古老的圣科伦巴修道院，又直奔爱尔兰。
799年，卢瓦尔河口的努瓦尔穆捷岛上的圣菲利贝尔修道院遭
到洗劫。在随后的时期，不列颠群岛各地的维京人活动之间、
不列颠群岛与远征欧陆的维京人之间都有着经常性的互动，前
往北大西洋岛屿等地的殖民远征也时有发生。

定居冰岛始于870年前后。法罗群岛的殖民可能还要早得
多。而格陵兰直到985年前后才有来自冰岛的人定居。出自格
陵兰的维京人在1000年前后抵达美洲。

在东方，来自瑞典中部和哥得兰岛的人们在西征开始前就
已经定居波罗的海东岸了。9世纪，斯堪的纳维亚社群在波罗
的海南岸和东欧的一些地区建立。他们与拜占庭和阿拉伯帝国
也有联系，还发动过南至黑海和里海的远征。

西欧大陆

历史事件

205　　对西欧大陆有记载的首次袭击，发生于 810 年，《法兰克年代记》对此有所提及。它针对的是弗里西亚，此地长期是维京人野心的聚焦点。本次袭击毫无疑问是一次政治行为：808 年，戈德弗雷德下令建造边境墙（见本书第 185 页）；次年，谈判破裂，边境上建立了一座法兰克堡垒，查理曼计划向戈德弗雷德发起军事远征。维京舰队的规模据称为 200 艘，弗里西亚遭到洗劫，并上贡 100 磅银。随后，皇帝集结军队，在威悉河畔扎营，等待戈德弗雷德率军到来。但戈德弗雷德被他的一名部下杀害，他的继任者与皇帝达成和议。814 年，查理曼去世，其子"虔信者"路易继位。

　　有记载的第一次海盗式袭击[①]（799 年对努瓦尔穆捷的圣菲利贝尔修道院的洗劫除外）发生在 820 年。据《法兰克年代记》记载，舰队由 13 艘船组成，先是在佛兰德斯碰运气，但遭海岸守军击退，随后又尝试袭击塞纳河口，又被迫撤军。只有到达法国南部的阿基坦海岸时，他们才能大干一票。事实证明查理曼组建的海岸防线是有效的。

　　后来，另一种形式的海岸防御出现了：维京酋长们在大河
206　河口处获赐土地，作为回报，他们要为打击海盗提供帮助并皈依基督教。这种政策的先声，就是 826 年哈拉尔·克拉克接受吕斯特林根作为采邑。此地位于弗里西亚和萨克森的界河威悉

[①] 言下之意，并非所有的袭击都算海盗活动。"甚至 810 年丹麦国王戈德弗雷德对邻近的弗里西亚的进攻本质上并不是一场维京袭击，而只是他防御查理曼的战略的一部分。"（F. Donald Logan：*The Vikings in History*, New York & London：Routledge，1983，p. 114.）

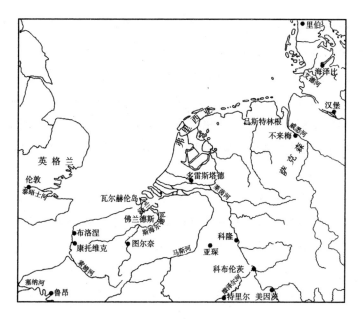

西欧

河的河口。哈拉尔是当时的三位丹麦国王之一，长期为法兰克
服务，但他在国内的地位并不稳固，一旦流亡，吕斯特林根就
是他的一条退路。怎料第二年果真如此。很快，他就成了利用
法兰克帝国权力斗争的若干名维京酋长之一。

　　"虔信者"路易与他的三个儿子洛塔尔、路易和查理爆发
了公开冲突。833 年，他被儿子俘获并废黜。由于儿子们之间
也无法达成一致，他们的父亲便夺回了形式上的至尊地位。但
他无力将贵族团结起来。帝国的防御崩溃了，维京人长驱直
入：834 年、835 年、836 年和 837 年，多雷斯塔德屡遭洗劫。207
该地位于莱茵河的一条支流上，是北欧最大的贸易中心之一，
也凭借与海泽比和比尔卡的联系而成为斯堪的纳维亚贸易网中
的重要一环。838 年，丹麦国王霍里克向皇帝遣使，否认多雷

斯塔德之劫是其所为，并公开表示他已将制造破坏的海盗头目俘杀。他要求得到弗里西亚作为回报，但遭到了拒绝。

该地区遭受的这些或其他袭击，其作案者无疑是叛变的洛塔尔和哈拉尔·克拉克。在 840 年"虔信者"路易去世前，修建堡垒拱卫帝国无疑占用了他的大量时间，并阻碍了其他问题的解决。《圣贝尔坦编年史》记载 841 年发生了下述事件：

> 数年以来，哈拉尔（即哈拉尔·克拉克）和其他丹麦海盗都在大肆破坏弗里西亚和基督教世界的其他沿海国家，这符合他（洛塔尔）的利益，因为这是为了伤害他的父亲（"虔信者"路易）。他将瓦尔赫伦岛和周边地区作为采邑封给哈拉尔，才换来了这番服务……这种行为彻头彻尾地令人痛恨：曾经给基督徒带来灾难的那帮人竟然能掌管基督教国家、人民和基督教会。

这是一份豪礼。瓦尔赫伦岛在今荷兰，莱茵河、马斯河、斯海尔德河等大河河口处，在此可以对大宗贸易加以保护、控制、利用。两年后的 843 年，伟大的法兰克帝国正式一分为三。洛塔尔获得从意大利到弗里西亚的条状地区；"日耳曼人"路易获得从萨克森到巴伐利亚的东法兰克王国；"秃头"查理获得西法兰克王国。

到这个时候，维京远征对很多人而言已经成了一种有利可图的财源，其势头不可阻止。有记载的对英格兰南部的首次远征发生在 835 年，即多雷斯塔德遇袭的一年后。很多人有样学样。在爱尔兰，抢劫活动急剧升级。努瓦尔穆捷岛是来自卢瓦尔河的盐、酒的交易中心，岛上的修道士团体早已逃往安全之地。841 年，维京人溯塞纳河而上，勒索贡赋，并洗劫了鲁昂。次年，与英格兰进行贸易的中心康托维克遭到掠夺。843 年 6 月 24 日圣约翰节，卢瓦尔河畔的南特遭到洗劫。这个日子是刻意挑选的，因为城中挤满了庆祝节日和参加大型集市的人。据谣传，袭击者与一位叛乱的伯爵有所勾结。此人拒绝承认"秃头"查理是他的领主，希望将南特据为己有。

洛塔尔和"日耳曼人"路易为了削弱他们的弟弟查理，很可能也时不时与维京人达成协议。843 年，在努瓦尔穆捷，史载维京人首次在欧陆越冬。《圣贝尔坦编年史》记载了维京人如何在大陆置办住房，定居下来，仿佛永远都不再离开这里。

在南特的维京人被称为"Westfaldingi"，意即来自挪威南部西福尔的人。其他军队据称来自丹麦，但其中无疑也有瑞典人。远征现已具有国际性质，舰队在欧陆和不列颠群岛各地活动，视当地的政局和防御而定。秃头查理的西法兰克王国首当其冲，但其他王国并没有幸免于难。维京人也打进了地中海。

845 年是个灾年。塞纳河周边地区遭到洗劫。3 月 28 日复活节，巴黎，包括设防的市中心西岱岛，均被征服和洗劫。为了让维京人撤军，秃头查理付给他们 7000 磅银——在向维京人缴纳的诸多贡赋中，这还是头一次。然而，维京人并没有从他们"满载的船"中收获太多乐趣。他们的头领朗纳（他从巴黎城门上带回了一把门闩作为纪念品）和几乎其他所有人在旅途或故土死于一场传染病，"这是上帝以目盲的黑暗与癫狂惩戒之"。丹麦国王霍里克曾在那一年摧毁了汉堡，他也认为传染病的暴发出自神力，便主动释放了所有基督教战俘，或许也归还了盗取的财宝。因此，他大概也参与了对法国的这次大规模远征。

209　　然而，传染病没有阻止维京人的前进。847 年，三个法兰克王国的国王向霍里克派出了联合使团。他们以开战相威胁，但仍然没有说服霍里克。9 世纪 60 年代，努瓦尔穆捷的僧侣埃尔门塔里乌斯对维京人制造的灾难进行了富有画面感的描述：

> 船队规模扩大了：维京人毫无休止地增加，从未断流。在每个地方，基督徒都成了屠杀、纵火、劫掠的受害者：维京人一路征服，无人能挡。他们夺取了波尔图、佩里热、利摩日、昂古莱姆、图卢兹。昂热、图尔、奥尔良被摧毁，数不清的舰队溯塞纳河而上，整个地区的罪恶都在滋长。鲁昂遭到践踏、洗劫和焚烧，沦为焦土。巴黎、博韦、莫城沦陷。默伦的强大堡垒被夷为平地，沙特尔被占领，埃夫勒和巴约被洗劫，每一座城镇均遭围困。

城镇、教堂、修道院和这里的居民们一概沦为维京人的猎物。乡村人在某种程度上也是受害者，因为交给维京人的官方赎金很多是由税收筹来的，而税收又是施加给"包括穷人"在内的每个人的，而且维京人还掠走了战利品和众多奴隶。在一些地方，维京人留了下来，尽管我们不知道他们留了多久。845 年，他们"和平地定居国内"——在阿基坦。850 年，维京人沿着塞纳河抄掠一番后，因为"秃头"查理需要这些入侵者帮助他打击洛塔尔这一迫在眉睫的威胁，便将土地赐给他们定居。

在这一时期，有几支维京军队表现得较为活跃。861 年，一支维京军队逗留于塞纳河中的某座岛①，查理国王为了将其驱逐，许诺将一大笔钱付给由韦兰统领的另一支军队。② 被围困的那支军队饥肠辘辘、叫苦不迭，他们也将大笔金银送给韦兰。合并后的军队沿着塞纳河散开并下寨过冬。③ 第二年，韦兰加入查理并接受洗礼，这支大舰队也扬帆远去。但是，863 年，韦兰被另一位维京人所杀，"秃头"查理的"以夷制夷"之策暂时束之高阁。

864 年，在鲁昂东南的皮特尔举行了一次全国会议。王家敕令凸显了王国面临的问题，其中禁止贵族夺走自由人的马匹与财产导致他们无法为国王承担抵御维京人的军事义务；禁止将马匹和武器卖给维京人，违者处以死刑。④ 然而，防御维京人最有效的手段，是强化后的跨河桥梁、再三加固的城墙、查理及其继任者们在全国修筑的新堡垒。阿博曾生动地描述了 885 ~ 886 年维京人对巴黎的长期围困。维京人最终不得不放弃了这次围困，但查理无力保护河口和沿岸地区，所以，维京

210

---

① 瓦塞尔岛 (Oissel)。
② 此事载于《圣贝尔坦编年史》。
③ 指两支维京军队合并。《圣贝尔坦编年史》载，两军联合后，"沿着塞纳河顺流而下，直到大海。但因冬季在即，无法出海。所以，他们将军队分组散开，分拨到从海岸直至巴黎的各个港口"。参阅 The Annals of St Bertin, Manchester University Press, 1991, pp. 95 - 96。
④ 这两条规定分别为《皮特尔敕令》的第 26 条和第 25 条。当时，"秃头"查理面临王朝纷争、贵族反叛、维京人侵等严峻形势，需要规范秩序，重申君威，乃颁布《皮特尔敕令》。其中包括 37 条主要规定，3 条附加规定，涉及贵族制度、铸币、国防等问题，是研究加洛林王朝法律史的重要文献，得到了后世学者的高度评价。对该敕令的翻译和详细解读，参阅 Brian E. Hill: Charles the Bald's "Edict of Pîtres" (864): A Translation and Commentary, Master Thesis, University of Minnesota, 2013。

军队在这些地方建立了基地。

维京人最著名的一些出征远达地中海。有记载的首次远征西班牙发生在 844 年。塞维利亚等地被征服，但摩尔人迅速击退了维京人。由"铁人"① 比约恩和黑斯廷两位酋长指挥的远征最为辉煌。859 年，据说他率领 62 艘船离开卢瓦尔河，直到三年后才返回。途中，他造访了西班牙、北非、罗讷河谷和意大利，掠得大量战利品和众多奴隶。其中很多在归途中损失。但他们的传奇广为流传，在当时的《圣贝尔坦编年史》、阿拉伯史料、后来诺曼和斯堪的纳维亚的故事中也有叙述。杜多在他关于诺曼底统治者的著作中写道，这两位酋长诡计多端地征服了意大利北部小镇卢纳，并且认为这里就是罗马。这是个精彩的故事②，但这些走南闯北的维京人恐怕不太可能犯这种错误。然而，我们知道，他们在罗讷河三角洲地区的卡马格下寨过冬，并从这里出发深入国内抄掠③，他们在意大利洗劫了比萨等城镇，其中或许包括了卢纳，因为它只在比萨以北 60 公里。

870 年，中法兰克王国北部被东、西法兰克王国瓜分。秃头查理的疆域现在到达了莱茵河出海口一带地区，他立即与维京酋长留里克结盟。留里克曾长期对多雷斯塔德和弗里西亚实施紧密控制，他也可能是哈拉尔·克拉克的亲属。

洛塔尔及其继任者的政策，是通过与在河口建立基地的维

---

① "Jarnsiða"这个北欧绰号在其他英语资料中常作"Ironside"。Jarn = Iron，铁之意。

② 黑斯廷假扮为想要皈依基督教的垂死之人，骗得了当地人的同情和信任，随后入城洗劫。

③ 罗讷河是今法国东南部河流，但在 9 世纪中叶主要位于中法兰克（而非西法兰克）境内。

京酋长们达成协议，从而保障内陆的安全：841 年，哈拉尔·克拉克获得瓦尔赫伦地区；850 年，当留里克开始沿莱茵河进犯时，洛塔尔无力加以阻止，"便接受他的效忠承诺，赐予他多雷斯塔德和其他地区"。855 年，留里克和他的一位亲属戈德弗雷德曾在丹麦某地短暂夺权，但最后还是不得不返回弗里西亚和多雷斯塔德。

法兰克各王国、丹麦、海岸地区维京酋长之间的政治交易，有太多模糊之处，但在某些时候，弗里西亚肯定为丹麦王位的觊觎者提供了庇护。他们筹集银子，身居高位，像法兰克各王国的其他贵族那样享受高度的独立性。

维京酋长不能或者不愿阻止对某个地区的所有袭击。多雷斯塔德在 834～837 年最初几次遇袭后，在 846 年、847 年、857 年、863 年屡遭毒手。维京人的袭击、河道的改变和一场大洪水等综合因素导致这座城镇迅速失势。弗里西亚的其他地区也被洗劫。867 年，弗里西亚的居民驱逐了留里克，人们担心他会带上丹麦的增援军卷土重来，但他在 873 年后就杳无音信了。

877 年，"秃头"查理去世。随后的 11 年内，西法兰克王国出现了 5 位不同的统治者，爆发了大量的内部纷争。查理统治末年，由于很多维京人在英格兰闯荡，对西法兰克的维京远征已经退潮，但查理死后，维京人又再度发力。他们继续沿着海岸线活动，但佛兰德斯内陆和莱茵河沿岸也深受大害。例如，880 年，图尔奈和斯海尔德河畔的修道院被洗劫。881 年，斯海尔德河和索姆河之间的地区遇袭。882 年，著名的酋长黑斯廷从卢瓦尔河出发，洗劫了沿海地区，而其他维京人焚烧了科隆、特里尔，以及马斯河、摩泽尔河、莱茵河沿线内陆地区的大量修道院。获得皇帝称号的"胖子"查理①与戈德弗雷德②酋长达成协议，后者接受洗礼，获赐弗里西亚和其他曾归留里克持有的采邑。他还向其他酋长赏赐了金银，这本是教堂和修道院的丰厚宝藏的一部分。

212 然而，戈德弗雷德的野心不止于此。他的妻子吉斯拉是洛塔尔二世③的女儿，而她的兄弟说服戈德弗雷德反叛皇帝。根据可信的《雷吉诺编年史》记载，他得到了事成之后分走查理的一半江山的许诺。戈德弗雷德遣使通知皇帝，只有获得"科布伦茨、安德纳赫、辛齐希和皇帝的其他领地"，他才会信守效忠的誓言，并保卫王国的边界免受他的同胞入侵，"因为这些土地盛产足够畅饮的美酒，而皇帝此前慷慨赐予的那些土地根本不产酒"。在法兰克帝国的边界划定、土地封赏中，产酒区这一要点在其他很多场合也被利用过。但这一次，戈德弗雷德的真实目的是获得内陆的基地，换言之，如果皇帝拒绝了他的请求，他就获得了造反的借口。戈德弗雷德将从他的母国（推测是丹麦）召集大批增援军，但这一计划泄露了，戈德弗雷德在 885 年被杀。他也是最后一位获赐弗里西亚的维京酋长。

维京人还在发动袭击。但是堡垒正在修建，防御得到了强化，这意味着截至 9 世纪末，维京人的黄金年代到头了。890 年，一支维京军队试图利用独立国布列塔尼的内部纷争，但最终遭遇失败，转向北方。891 年，德意志国王阿

---

① "日耳曼人"路易之子，曾短暂恢复法兰克帝国的统一。

② 与之前的丹麦国王戈德弗雷德和留里克亲属戈德弗雷德均非一人。

③ 843 年三分帝国时获得中法兰克的洛塔尔一世之子。

努尔夫在斯海尔德河的支流代勒河击败了维京人①。史料中也提到了这一年在现今法国北部新建造的一些堡垒。比利时沿岸和荷兰南部的泽兰沿岸有一系列大型环形堡垒，其中包括瓦尔赫伦岛的苏堡，很可能建造于同一时期。892 年进行几次成功的袭击后，维京军队带上财产和家眷前往英格兰，想必是有定居在那里的打算。卢瓦尔河的酋长黑斯廷同样如此。但阿尔弗雷德国王在英格兰实施了有效的防守，896 年，维京军队放弃行动并宣告解散。一些人前往东盎格利亚和诺森伯里亚的维京领地，其他人返回他们所知的莱茵河周边地区。

对于欧陆维京人在后续时期的活动，相关信息不多，但可以推测，一些人像以往那样生活着。926 年西法兰克国王鲁道夫送给维京人的贡金，是有记载的最后一次。在布列塔尼，一度拥有相当可观势力的维京人在 937 年前后被决定性地击败了，但是在诺曼底，他们无法被驱逐。很可能是在 911 年，但肯定是在 918 年之前，国王"糊涂"查理诉诸危险的"以夷制夷"之策。罗洛酋长及其部众获得了鲁昂城镇和远至大海的周边地区，可能也获得了塞纳河更偏上游的一些地区。罗洛很可能也接受了洗礼。这为诺曼底公国打下了基础。

整个 10 世纪，西欧诸王国变强了，均势改变了。丹麦的南界屡受威胁，遭到了德意志人的蹂躏。该世纪末，维京人对他们古老而有利可图的目标弗里西亚发起了一些袭击，但他们将大多数精力投到了英格兰。除诺曼底外，西欧的维京时代结束了。

213

---

① 亦称勒芬（Leuven）战役。

考古证据与远征的影响

没有文字资料，我们对斯堪的纳维亚人在欧陆的活动就知之甚少。只有在诺曼底，才有源自斯堪的纳维亚的地名，语言中才留存有一定程度的斯堪的纳维亚影响。考古证据是稀少的：多雷斯塔德的一些贵金属器物；荷兰维灵恩的两处银窖藏；一座女性墓葬，出土了一对来自鲁昂附近皮特尔的典型的椭圆形胸针；布列塔尼近海格鲁瓦岛上某位酋长的船葬；西班牙北部莱昂的一只精美的圣物箱。882 年尼德兰艾瑟尔河畔的城镇聚特芬遭到洗劫的骇人证据仍然存在。此外，布列塔尼可能还有一座堡垒；以及在河中偶然发现的武器，多数是剑和斧。

格鲁瓦岛上的酋长是按照挪威习俗下葬的，但是随葬品兼有斯堪的纳维亚和西欧的物品，这表明他离开故土参加远征已经很久了。他在 10 世纪上半叶或者稍晚的时期，与一位性别不可考的人一起安葬于此。他必定是当地最后的维京人之一。

维京人在冬季宿营、远征期间和战场上常常修建的防御工事，今天能够辨认出的少之又少。其中大部分已经完全消失。"佩朗大营"是一座位于布列塔尼、接近圣布里厄的堡垒，据推测，它应是被维京人或者当地人用于当时的战争中。科学断代法表明，它毁于 10 世纪 30 年代前后，即维京人被最终逐出布列塔尼时。该处发现的一枚硬币于 905～925 年在约克的维京王国铸造。

由于维京人的持久魅力，过去发现的维京遗物被认为是多于真实情况的。斯海尔德河发现的船首雕饰不能被定为维京时代的产物，即便维京人确实在这条河航行过。来自荷兰的所谓的维京遗物，有些被证明是赝品；只有从河中发现的一些武器，曾经认为属于维京人，现在仍然可以确信属实。今后在诺曼底、卢瓦尔河流域和弗里西亚的发掘，或许就像在英格兰、苏格兰、爱尔兰的考古工作那样，可以揭示维京人的聚落、基地、军营和贸易活动。书面史料几乎没有谈到这些话题。关于维京人的间接证据，或许可以从那些为了抵御他们而建的诸多防御工事中搜集，但若是没有精确的断代，识别它们往往是不可能的任务。

维京征服对西欧的影响难以评估，因为这些征服活动难以孤立于其他很多导致变化的因素。猛烈的进攻、突袭、杀戮、绑架对于生活在沿海和大河的很多个人和小型社群而言无疑是灾难性的。很多人被迫缴纳高额赎金。教堂和修道院失去了财富，一些修道社群被迫寻找其他安全的地方。一些主教区一度职位空缺，其中包括塞纳河以西的阿夫朗什和巴约。很多地方的教会组织崩溃。维京人无疑对西法兰克王国的瓦解推波助澜，但反过来说，维京人之所以能在这里活动，不过是因为这个国家本来就陷入了混乱。

然而，大范围毁灭的说法出自更晚的时期，或许可以归因于迅速发展的维京迷思。维京人对西欧大多数人的影响不是太大。而对于那些受到影响的人而言，他们是被维京人洗劫，还是被不断参与权力斗争的本土派系洗劫，很可能没有什么区别。但是，在诺曼底，一个强大的斯堪的纳维亚王朝能够扩张并维持自身的权力，这里的维京人对于政治演进具有决定性影响。他们的后人对意大利南部和英格兰的征服将这种影响力延续下去。

与西欧的联系在斯堪的纳维亚造成了深刻的影响。文化上

215

公元 800 年前后的法兰克錞尾，镀金银器，镶以乌银，发现于丹麦阿尔斯岛。四个钻孔表明它曾经被制成胸针。背面的拉丁语铭文说明此件錞尾的制作者是名为埃尔马杜斯的基督徒。长 12.7 厘米。藏于哥本哈根丹麦国家博物馆。

的影响有很多；也有大量奢侈品，其中大部分想必是通过贸易得到的。发生在西欧的交战活动并没有那么瞩目，尽管它们利益丰厚且必定具有重大影响。有文字信息表明，9 世纪由官方支付的金银达到 44250 磅。其他未被记载的贡赋，以及战利品、贩卖奴隶所得、显贵战俘的赎金也须计算在内。必定有大量的金银在斯堪的纳维亚被熔化后加工成诸多金器银器，而更多的财富一定已经被维京军队在欧洲花掉了。

216 　　在斯堪的纳维亚，尤其是在丹麦，发现了一些法兰克剑具中的银配饰和其他小物件。这些文物和一些卢恩碑文一样，让我们回想起那些发生在西欧的辉煌远征。但是，最为壮观的证据是挪威南部霍恩的大型窖藏（插页图 6），其中有 2.5 千克金器、少量银器和一些珠子。法兰克金匠的艺术水准在此有一个绝佳例证：大型累丝植物纹三叶形配件。此外还有罗马、拜占庭、阿拉伯、盎格鲁－撒克逊、法兰克的硬币，以及其他国内外物品。据信，霍恩窖藏在远征活动处于高潮的 9 世纪 60 年代入土。

诺曼底

罗洛酋长及其后裔在诺曼底巩固权力、扩张领地，这番功业超过了西欧的其他维京酋长。很多斯堪的纳维亚人定居在这个富饶而肥沃的国家。11 世纪初的教士杜多记载了早期几位统治者的传说，但其中鲜有史实。甚至对罗洛是来自丹麦还是挪威都不清不楚——这个问题已经导致了相当多的争论。杜多认为他是丹麦人，但更晚的挪威－冰岛文献宣称他是挪威默勒地区的龙瓦尔德伯爵之子，而他也是奥克尼伯爵们的祖先。罗洛女儿的名字盖尔莱于格也平添了争论。有人认为这是挪威人名，但后来的研究表明这是通用诺尔斯语的名字。认为罗洛来自挪威的最重要的证据便被否定了。 217

罗洛与"糊涂"查理据称在埃普特河畔圣克莱尔所定之协议的准确内容，以及其背后的政治形势，均不为人知，但他获赐的土地只是后来的诺曼底的一部分，其他领土是在 10 世纪通过各种战争获得的，后来得到了法兰克国王的承认。主要的征服发生在 924 年和 933 年。最初的几位统治者被称为鲁昂伯爵。公爵头衔的可靠证据最早出现在 1006 年，即罗洛的曾孙理查二世统治期间。

罗洛王朝的统治在最初一个半世纪中很不稳定。正如在其他维京王国和封地一样，新的维京人兵团也来争夺土地和战利品，他们与法兰克国王及周边诸侯也发生过战争。"诺曼底" 218

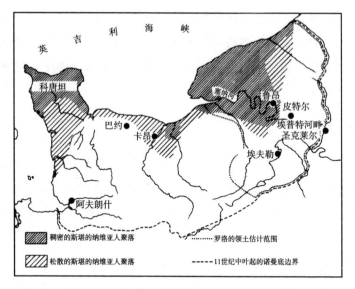

诺曼底

（Terra Normannorum ／ Northmannia）一名意为"北方人的土地"，在 11 世纪初之前闻所未闻。在这一世纪，诺曼底与法兰西的边界得到了明确划分并设防。政府变得格外强大且中央集权化，虽然法国国王拥有形式上的宗主权，但诺曼底保持了高度自治，这种状况一直持续到 1204 年法王腓力·奥古斯都将其征服为止。

罗洛及其家族一定在他们的新国家里控制了大量土地。维京人似乎已经接管并保持了法兰克现存的很多体制。尽管很多异教徒在这里掌权，鲁昂大主教仍然继续留任。罗洛和他的儿子"长剑"威廉——尤其是后者——通过巨量的馈赠，复兴并增强了教会和修道社群的力量。两人均葬在鲁昂的大教堂中。大多数维京人似乎都很快成了基督徒。鲁昂兴盛起来了，其部分原因是维京人的战利品刺激了贸易。在"长剑"威廉治下，这里恢复了铸币活动，刻在硬币上的是他的名字，而不是法国国王的。

斯堪的纳维亚的影响难以得到实质性确立。一开始，它的影响力想必较强，但后来逐渐弱化，因为法兰西的体系是强固的。11世纪上半叶，鲁昂宫廷对斯堪的纳维亚文化的兴趣似乎已经消失，对语言的掌握也是如此。由于选用了法语，斯堪的纳维亚对诺曼语言的影响变小了，而且主要与渔业和航海有关。同样重要的是，罗洛之后的统治者都没有采用斯堪的纳维亚人名。截至1106年，他们使用过威廉、理查或罗贝尔这样的名字。罗贝尔成了罗洛的法兰克语名字。①

具有斯堪的纳维亚语成分的地名表明，维京人是从很多地方来到诺曼底的：多数来自丹麦，但也有从挪威、讲凯尔特语的地区和英格兰来的。在诺曼人的核心区，即鲁昂与大海之间，沿着海岸以及在科唐坦半岛上，可以发现很多这样的地名。英格兰的维京人，或许就是916年由图尔凯蒂尔伯爵率领的从英格兰来到法国的那帮人，确立了巴约一带的地名，而来自凯尔特地区的人集中在科唐坦。

一些地名带有斯堪的纳维亚后缀"－torp"②，另一些带有后缀"－tot"（同toft③）；后缀"－by"④很可能还未出现。一些地名是纯粹的斯堪的纳维亚语言，但更多的是一个法语成

219

---

① 据杜多记载，罗洛应是受洗后，随他的教父取名罗贝尔。参阅 David Crouch：*The Normans*：*The History of A Dynasty*，London & New York：Hambledon Continuum，2002，p. 8。

② 这个词缀有多种拼写，最初指次要的聚落，例如，一座村庄人口膨胀后建立的起分流作用的小村庄。

③ 本意很可能是指独立的小型田宅。一般用于较小的聚落。

④ 原指田宅，后来含义可扩大为村庄。

分和一个斯堪的纳维亚语成分的合成词，尤其是法语后缀
"–ville"① 与一个斯堪的纳维亚人名（几乎都是男性人名）
前缀的结合。凯特维尔（Quetteville）得名于凯蒂尔（Ketil），
欧贝维尔（Auberville）得名于阿斯比约恩（Ásbjörn）。很多
新地名最重要的功能似乎是宣示所有权。描述自然特征的斯堪
的纳维亚词语，如小溪、山丘、树丛，也出现在一些地名中。
例如，埃塔隆德（Etalondes）一名以 "–lundr"（树丛）为词
干。这些地名有助于表明，很多斯堪的纳维亚移民不仅拥有土
地，而且开始熟悉土地、耕耘土地。

1020 年前后，诺曼人开始涉足意大利南部的事务。在该
世纪中叶之前，他们已经作为那里的统治者而稳固立足。1066
年，诺曼底公爵"征服者"威廉（1035～1087 年）成为英格
兰国王，但他是个法国的诺曼人，与斯堪的纳维亚的联系已经
断裂了。鉴于诺曼人取得了辉煌成就，并且在诺曼底、南意大
利、英格兰建立了强大的王国，他们作为精力旺盛、意志坚
定、不可战胜的征服者，活动范围广泛且具有杰出组织才能的
文学形象便应运而生了。这种诺曼迷思与现代的维京迷思有很
多共同之处。

---

① 意为城市。

苏格兰和马恩岛

220　　8 世纪末，袭击林迪斯法恩、爱奥那岛和英格兰北部、苏格兰、爱尔兰沿岸其他地区的很多维京人，必定是由设得兰群岛和奥克尼群岛而来的，因为这些群岛位于从挪威到不列颠群岛的海路上。风向有利时，从挪威西海岸到设得兰群岛需要24 小时。从设得兰群岛前往奥克尼群岛，再前往苏格兰本土北端的凯斯内斯，距离很短。由此出发，沿苏格兰东海岸南下，可达英格兰北部；或沿苏格兰西海岸、赫布里底群岛、爱奥那岛南下，可达马恩岛、爱尔兰、英格兰西海岸。

　　就像挪威的海路一样，前往爱尔兰海的路线大多掩映在岛屿与礁石间，这使得在夜间或恶劣天气下登陆并储备补给成为可能。从挪威西部到爱尔兰的航程，并不比奥泰尔酋长从挪威北部到西福尔的斯奇林厄希尔的旅途更长、更艰难。奥泰尔的路线一个月左右就能走完，这意味着，维京人可以在一个季节之内远赴爱尔兰或北英格兰并返回挪威，很可能 5 月初出发，9 月底便可返回。

　　定居在设得兰、奥克尼、赫布里底、马恩岛等岛屿及苏格兰本土若干地区的主要是挪威人。这些岛屿的土地和气候与挪威类似，但是他们对这片地区的兴趣也体现于占据前往爱尔兰和北英格兰的通道。除冰岛外，爱尔兰和北英格兰在维京人有
221 利可图的地区中数一数二。商船运载深受欢迎的商品，在整条商路上都带来了赚钱的机会。这里也有发动袭击的良好基地。奥克尼群岛扼守战略位置，成为一个强大的伯爵王朝的驻地。

　　除了对爱奥那岛的袭击外，我们对维京人何时到达或定居苏格兰和马恩岛并无确切信息。居民都是基督徒，但他们对于这些事件没有留下现存的记录。同时代的爱尔兰和盎格鲁－撒
222 克逊史料也鲜有细节，而与此相关的最早的斯堪的纳维亚文字

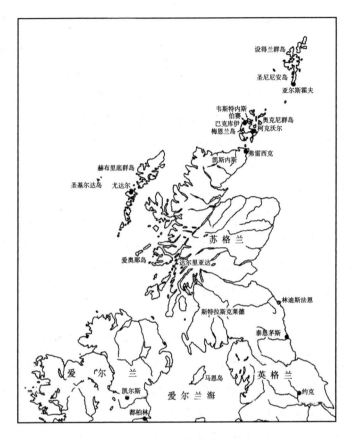

苏格兰和马恩岛

史料出自 12 世纪末，是事件发生后的 300 多年。不足为奇的
是，它们在一些方面似乎是矛盾的。以《埃吉尔萨迦》为例，
它出自 13 世纪上半叶，记载很多人在"美发王"哈拉尔时代
逃离挪威，定居在荒无人烟的地区，其中包括设得兰、奥克
尼、凯斯内斯、赫布里底；而 12 世纪晚期的拉丁语《挪威
史》讲述了挪威人是怎样不得不打败奥克尼居民的。考古调
查已经证实，那里确实有人居住，他们的农场经常被维京人接

管并重建。这种事不太可能是以和平方式进行的。在赫布里底群岛的北尤伊斯特岛的尤达尔，有发生过社会动荡活动的痕迹。挪威的一些墓葬中藏有来自苏格兰的物品，这必定是抢来的。我们知道，795 年、802 年和 806 年，维京人袭击过爱奥那岛，截至 807 年，当地的修道院团体已经决定迁往爱尔兰的凯尔斯。虽然爱奥那岛本身未被荒废，但由于凯尔斯的位置稍偏内陆（都柏林西北部），因此它比那座位于维京人航路上的小岛更加安全。

地名与语言表明斯堪的纳维亚人在设得兰和奥克尼全面掌权，但不清楚原住民是沦为奴隶，还是仅仅失去了曾经的土地和影响力。也有人提出，原住民遭到灭绝或者流亡在外，但是从奥克尼的巴克库伊和普尔，以及其他地方发现的证据表明没有这回事。

大量诺尔斯语史料表明，奥克尼的伯爵王朝在 9 世纪晚期"美发王"哈拉尔时代掌权。但这些史料也提到维京人在奥克尼和其他地方建立了袭击基地，伯爵领正式建立的时间并不确定。12 世纪末的《奥克尼萨迦》记载道，"美发王"哈拉尔前往西方，惩罚以奥克尼和设得兰为基地洗劫挪威的维京人，他在本次远征中不仅降服了这些岛屿，也降服了赫布里底和马恩岛。归国途中，他将奥克尼和设得兰作为一个伯爵领，赐予挪威西部的默勒伯爵龙瓦尔德。龙瓦尔德将这个头衔传给兄弟西居尔，西居尔将权力扩展到凯斯内斯和苏格兰本土其他一些地区。伯爵之位后来又传给龙瓦尔德之子埃纳尔，即著名的奥克尼伯爵的祖先。然而，这部萨迦毫无疑问将 12 世纪的诸多状况投射到了 9 世纪，"美发王"哈拉尔是否发动过这次远征都令人怀疑。但是，龙瓦尔德诸子的命运可以绝好地佐证一个挪威西部的酋长家族活动范围可以扩展到何种地步。根据这部萨迦，罗洛得到了诺曼底；伊瓦尔在"美发王"哈拉尔的西征中被杀；埃纳尔成为奥克尼伯爵；哈拉德曾经是奥克尼伯爵①，但无法保持当地的安定，只好返回故乡；索里尔留在老家；赫罗德勒伊格前往冰岛。

很多学者决定忽视为时已晚的文字史料，而相信奥克尼和设得兰在800年前后就建立了斯堪的纳维亚聚落，而定居苏格兰其他地区和马恩岛则稍晚。支持这种论点的依据有：这些地区与挪威相去不远；为了洗劫英格兰北部和爱尔兰的目标，途中需要跳板；阿伦岛上一座疑似墓葬中的藏品。但是，前面说过，从挪威直接出发就可以轻松前往这些目的地，迄今为止也没有考古证据表明存在这么早的斯堪的纳维亚聚落。不过，我们确实知道，主要来自挪威的大规模移民在随后的9世纪来此定居。像在其他地区一样，这里在一段时间内出现过洗劫，并且在农业聚落建立之前先建立了维京人基地。9世纪早期暗藏于设得兰西南沿岸圣尼尼安岛一座小教堂中的皮克特银窖藏，想必就是一个证据。很多人暂时居住在此，再前往冰岛或其他维京殖民地，在那些地方永久定居。

维京人在苏格兰和马恩岛的考古证据有一大把。斯堪的纳维亚在这些地方的影响力是强大而持久的。原住民讲凯尔特语，唯有苏格兰东南部讲英语。这块地区分割为若干王国。西部的达尔里亚达有苏格兰人，西南的斯特拉斯克莱德有布立吞人，设得兰、奥克尼、苏格兰本土北部和东北部直到南方接近爱丁堡的地区有皮克特人，东南方有盎格鲁人，马恩岛有马恩

224

———————————

① 在埃纳尔之前。

人。9 世纪中叶，苏格兰人向东扩张，取得了对皮克特人的优势，后来也向南扩张。

斯堪的纳维亚地名与墓葬、农场、窖藏的分布，与后世的文字史料相印证，为我们了解维京人定居在何处提供了虽简略但确切的图景。他们主要位于岛屿和沿海地区：设得兰、奥克尼、凯斯内斯、西部群岛（其中位于外赫布里底的比位于内赫布里底的要多）、苏格兰西海岸某些水湾沿线、马恩岛。赫布里底以西一座又小又偏的圣基尔达岛上，甚至也有一处墓葬。女性墓葬的特点是具有典型的椭圆形青铜胸针。很多女性墓葬表明整个家庭都已定居。

苏格兰各地和马恩岛在维京人到来前都没有城镇，在维京霸权时代也没有发展出城镇。斯堪的纳维亚人在不列颠的经济中心是约克和都柏林，但同时也存在一些重要的酋长和伯爵驻地。这片地区在维京时代没有铸造过硬币，1024 ~ 1040 年的马恩岛可能是个例外。但很多 950 ~ 1050 年的银臂环被发现，其中大多数的设计非常简单，重约 24 克，这符合斯堪的纳维亚的重量单位"奥拉"（eyrir）。银臂环想必在这些没有硬币交易的社群充当贸易中的"环形货币"。有很多金银窖藏，但只有少部分出自 9 世纪和 10 世纪初；大多数来自维京人已稳固立足、都柏林成为他们在西方的贸易大中心的时期。

梅恩兰岛西岸斯凯尔的银窖藏证明了奥克尼是非常富裕的。它在 950 年后不久入土，包含以斯堪的纳维亚马门风格精饰的大型非闭环胸针，以及臂环、项圈、别针、条块、一些碎银和 21 枚硬币。总重量约 8 千克（其中少数已经遗失），接近斯堪的纳维亚已知的特大型窖藏。

奥克尼群岛由约 70 座岛屿组成，设得兰群岛有 100 座左

右，很多岛屿至今无人居住。原本的皮克特语地名留存下来的 225
似乎少之又少，现在几乎全都是斯堪的纳维亚地名：埃吉尔赛
（Egilsay/Egils ey，意为埃吉尔之岛）、韦斯特内斯（Westness/
vestrness，西部岬角）、巴克库伊（Buckquoy，来自 bygg，大
麦；kví，羊圈或围栏）。当地语言也发展为斯堪的纳维亚语，
独特的方言诺恩语流传到了 18 世纪。在政治上，奥克尼在
1468 年之前、设得兰在 1469 年之前都属于挪威，直到丹麦兼
挪威国王克里斯蒂安一世将两座群岛送给了苏格兰国王詹姆斯
三世，以此担保詹姆斯之妻、丹麦公主玛格丽特的嫁妆。挪威
没有再对这些岛屿提出诉求，但设得兰的首府勒威克
（Lerwick，－wick 来自斯堪的纳维亚词语 "vík"，海湾之意）
每年在 1 月最后一个星期二举办庆典，纪念当地的斯堪的纳维
亚渊源。庆典持续整个夜晚，内容包括焚烧一艘大型维京船模
型，提醒人们这里曾埋葬过一位异教武士。现今庆典所采取的
形式可追溯至 19 世纪晚期，但它的根源想必是古代的。

奥克尼和设得兰已经发掘了一些维京时代的农场。亚尔斯
霍夫（Jarlshof）就是经典一例。它位于设得兰南端萨姆堡附
近一道受保护的水湾旁。这个炫酷的地名意为"伯爵的厅
堂"，但并非出自维京时代，而是由沃尔特·斯科特爵士①为
他的维京题材小说《海盗》发明的。这片遗址是个令人震撼的
景点，拥有来自多个时期的建筑物，可以远溯至青铜时代。其
中最早的斯堪的纳维亚农场是寻常规模，有一座约 23 米长的主
建筑、一座马厩、一座谷仓和其他附属建筑物，后曾扩建。

---

① 沃尔特·斯科特（1771～1832），又译"司各特"，苏格兰小说家，擅长
历史题材小说。

经济以农业为本。不过在某些时候，这里及其他地方的渔业会更加重要。在凯斯内斯的弗雷西克和别处的考古发掘中，发现了大型的鱼类加工点。大量的鱼在这里被运上岸，其中一种体型巨大的鳕鱼在今天几乎看不到了。数量之大意味着曾经有商业捕鱼中心的存在。这些捕鱼中心由斯堪的纳维亚人定居之后所建，很可能是在 1000 年前后或稍晚。

在维京时代晚期，奥克尼的伯赛尤为重要。伯赛湾中有一座小岛伯赛堡；每逢低潮，它就与梅恩兰岛西北岸连为一体。从伯赛堡眺望大海，视野良好；面对敌人时，它也有不错的防御力。考古发掘表明此地长期有人居住，但由于海岸遭到侵蚀，很多遗迹没入海中。巴克库伊位于正对面的梅恩兰岛上，它和伯赛堡均有更早的皮克特建筑。

斯堪的纳维亚农场建筑群在岛上分布广泛，包含了多座大型建筑。这里或许曾是托尔芬伯爵（1065 年去世）和他最初几位继任者的驻地。《奥克尼萨迦》记载，托尔芬停止了海盗活动（他的任何一位先辈都未闻有此举），在 1050 年前后他还前往罗马朝圣。奥克尼设立了一个主教区。托尔芬归来后，在伯赛建立了一座基督堂，作主教座堂之用。伯赛堡上至今可见一处教堂遗址，位于一座更古老的教堂废墟之上，前者常常被认定为托尔芬的基督堂。但此教堂遗址的时代很可能比托尔芬伯爵更晚。基督堂和伯爵驻地可能都位于梅恩兰岛上的伯赛，而非伯赛堡。然而，不到 100 年后，宗教中心就转移到了梅恩兰岛上的柯克沃尔。1137 年，这里建了一座新的主教座堂，献给 1117 年前后被杀的伯爵圣马格努斯。伯赛作为伯爵驻地也被废弃了。

奥克尼伯爵领何时皈依基督教，目前尚不可确知，因为萨

迦记载的奥拉夫·特吕格瓦松国王在 995 年前后强令改宗恐怕
不太可信。在这里及苏格兰的其他地区，改宗基督教或许是在
10 世纪依个人的选择而渐进发生的，异教葬俗遭到摒弃（插
页图 24），而基督教形式的墓碑被采用了。对于贵族而言，这
些墓碑大概类似于爱奥那岛的那块石碑，它饰有一个十字架图
案，以在斯堪的纳维亚也非常常见的格式刻上卢恩碑文："卡
利·厄尔维松将此碑置于他的兄弟福格尔之上。"所有人名都
是斯堪的纳维亚式的。

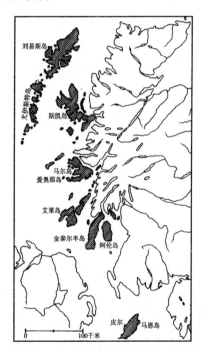

　　马恩王国，极盛时囊括赫布里底群岛和其他苏格兰西
岸岛屿。索多暨马恩主教区得名于"Suðreyjar"，意为
"南方诸岛"，这是从挪威视角出发给赫布里底取的斯堪的
纳维亚名字。该主教区的驻地位于马恩岛西岸皮尔近海小
小的圣帕特里克岛。

马恩岛位于爱尔兰海中央，战略意义重大。该岛仅约 50 公里长，15 公里宽，但维京人在此活动的证据非常丰富，其他任何维京殖民地都无法与之比拟。就像苏格兰一样，这里几乎没有同时代的文字史料。13 世纪编修的《马恩岛编年史》是从 1066 年开始讲起的，其中对戈德雷德·克罗万进行了传奇性的描述。此人在血腥的斯坦福桥战役中幸存，来到马恩岛，截至 1079 年已经在此稳固掌握了一个王国。马恩王国后来扩展到并吞了苏格兰西岸附近的全部岛屿，包括赫布里底群岛，并且在 1263 年的拉格斯之战①前形式上接受挪威的宗主权。1266 年，它被割让给苏格兰国王，但至今仍然在大不列颠内部保持了一定程度的独立性（女王②的头衔之一就是"马恩岛领主"）。该岛的内部事务由它的议会"庭瓦尔德"（Tynwald，与冰岛语"辛格韦德利"是同一个词）管理。有一个据称来自维京时代的传统：议会每年在一座人工山——庭瓦尔德山上召开，国王代表和教会代表参会。议会对前一年通过的法律加以修订。

没有确切证据表明维京人何时到达马恩岛，但是，当 8 世纪末爱尔兰开始遭受袭击时，马恩岛很难独善其身。已知有 20 多座墓葬，很可能来自 9 世纪晚期和 10 世纪早期，也就是该岛刚刚有维京人定居之时。10 世纪早期，一些原先生活在爱尔兰的斯堪的纳维亚人到来了；马恩岛与爱尔兰的维京人存在众多联系，在某些时候还臣服于他们。其他维京人很可能经过英格兰或西南苏格兰而来。

---

① 挪威国王哈康四世远征苏格兰的战役，无功而返。
② 此处指刚刚离世的英国女王伊丽莎白二世。

马恩岛上发掘的维京时代建筑为数不多，但地名表明这里曾有很多移民，而且他们全面主宰了这座岛屿，因为他们几乎给所有地点都取了新名字（只有道格拉斯和拉申可以证明是维京时代之前的凯尔特语地名）。这些斯堪的纳维亚地名有很多沿用至今，如斯奈山（*snæ-fell*，雪山），是该岛的最高点。其他的都是后取的凯尔特语地名。很多人想必同时使用挪威语和凯尔特语，但凯尔特语在中世纪取得了优势。

异教的维京人在一定程度上尊重基督教信仰，因为一些人埋葬在古老的教堂墓地中，例如，巴拉多尔那位葬在船中并携武器入土的酋长。他和巴拉蒂尔另一位酋长的墓地的标志性特征就是有一座坟丘，后者还有一位女奴被杀死陪葬——她的头盖骨因致命一击而被打掉了一块。10世纪，维京人必定已经成为基督徒，因为此时的异教墓葬已经少之又少，但出现了很多装饰华丽的石制十字架。其中一些卢恩铭文表明，维京人和当地人之间有时存在着非常紧密的联系，因为一些人的儿子取了凯尔特名字。我们可以参考柯克布拉丹的一块石碑，这是托尔莱夫为纪念菲亚克而立的。他的母亲想必就是来自马恩岛或爱尔兰的凯尔特人。然而，马恩岛上也有斯堪的纳维亚女性；可以确知的是，皮尔近海的圣帕特里克岛上有一座富裕女性墓。卢恩碑文的风格表明，该时期马恩岛与挪威联系紧密。

十字架以浅浮雕形式刻在软板岩上。虽然它们的外形受到了出自这片岛区的十字架的启发，但装饰物源出斯堪的纳维亚艺术。博勒和马门风格占优，但也可以看出耶灵与灵厄里克风格的要素和当地的一些典型特色。最早的十字架据信出自10世纪上半叶，最晚的出自11世纪早期。一位使用斯堪的纳维亚名字的艺术家盖于特自豪地在两枚早期十字架上签了名。在 230

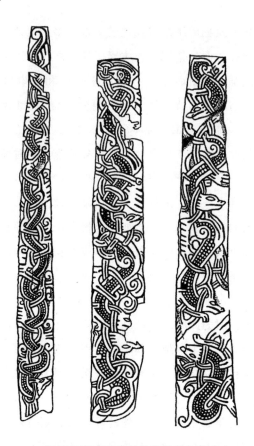

马恩岛柯克布拉丹教堂的托尔莱夫十
字架的三面，带有斯堪的纳维亚风格兽
纹。第四面是卢恩铭文。该十字架是为纪
念托尔莱夫之子菲亚克而立的。菲亚克是
个凯尔特名字。

柯克迈克尔的一个十字架上，他以"但盖于特在马恩岛完成
了此枚和所有十字架"一语结束了铭文。在柯克安德烈亚斯
的十字架上，他吐露了更多信息：他名为盖于特·比约恩松
（坐实了他是一个斯堪的纳维亚人的儿子），居住在库里，此

地或许位于马恩岛。他可能是岛上的大师级工匠。但也有很多十字架的时代晚于他，包括柯克布拉丹的托尔莱夫十字架，这是马门风格的精美代表。

马恩岛上的十字架展示了我们所知不多的几个维京时代的图像化场景。其中一些图式必定来自异教神话，它们有趣地展示了异教与基督教在改宗时期并行的局面。其他图案无疑出自"屠龙者"西古兹的英雄传说（参阅本书第 228 页）。这是这套传说现存最古老的图案，它们直到很久以后才被记录成文。

爱尔兰

爱尔兰的维京时代始于 8 世纪 90 年代的零散远征，终于 231
1170 年英国诺曼人征服都柏林。很多文字史料记载了这段历
史，尤其是《阿尔斯特编年史》。此外，重要的考古发现和一
些斯堪的纳维亚地名、借词也能说明问题。

爱尔兰的斯堪的纳维亚聚落以贸易为主要经济基础，而不
像在西欧其他地区一样，是土地所有权或者农业。在整个维京
时代，也有很多斯堪的纳维亚人通过担任职业武士而赚取不菲
的收入，因为在经历一开始的抢劫阶段后，爱尔兰内部的众多
交战方常常拉拢维京人和他们快捷的舰队；维京人往往深度参
与了爱尔兰海、苏格兰或北英格兰的权力斗争。通过劫掠，通
过对爱尔兰和其他建立维京霸权的王国征收贡金，维京人可以
获得零散的收入。

维京人这种传统的经济方式在爱尔兰比在欧洲其他地方延
续更久，原因在于当地的势力平衡不断改变。在爱尔兰的活动
给斯堪的纳维亚，尤其是挪威和冰岛，带来了巨大的经济和文化
方面的影响。在后世的冰岛萨迦中，这些活动充满了传奇色彩。

在爱尔兰的维京人

维京人在爱尔兰的历史可以分为四个阶段，它们通常与维 232
京人在其他地区的活动并驾齐驱，或者取决于后者。然而，这
种相互影响很少得到明确界定，因为文字史料中只提到过一些
参与其中的酋长的大名，所以追踪某支特定的维京军队或团体
的活动是比较困难的。

约 795 年至 9 世纪 30 年代是第一阶段，各路维京流寇对
小岛或海岸上孤立的修道社群发动迅捷的袭击。795 年，爱尔
兰西北岸的伊尼什默里和伊尼什博芬就在被袭击之列。最晚在

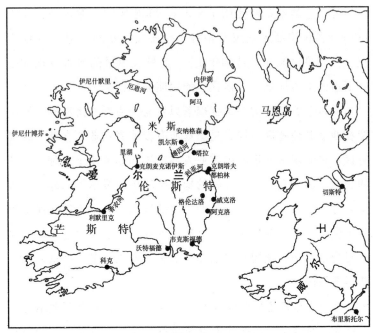

爱尔兰

812～813 年，维京人正在对爱尔兰西南部展开进攻；截至 9
世纪 20 年代，他们已经沿着全岛闯荡。有位僧侣在一份手稿
的边缘写下了一首诗，歌颂令维京人无法出海的暴风雨之夜，
体现了当时孤立的修道院所面临的严峻气氛。位于阿马的修道
院又大又富，虽然稍稍接近内陆，但在 832 年的一个月内遭到
了三次洗劫。这位修道院长是爱尔兰教会的首领。防范这种疾
如闪电的进攻几乎是不可能的，不过爱尔兰人确实有那么几次
赶跑了维京人。

维京人集中打击修道院，并不是因为他们对基督教的宗教
社群怀有仇恨，只不过是因为他们可以抢得盆丰钵满。彼时的
爱尔兰没有当代意义上的城镇，但有几座修道院类似于宗教

城：它们是重要的政治经济中心，某些时候居民众多，可能有大量财富聚存在此。它们的组织性较强，以至于能够从攻击中幸存，也因此会遭到反反复复的洗劫。

维京人的主要目标不是法器，因为它们很少是由贵金属制成的。通常只有装饰性的小型配件才由金、银所制，而很多配件虽然可能装饰华丽，但只是用镀金青铜制成。有大量这类物件是从爱尔兰的圣物箱、经书和其他教堂器物上撕扯下来（在苏格兰和北英格兰也发生了类似的事），最终进入挪威的墓葬中。毫无疑问，一些是作为纪念品带回家，送给妻子或女友的；一些被重制为珠宝。维京人也对日用的优质世俗用品感兴趣，如藏于奥塞贝格墓葬中那只带有精美桶箍的提梁桶，它出自爱尔兰或苏格兰，但我们不可能辨别这个别具一格的物件是买来的还是偷来的。维京人追求的，首先是金银、奴隶和荣誉，在哪个地方都是如此。

维京人绝不是唯一在爱尔兰制造暴力的人群。《爱尔兰编年史》记载，维京人在爱尔兰活动的约前 25 年内发动过 26 次进攻，而在同一时期，爱尔兰人自己发动了 87 次。爱尔兰的社会尤为好勇斗狠。它分裂为大量小王国，王朝的统治错综复杂。为了谁可以成为凌驾于各小王国之上的"至尊王"等问题，国王们展开了几乎不断的冲突。当时，唯有阿马的修道院长拥有覆盖全岛的威信。岛内的均势也时刻变换。由于修道院特殊的政治经济状况，还有它们与世俗统治者高度紧密的联系，焚掠修道院是爱尔兰的战争中不可或缺的一部分。两个修道院之间、修道院与国王之间，也会爆发战争。

9 世纪 30 年代到 902 年，是维京人在爱尔兰的第二阶段。9 世纪 30 年代，就像在法兰克和英格兰一样，对爱尔兰的远征也方兴未艾。大面积的土地遭到洗劫，大规模的舰队沿着厄恩河、香农河、利菲河、博因河等驶入内陆。839 年，一支舰队在阿尔斯特的内伊湖安置；840~841 年，维京人在这里过冬。841 年，他们在都柏林和东海岸正北方的安纳格森建立了防御基地，得到了新舰队的加入。845 年，进攻达到高潮，他们在爱尔兰中部的里湖建立了一座进一步强化的基地。很多不同的军队在不同的地区活动，显然是互相独立的。

有个叫图尔格修斯的人成了当时最著名的维京酋长。845 年，他被爱尔兰国王梅尔·谢奇瑙尔俘获，溺毙于湖中。这几乎是为人所知的有关他的唯一确切信息。他的名声可以归功于约 250 年后的一部政治宣传作品《爱尔兰人与外国人之战》。它讲述了图尔格修斯令人惊异的事迹，富有戏剧性，以此说明伟大的爱尔兰国王布赖恩·博卢功业彪炳并提升他的王朝的威望。① 该作品将图尔格修斯描述为信奉异教的维京精英，他闯荡南北，是爱尔兰全体维京人的领袖。据称他夺取了阿马的修道院，窃居修道院长之职，并试图让爱尔兰人改信托尔。他的妻子奥塔在克朗麦克诺伊斯修道院的高坛上举行异教仪式！

9 世纪 40 年代的袭击大潮最终遭到了几位爱尔兰国王的反击，但此时的维京人已经在岛上站稳脚跟了。新的舰队继续从挪威和丹麦而来，可能中途经过了英格兰或法兰克诸王国。零星的洗劫继续发生，维京军队还经常互相火并。没有大面积

235

---

① 译者阅读过《爱尔兰人与外国人之战》，虽然它回顾了爱尔兰抗击维京人的历程，但图尔格修斯的故事在前 14 节就结束了；第 43 节到第 108 节讲述了布里安的生平，占该书的绝大部分篇幅。其实两人相隔一个半世纪，没有直接联系。此书可参阅詹姆斯·亨索恩·托德（James Henthorn Todd）的古爱尔兰语/现代英语对照点校本。

的地区被夺取，但沿岸很多地方都建立了基地，维京人就生活在这小型的飞地中，其中都柏林是最重要的一处。然而，在很多地区，他们被暂时或永久驱逐了。9世纪末，在爱尔兰的聚落面临的压力太大，以至于一些人去了其他海岸谋生。

截至9世纪中叶，他们已经开始融入岛上的生活。军事专业技能和优质的武器使他们能够在爱尔兰的战争中派上用场。而爱尔兰－斯堪的纳维亚通婚的人数和很多第二代维京人取凯尔特名字的现象，也反映了和平的社会文化关系的加强。多数人也成了基督徒。在艺术层面，爱尔兰传统的大型环形胸针或别针启发了男用斗篷的非闭环胸针的制作，后者常为银制，在西欧和挪威的维京人社群中颇为流行，这一现象反映了双方的紧密联系。受到爱尔兰式样启发的新款小型青铜裙针也很受欢迎。反过来，爱尔兰人也学会了制造更好的武器及其他物品。

想必就是在这个时候，维京人确立了他们作为国际商人的身份。爱尔兰人没有对外贸易或者出卖商品换取白银的传统，而维京人凭借他们与家族和遍布欧洲的同道中人的紧密联系，习惯于做各种商品的买卖。他们也有必不可少的航船。金银窖藏、大型非闭环胸针和其他物品表明，大量贵金属流入了爱尔兰，但到此时为止，还鲜有关于斯堪的纳维亚人和爱尔兰人间进行和平经济往来的具体信息。斯堪的纳维亚人也许以武器和奢侈品，换取奴隶、补给等。

841年建在安纳格森的基地很可能位于高地之上，两侧由克莱德河与迪河的弯道保护，一侧由一道土墙保护。另一处基地想必位于沃特福德附近的伍兹敦，紧挨着一条河。巨大的都柏林基地很可能位于现代都柏林的中心，在这里，9世纪的聚落仍有遗存，还有墓葬被发现。沿利菲河上游方向不远，在基

236

尔曼哈姆－艾兰布里奇地区，19世纪建造的一段铁路穿过了9世纪的斯堪的纳维亚公墓，这里有随武器下葬的男性墓（在此收集了约40把剑、35个矛头）和戴椭圆形胸针的女性。这些墓地的发现，以及其他一些物件证实了斯堪的纳维亚家庭曾在此定居，同时存在着异族通婚，与其他维京人聚落相同。

853年，"白王"奥拉夫（挪威人）和伊瓦尔（丹麦人）来到都柏林称王。都柏林王国日渐强大。但伊瓦尔在873年去世，随后就是多年的内乱。902年，都柏林的维京人被一支爱尔兰联军驱逐。他们中的很多人很可能逃往了马恩岛、赫布里底群岛、英格兰西北部、冰岛；其他人或许在欧陆尚存的维京基地中寻找机会。

爱尔兰维京时代的第三阶段始于914年，持续到980年。舰队一个接一个到来，新一波的洗劫就像9世纪40年代那样肆虐全岛。同样，干出这些勾当的是许多不相同也不协同的群体。这些维京人很可能不是来自斯堪的纳维亚，而主要来自英格兰西北部、马恩岛和苏格兰。其他一些人可能来自欧陆的基地，因为911年前后，罗洛在塞纳河下游地区掌权，导致维京人在这里发迹的机会进一步减少了。还有一些人可能是从英格兰东部而来，这里的威塞克斯诸王正在有条不紊地向北扩张领土。我们确实知道，有一支维京人是从布列塔尼经过威尔士和英格兰西部而来的，因为他们在这些地方没有交上好运。爱尔兰是西欧为数不多的仍然存在维京人发迹机会的地区。虽然爱尔兰诸王实施了反击，偶有取胜之时，但反击行动完全奏效还是花费了很多年头。多次侵略想必迫使修道院修建了更多的石教堂，而不是易燃的木教堂。但那种典型的圆形独立式石塔与维京人没什么关系，它们受到的是欧陆建筑物的启发。

维京人再度建造很多基地。917 年，都柏林基地重建。国王们①现在渴望获得对爱尔兰全体维京人的霸权，但他们没有如愿以偿。然而，他们最宏大的野心，是赢得威名赫赫且有利可图的约克国王之衔。约克就是诺森伯里亚富裕的都城。为了实现这一目标，他们煞费苦心，像龙瓦尔德、奥拉夫·戈德弗雷德松、"凉鞋"奥拉夫这些国王曾一度取得成功。但在 954 年，约克被纳入英格兰统治，都柏林国王的梦想遂告中断。

大好的贸易机会使爱尔兰建立了威克洛、阿克洛、韦克斯福德、沃特福德、科克、利默里克等城镇。都柏林最为重要。在都柏林和另外几处，维京人征服了城镇的腹地。想必有一些人在那里耕作，但是他们几乎全部生活在沿岸地区或河流上游方向不远处。

截至 10 世纪中叶，都柏林成为一座繁荣的国际贸易中心。在绰号"凉鞋"的奥拉夫（或称安拉夫）·西格特吕格松统治期间（约 950 ~ 980 年），都柏林控制了广阔的腹地。但是，就像其他维京王国一样，都柏林王国在政治和军事方面都开始衰落了。在 980 年的塔拉战役中，奥拉夫被米斯（爱尔兰东部，都柏林以北）国王梅尔·谢奇瑙尔二世击败，都柏林丧失了政治独立性。从此时开始，爱尔兰人掌握了霸权，维京人要向爱尔兰人纳贡，但维京人留在都柏林和其他城镇，保留王位，继续控制爱尔兰人似乎没兴趣管理的国际贸易。

最后一个阶段持续到 1170 年，维京人融入了爱尔兰的共同体。城镇繁荣，各色物品的大规模制造振兴了经济，也影响了爱尔兰艺术。在沃特福德，尤其是在都柏林，大规模发掘的

---

① 指都柏林王国的维京统治者。

238 成果透露了这一点。文化越来越体现出爱尔兰-北欧特征。爱尔兰诸王逐渐加强参与城镇事务。一些人在城镇获得了国王头衔（如1052年在都柏林），一些人在城镇驻跸。997年开始，在都柏林铸造了很多年硬币，像同时代丹麦、挪威、瑞典那样，它们均效仿英格兰的币制。

爱尔兰诸王现在渴望获得全岛的政治霸权。1014年，传奇性的克朗塔夫战役就是在两个敌对的爱尔兰王朝之间展开的。芒斯特王国（爱尔兰西南部）打败了伦斯特（爱尔兰东部，都柏林以南），而且，就像在其他很多战役中那样，维京人在两方均有参与；在伦斯特军队中，很可能有来自马恩岛和北方群岛的人。芒斯特国王①布莱恩·博卢遇难。这场战役后来成了冰岛萨迦和爱尔兰历史故事的主题。它们将本次战役视为布莱恩·博卢对爱尔兰维京人的决定性胜利，但这一点实质上已经在34年前的塔拉由米斯国王实现。值得注意的是，都柏林国王"银须"西格特吕格和他的部众没有参加城外仅有数英里的克朗塔夫战役。直到1170年，英格兰征服都柏林，维京人的后裔和斯堪的纳维亚影响下的文化才被最终压服。

在爱尔兰发现的维京时代贵金属窖藏比在苏格兰的要多得多，这明显表明流入这座岛的财富是异常之多。已发现的窖藏贯穿维京时代，但多数来自10世纪和11世纪。最瞩目的是里湖黑尔岛的金窖藏，维京人曾在这里数次建造基地。金窖藏于9世纪中叶至10世纪中叶在此入土，包括10枚宽面金臂环，总重约5千克——是挪威霍恩窖藏的两倍，也是已知最大的维京人金窖藏。然而，它发现于1802年，很快就被重熔了；只

---

① 据《爱尔兰人与外国人之战》等资料，布莱恩此时已经当上了"至尊王"。

有一些绘图和简述存留至今。

一些窖藏中包含银臂环和其他首饰、锭、硬币和残片，这些在维京人的经济生活中都是常见的。一些迹象表明，很多物件曾经落入爱尔兰人之手，并由他们埋藏。有趣的是，一些文字史料暗示，在 10 ~ 11 世纪，大型修道院成了重要的国内贸易中心，如米斯的凯尔斯和伦斯特的格伦达洛。

各种不同的窖藏硬币表明，约 925 ~ 975 年，维京人与英格兰的贸易是由切斯特①径直横渡爱尔兰海进行的。由于维京人与法国的贸易正在扩大，这条路线又被另一条绕威尔士南岸至布里斯托尔的路线取代了。威尔士海岸的斯堪的纳维亚地名证实了后一条路线的存在。

随着时间推移，爱尔兰人采用了很多斯堪的纳维亚人名，反之亦然。在都柏林和其他城镇，斯堪的纳维亚语言在 1169 ~ 1170 年英格兰入侵前都是通用的。爱尔兰语借用了大量斯堪的纳维亚词语，例如，"margadh"（斯堪的纳维亚语：*markaðr*）意为市场。但大多数词语与航海相关，"Bád"（斯堪的纳维亚语：*bátr*）仍然是一个常用词，意为舟。跟苏格兰和马恩岛相比，爱尔兰的斯堪的纳维亚地名不算多，而且大多数以英语词形留存下来，因为英语在 1170 年之后的爱尔兰变得极为重要。例如，"韦克斯福德"（Wexford）很可能来自斯堪的纳维亚语"Ueigsfjǫrðr"，"沃特福德"（Waterford）来自"Ueðra (r) fjǫrðr"。"利默里克"直接由斯堪的纳维亚语"Hlymrekr"派生而来，而都柏林则是纯粹的爱尔兰语——"dubh"和"linn"，意为黑池子。另外，郊区霍斯（Howth）

①　英格兰西海岸与威尔士交接处。

是一个斯堪的纳维亚名字，意为岬角、海角。

必定有很多人既说斯堪的纳维亚语，又说凯尔特语；还有一些人，如某位索尔格里姆，希望确保两支族群都能铭记他们。他的十字架竖立在香农河附近的基拉卢，利默里克以北不远处。碑文既以卢恩文字书写，也以爱尔兰古字母欧甘文字书写。

除了基尔曼哈姆－艾兰布里奇和都柏林一带的其他地点，斯堪的纳维亚墓葬在整个爱尔兰为人所知的并不多——比苏格兰或马恩岛的少得多。这想必是因为基督教礼仪在爱尔兰的贸易中心被采纳得更快，而贸易中心以外的斯堪的纳维亚聚落数 **240** 量极少。在都柏林现在的主教座堂——基督堂的地址上，最早的教堂是 1030 年前后修建的圣三一教堂。爱尔兰很多地方的教堂是献给圣奥拉夫的。

在都柏林的发掘

在都柏林中部，尤其是基督堂一带并延伸至伍德码头和利菲河，大规模的发掘证实是维京人建立了这座爱尔兰首都（尽管有些爱尔兰遗址的时代更早）。他们于 9 世纪到来，在经历 15 年的流亡后，又于 917 年返回。他们定居在利菲河南岸，靠近利菲河与一条支流的交汇处。这片地区很快被分割为地块，并由一道土垒包围。后来，它经过了数次翻修。1100 **241** 年前后，一道石墙建成了。然而，随着时间推移，城镇的北部及其防御工事越来越向利菲河方向扩展。当时的利菲河在此处比今日更加宽阔。

因地形之故，城镇的规划不是完全规则的。但是由篱笆包围的地块在斯堪的纳维亚时期始终是相同的规模。由于多处的上方地层（upper layers）因更加晚近的建筑物的深地窖而遭破坏，城镇后来的发展情况并不确知。篱笆之内的居民显然能够随心所欲地建造房屋，因为居室和外部建筑的地点时常变换。

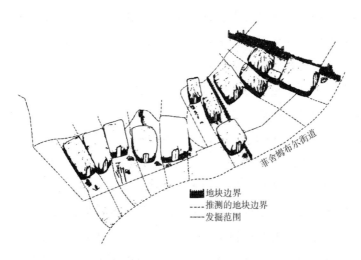

菲舍姆布尔街道

▰▰▰ 地块边界
------- 推测的地块边界
——— 发掘范围

约 **1000** 年的都柏林，沿菲舍姆布尔街道分布的地块与建筑复原图。

按照今天的标准，这些房屋并不壮观，但它们与海泽比、比尔卡、约克等同时代城镇的房屋相比并不逊色。然而，爱尔兰常见的房屋与那里的不可直接类比，其或属爱尔兰样式，或受到爱尔兰海周边的本地建筑习惯的影响。几乎所有建筑均由板条筑成，室内有支撑屋顶的柱子；底层平面呈圆角矩形。最大的那些建筑物约有 8.5 米长，4.75 米宽，通常每一面山墙设有一道门。室内有一块地面，地面中间有火塘，沿室内两侧有狭窄、低矮的长凳。房屋两端有时有小隔间。很多房屋想必既是居室，又是工作室或仓库。维京时代的都柏林没有发现马厩和牛棚，动物骨骼证实肉类必定来自城外。

比起其他维京城镇，都柏林的发掘成果多样性要高得多，

质量也更胜一筹，这也反映了都柏林强大的经济地位，尤其是
10世纪末之后。舶来品包括来自北方的海象牙、琥珀、皂石
器皿和胸针；来自英格兰的陶器、剑、黑玉、金属饰品；来自
欧陆的陶器和玻璃器；来自东方的大量丝绸；还有一些银币、
若干银币窖藏和两枚金臂环。很多货物一定已经腐坏了，如毛
皮和酒。文字史料将都柏林描述为奴隶贸易的中心，奴隶、兽
皮、纺织品很可能是爱尔兰主要的出口物。多种手工艺也在此
242　繁荣。这里发现了大木作（carpentry）、造船、木雕、制梳
（使用马鹿角）、骨雕、木材车床加工（wood-turning）、制桶、
制鞋和其他皮革品、铸铜和大规模锻铁等行业的痕迹。琥珀、
海象牙、黑玉，很可能还有金、银、锡、铅，均在此加工。

　　骨骼碎片和其他物品上的一些卢恩铭文证实斯堪的纳维亚
文化继续存在，但都柏林的主要特征此时不再是纯粹的斯堪的
纳维亚风格。匠人倾向于生产既吸引斯堪的纳维亚人又符合爱
尔兰人口味的艺术品，发展出了斯堪的纳维亚风格的地方变
种。这在"图式绘板"（motif pieces）上表现得尤为明显——
这是一块块骨骼或石头，设计师或学徒在其上试验各种各样的
图式。目前已经发现了数百块"图式绘板"，很多装饰华美的
木器也在考古发掘中被发现。

　　"图式绘板"和其他器物上发现的博勒风格实例相对罕
见，而耶灵风格压根就没出现在"图式绘板"上。然而，灵
厄里克风格和乌尔内斯风格非常流行，特别是以它们的爱尔兰
形式流行，但仍然可以轻易辨识出。它们甚至被用来装饰教堂
器具，例如，克朗麦克诺伊斯的修道院长权杖和康镇十字架，
而且比主要风格在斯堪的纳维亚延续得更久。

英格兰

243　　　英格兰成为维京人最有利可图的财源之一，他们在这里获得的荣誉和威望比其他任何地方都要多。他们杀人越货，勒索贡金（丹麦金），也充当雇佣兵和生意人。他们也定居下来，耕种土地，对城镇的发展带来重要影响。在英格兰，他们征服了业已巩固的王国，僭称王号——这既发生在 9 世纪的若干小国，又发生在 11 世纪早期的整个英格兰。1018 ~ 1042 年（除了其中的 5 年），英格兰与丹麦由共同的国王统治。在维京时代的大多数时候，斯堪的纳维亚对英格兰历史的深度参与给两地均带来了无与伦比的影响。

　　史料极度丰富而广泛——很多文字史料（最重要的当属《盎格鲁－撒克逊编年史》的诸多版本），全国多地的考古发现（包括很多由金属探测器发现的），不胜枚举的地名、人名和其他语言学证据。这可以解释为什么对英格兰维京时代的跨学科研究有那么多。

开发、征服、定居

　　　　除了 800 年前不久，英格兰南部遭到的袭击和当地防范海244　盗的措施（参阅本书第 257 页），以及 793 年林迪斯法恩修道院遇袭外，835 年前维京人在英格兰唯一的活动记录，就是794 年诺森伯里亚王国的唐穆森修道院遭到洗劫。这座修道院想必位于南约克郡的唐河河口附近，或者也可能是泰恩茅斯修道院；它不太可能是著名的贾罗修道院。这些维京团伙据信来自挪威，接下来数年，他们可能在苏格兰和爱尔兰发现了更好的机会。

　　835 年，维京远征在欧洲大陆已经真正展开，在爱尔兰也逐步升级。这一年，维京人恢复了在英格兰的活动。《盎格鲁－撒克逊编年史》简洁地提及："是年，异教徒蹂躏谢佩。"斯堪的纳维亚人两个多世纪的深入活动，这才真正拉开帷幕，而丹麦人在其中尤为活跃。军事活动的轨迹几乎可以在《编年史》[①]中逐年追踪。不过，也有其他的文字史料传世，如阿瑟撰写的威塞克斯国王阿尔弗雷德大王传。

在最初几年，受害的主要是英格兰南部和东部，包括哈姆威（南安普顿）和伦敦这两座大城镇。当时的英格兰分裂为若干王国：亨伯河以北的诺森伯里亚，中部的麦西亚，东部的东盎格利亚，南部的威塞克斯。直到 927 年，它们才得以统一；954 年，再度统一。讲凯尔特语的威尔士人直到中世纪的很长一段时间内还保持着独立的王国。一些城镇繁荣起来了（尽管为数仍不太多），贵族们掌握了巨量的财富，所以跟在欧陆一样，被洗劫的不只是修道院。

首先，维京人的闯入与其他地方是一个套路：从大陆的基地、爱尔兰或者直接从母国出发，对岛屿和各种海岸地区发动快速的袭击。850 ～ 851 年，有记载的维京人首次在英格兰越冬，营地设在肯特东海岸的萨尼特岛。几年后，他们建立了位于泰晤士河口谢佩的第一座冬营。紧随而来的就是远征内陆的报告。865 年，一支军队在萨尼特岛宿营，并与肯特人媾和，换取一笔钱财。英格兰人屡屡缴纳丹麦金，便以此为开端。

随后，维京人的势头开始增强。865 年，一支"异教大军"来到英格兰。它的规模众说纷纭，但据信有两三千人。他们在东盎格利亚下寨过冬，获取马匹，与当地人讲和。次年，

245

---

① 本节中，所有简称的《编年史》均为《盎格鲁－撒克逊编年史》，原文如此。

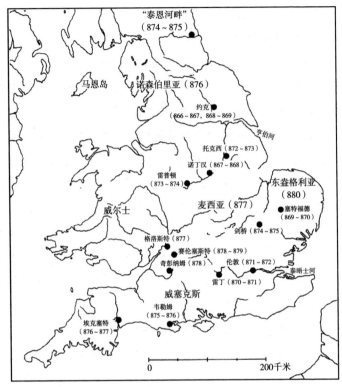

英格兰。865～879 年维京大军的基地和冬营以黑点表示。
图中时代表示这支军队在各王国划地定居之年份。

246 大军移师诺森伯里亚（当时正在进行内战），攻占了首府约
克。11 月 1 日，与诺森伯里亚人言和，扶植一位傀儡国王，
并在此处过冬。很可能也就在这个时候，东海岸的惠特比修道
院遭到洗劫和毁灭。在那里发现的一些配件，很可能就是在破
坏过程中从法器上扯下的。当地的地名表明教会土地被维京人
接管了。867 年，维京军队前往麦西亚，在诺丁汉下寨过冬，
与该王国言和。868 年，军队返回约克，在此逗留一年。869
年，它经过麦西亚前往东盎格利亚，在塞特福德下寨过冬，征

服了整个东盎格利亚，杀死了国王埃德蒙。埃德蒙不久被追尊为圣徒与殉道者。870 年，灾祸轮到了威塞克斯。军队在雷丁建立基地。《盎格鲁－撒克逊编年史》记载，871 年发生了九场大战和很多小规模交战，九名丹麦伯爵和一名国王战死。威塞克斯与维京人媾和。同年，阿尔弗雷德大王登基。

这种变换冬营地和签署很多和议的套路持续了一段时间。871～872 年，伦敦有一座营地；第二年，在麦西亚的托克西也有一座（这是已经鉴定的）。这两年，麦西亚都与维京军队媾和。873～874 年，维京人在雷普顿下寨过冬，驱逐麦西亚国王，将一个卖国贼扶上王位。

事实证明，雷普顿是一个转折点。874 年，大军分兵多处。哈夫丹率领部分军队前往诺森伯里亚，在泰恩河畔下寨过冬，第二年征服了这个国家，并向西部和北部抄掠。根据传统说法，林迪斯法恩岛上的圣卡斯伯特修道社团于 875 年逃离了身处险境的岛屿，在英格兰本土寻找安全之所。有那么一些年，他们带着圣卡斯伯特和其他人的遗物四处漂泊；尽管诺森伯里亚已经满是维京人，但他们貌似没有受到什么伤害。876 年，《编年史》有这样一句记载："那一年，哈夫丹分封了诺森伯里亚人的土地，他们开始耕地，养活自己。"维京人已经占地定居。哈夫丹自己很可能在第二年去世。

874 年，军队的另一部分在古特鲁姆、奥西特尔、安文德等国王的领导下离开雷普顿，前往剑桥，在此逗留一年。随后，军队前往威塞克斯这个仅存的独立王国，阿尔弗雷德国王被迫言和。875～876 年，他们在韦勒姆安营扎寨；次年，在埃克塞特扎营。在 877 年的丰收时节，"军队前往麦西亚，分封了部分土地，还有一部分土地赐给了切奥尔伍尔夫（维京人的傀儡国王)"。但并非所有人都定居了。在格洛斯特有一处基地。新年后不久,大军返回了威塞克斯,到达奇彭纳姆,接管了王国的大部分。阿尔弗雷德国王率领小股部队逃入沼泽,在阿瑟尔尼掘壕固守。然而,878 年春季,他成功聚起一支军队,在埃丁顿取得了一场对维京人的决定性胜利。签订和约时,维京人承诺离开威塞克斯,他们的领袖古特鲁姆同意受洗。阿尔弗雷德为古特鲁姆担任教父,而他和 30 位贵族得到了大量受洗赠礼和优待。878~879 年,军队在赛伦塞斯特下寨过冬,随后前往东盎格利亚。据《编年史》记载,880 年,军队定居下来,分封土地,但有一群维京人前往今比利时境内的根特;随后几年,那里①发生了很多次袭击。

在英格兰闯荡 15 年后,大军现在已经征服了四个王国中的三个,得到了生活和耕种的土地。古特鲁姆很快就破坏了与阿尔弗雷德的条约,但他们在 886 年或此后不久又订立了一份新的,其文本保存至今。它确定了阿尔弗雷德与古特鲁姆的王国的边界(与其他维京王国的边界没有提及),立下了一些规则以保持两国人民间的和平关系。边界沿着利河,从它与泰晤士河交汇的地方(伦敦以东不远,886 年阿尔弗雷德曾征服这里),向西北到达它的源头,再从这里到达贝德福德,接着沿乌斯河到达沃特灵大道,这是伦敦和切斯特之间的罗马古道②。

直到大军最终定居英格兰为止,基地和冬营一带的居民无疑被迫供养士兵(这很可能只是一年一次)。很多"和议"想

---

① 查阅《盎格鲁-撒克逊编年史》,指法兰克帝国。
② 东南—西北向。

必包括了这些条款：交出宝物，提供补给，或许也要为军队提
供冬季营地，交换俘虏，立下誓言和其他特殊协议。指代
"和平"的词语"friðr"的含义一定曾更加接近"订立协议"
而非"达成和平"。

该时期的一些银窖藏，佐证了这些年头的动荡不安和维京
军队在英格兰的行程。维京人在9世纪掠得的很多贵重物品
中，有一件可以得到准确的鉴定。这是一份精美的拉丁语福音
书插图手稿——《奥雷乌斯抄本》，8世纪在肯特制作。在饰
金的页面的边缘，《马太福音》开始讲述基督降生的地方，一
条古英语注释记录了阿尔弗雷德郡长（他很可能来自萨里）
和他的妻子韦尔堡用黄金从一支异教军队那里买到了这本书，
所以它应该没有留在异教徒的手中，这对夫妇将它捐给了基督
教堂（想必是指坎特伯雷大教堂）。讽刺的是，经过一番辗
转，这本书还是回到了斯堪的纳维亚人手中：17世纪，斯德
哥尔摩的王家图书馆将其购入。

但是，关于征服军的最瞩目的证据，出自对873~874年
雷普顿冬营的考古发掘。在8世纪，这里埋葬了多位麦西亚国
王。维京军队位于特伦特河旁的一处高地，在一片约1.5公顷
的区域设防，以圣威斯坦教堂的两端为端点挖掘了一道半圆形
壕沟，这就把教堂变成了某种意义上的门楼。教堂附近发现了
若干座维京墓葬，随葬品包括多枚硬币、一把剑和一把托尔
之锤。

在壕沟外围不远处，有几座坟丘。其中一座堆在了一位男
性的坟墓上，四周有巨量的人骨遗骸，可以明显看出他原先是
埋在其他地方的。遗憾的是，这座坟丘在17世纪80年代遭到
"发掘"，中间的坟墓不复存在；根据1727年的一份描述，这

里有一个 9 英尺（2.74 米）高的巨人放置在石棺中！其他的骨骼至少分属 249 人，其中约 80% 是男性：大量案例表明，健康人的骨头上带有未愈合伤口的痕迹，所以他们中的大部分显然是在战斗中身亡的。这处墓葬也藏有硬币。他们很有可能是前几年死在别处的维京大军成员，也有冬季在雷普顿死于传染病的。他们被单独下葬，后来被挖出来，簇拥着死去的酋长重新合葬。他的身份只能通过猜测，但他被埋在一座非常宏伟的长方形建筑的颓圮遗迹中。楼板平面略低于周围地面，覆盖它的低矮坟丘也近似矩形，不是平常的圆形。

我们难得可以从雷普顿管窥一支维京军队在海外的情况。痛苦的冬季和伟大酋长的身亡，可能促使维京人对他们漂泊不定的生活感到厌倦。我们知道，他们两年后开始在英格兰定居下来。他们看起来一点也不考虑返回斯堪的纳维亚。在丹麦，没有发现太多 9 世纪的英格兰器物；在挪威发现的英格兰器物更多一些，但大部分来自诺森伯里亚，未必与这支特殊军队的劫掠有关。

然而，欧陆的很多维京人还在搞传统的那一套。但时局变得艰难起来。892 年，"丹麦大军"从布洛涅来到英格兰，黑斯廷率军从卢瓦尔河而来（参阅本书第 269 页）。他们带上了该带的一切，显然打算长住下来，就像比他们先来的那些幸运的维京同胞一样。军队得到了在英格兰的维京王国的支持，但阿尔弗雷德已经组织了有效的防御，拥有内陆工事群、随时听召的军队、专为打击维京船而建的战船。893 年，丹麦军队在切斯特避难时，阿尔弗雷德的军队破坏了周边地区的一切可食用之物。当丹麦军队两年后在利河旁占据了一块防御阵地时，阿尔弗雷德掐准时间，在收获时节到来，阻止敌人染指粮食。

249

他赢得了许多场战役。同时，传染病蹂躏着国家，导致很多人畜死亡。《盎格鲁－撒克逊编年史》对这股游荡的维京军队描绘了一幅阴郁的图景。896 年，维京人放弃了。一支前往诺森伯里亚，另一支前往东盎格利亚，"那些没有钱的人给自己搞来了船，向南渡海到塞纳河去了"。

英格兰的斯堪的纳维亚人

阿尔弗雷德大王于 899 年去世，后继的子孙们同样能力出众。维京人继续在欧陆、爱尔兰、英格兰制造麻烦，但威塞克斯逐渐向北扩展势力，并通过一系列设防的城镇和堡垒（burhs）的网络巩固势力。截至 917 ~ 918 年，爱德华国王① （899 ~ 924 年）已经征服了亨伯河以南全部地区。920 年，他正式被认可为诺森伯里亚的至尊领主。然而，这并没有持续多久；直到 954 年，该地的权力一直在英格兰与维京人的国王间轮转。

诺森伯里亚和约克都有英格兰籍的傀儡国王，直到 880 年前后为止；随后，是一系列斯堪的纳维亚出身的国王，但他们拥有大为不同的背景。从 10 世纪的第二个旬年开始，爱尔兰的丹麦王朝扮演了特别突出的角色，通过来自传说人物伊瓦尔的血统为王位合法性背书。伊瓦尔于 853 年来到都柏林，873 年去世，据说是哈夫丹的兄弟。他的一位孙子西格特吕格娶了爱德华国王的一个女儿，但很快就在 927 年去世。伊瓦尔的曾孙奥拉夫·戈德弗雷德松在担任一或两次约克国王后，于 941 年去世。937 年，他和他的苏格兰盟友② 在布朗南堡大战（地

---

① 即"长者"爱德华。
② 苏格兰国王君士坦丁二世。

点未确定）中被爱德华国王之子阿瑟尔斯坦（924～939 年）击败。很多国王和伯爵战死。这场战役在英格兰和斯堪的纳维亚的文学作品中都很有名。奥拉夫幸存下来，返回都柏林，939 年又卷土重来。最后的维京王①是从挪威流亡到此的"血斧王"埃里克。他曾两次短暂前来约克，后来在 954 年被诺森伯里亚人驱逐，在斯坦莫尔被杀。英王伊德雷德遂君临全英格兰。

251　　对于维京诸王国的政治演进，我们所知甚少。但就像在英格兰诸国那样，权力都是建立在设防的城镇和堡垒的基础上，无论它们是新的还是旧的。有两个王国②——东盎格利亚和诺森伯里亚，而两者之间的地区——包括"五镇"（林肯、诺丁汉、德比、莱斯特、斯坦福）③的体制有所不同。斯堪的纳维亚人通常作为与特定"堡垒"相联系的军队而被记载。

252　　"丹麦法区"（Danelaw）现在经常被用成宽泛的术语，指代整个地区，但它从来没有成为一个政治实体。这个词仅仅意味着"丹麦人的法律"。在英格兰诸王获得维京诸王国的权力时，他们让斯堪的纳维亚居民决定自己的法律，这些法律无疑受到了丹麦，更确切地说是斯堪的纳维亚的影响。"丹麦法区"这一术语用于特定的地理区域，已知首见于 11 世纪的文件。这些文件和后世的文件提到的遵守丹麦法律的地区，与已知的维京人统治区和斯堪的纳维亚地名的分布高度吻合。但同样很有可能的是，这些地区（南接古代的沃特灵大道）的一些法律特殊性虽然在 11 世纪和 12 世纪被认为源于丹麦，其实可能有着完全不同的背景。

---

① 指约克而不是整个英格兰的最后维京王。
② 指维京人控制的两个王国。
③ 位于原麦西亚王国的东北部，此时已被维京人吞并。

英格兰

　　维京人对英格兰城镇的发展开始带来巨大的影响，有直接的，有间接的。阿尔弗雷德国王和他的继承人为了抗击维京人而筑造的很多工事，很快就有了额外的功能，因此发展为城镇。在一些地方，如古老的罗马城镇温切斯特，已经有了教堂和一座王家府邸；现在，城墙得到了修缮，还制定了新的城镇规划。维京人的堡垒几乎都发展为城镇。除了前文提到的"五镇"外，还有剑桥、贝德福德、北安普顿等。维京人到来时，这些地点大部分都有某些中心化的职能，如一座重要的教堂或一位领主的邸宅；其中很多想必是在英格兰人掌权后才发展为城镇的。然而，考古发掘表明，在丹麦法区最大的两座城镇——林肯和约克，重要的都市架构在斯堪的纳维亚时期就已经形成。

林肯在900年前后得到快速发展，在罗马古城墙的范围内建立了新的道路网和新聚落。同时，与英格兰全境、莱茵兰甚至更遥远的地区建立了贸易联系。考古发现了东方的丝绸，以及城镇自产的工艺品遗物和手工业遗迹。就像城镇的布局一样，很多带有后缀"-gate"（街道）的街名见证了斯堪的纳维亚时代，如实施过大规模发掘的弗莱克森街区（Flaxengate）。

253

约克也是罗马人建立的。很多大型石建筑和城墙在5世纪罗马人撤出英格兰后年久失修，但一座盎格鲁－撒克逊王邸很快就在那里建造了。7世纪诺森伯里亚国王信奉基督教时，在这里建了一座教堂。866年，维京人攻克约克时，这座城镇已经发展为繁荣的贸易中心，但它很可能位于罗马城墙以外东南处、福斯河的另一岸。然而，罗马的城镇规划、防御工事和军事总部至今仍影响着城市的布局。

维京人将这座城镇称作"约尔维克"（Jorvík），而不是盎格鲁－撒克逊语的"欧佛尔维克"（Eoforwic）。在他们的统治下，贸易聚落在乌斯河和福斯河交汇处的岬角重建，河流和古罗马壁垒城墙都可以提供部分保护。此时，它们经过重修，旧的城市规划得到调整，以适应新的需要。就像在林肯一样，很多街区取了新名字，带上了斯堪的纳维亚语的后缀"-gate"（街道）。科珀街区，意思很可能是杯、碗匠人的街区。此地的发掘为维京时代约克的发展、生活和文化提供了鲜活的证据。这里留下了特点鲜明的斯堪的纳维亚印迹——这是一座盎格鲁－斯堪的纳维亚城镇，就像都柏林是一座爱尔兰－北欧城镇一样。

科珀街区自从罗马时代以来就荒废了，但在维京人到来时再度投入使用。935 年前后，它被划分为狭长而典型的都市地块，以板条篱笆为界，直到现代仍然是这样。房屋建在地块内，在柱梁搭建的骨架上以板条建成，山墙面向街道。山墙和街道位于今日的科珀街区下方，因此无法被发掘。房屋平均宽度约 4.4 米，长度大于 6.8 米。

已发掘的四座地产中，曾进行过多种金属加工活动。铅、铁、青铜、银、金经过加工，生产出剪刀和首饰等大量日用品，它们以廉价的材料模仿了当时的豪华风格。同样被发现的，还有打造硬币的铁模具和铅试模，这意味着要么这些物品是金属废料，要么硬币是在科珀街区本地铸造的，或者意味着工匠在这里生产模具并在交付前进行测试。

最后的斯堪的纳维亚王被驱逐的那一年，即 954 年，没有发生什么标志性事件，谁又能知道这一年是一个政治时代的结束呢？以往的形势此消彼长，英格兰的统一远未巩固。约克继续表现出强烈的斯堪的纳维亚特性。975 年前后，一种新型房屋传入科珀街区。这些建筑拥有木墙地下室。在其中两个地块，有另一种建筑，位于主屋之后几米远。这些发现表明，主屋是工作室，而后方的建筑物是居室，并且肯定也作商铺之用，它们仍然有一个伸出挖掘区、面向街道的山墙。这一时期的工匠主要生产琥珀首饰并加工木器，包括碗在内，这片街区或许就是得名于此。

科珀街区的发掘也表明，约克是地区和国际贸易的中心；

254

除了英格兰生产的物品外，也有来自斯堪的纳维亚、爱尔兰、苏格兰、欧洲西北部多地（如酒）、拜占庭（丝绸）、中东（一种只在红海和亚丁湾发现的小型装饰性宝螺壳）的物品。它配销来自全世界的奢侈品、本地自产的各种物品，当然还有周边地区的很多产品。但在科珀街区过日子并不奢华。工匠们生活的环境是当时城镇的常态：他们浑身都是跳蚤和虱子，对粪坑成分的分析表明几乎所有人都感染了肠道寄生虫（插页图5）。

255　　　我们介绍过的贵族们——哈夫丹、都柏林诸王、来自挪威的埃里克和之后的伯爵，以及他们的家属和部众——的日子一定光鲜得多。贵族邸宅尚未被发掘，但地名表明斯堪的纳维亚诸王居住在罗马堡垒东大门以内或附近，离科珀街区不远，后来就住在西城墙外围不远处。再往后，伯爵们很可能还住在那里。逝于1055年的西格瓦德伯爵在此建了一座献给圣奥拉夫的教堂。

　　维京诸王对贸易感兴趣，为此铸造硬币。例如，东盎格利亚的古特鲁姆在他880～890年的短暂统治期间，就以威塞克斯币制为模板铸造过硬币。900年前夕，"五镇"和约克也在铸造硬币。10世纪上半叶的很多硬币，尤其是来自约克的那些，都有独特的图案呈现，如一把剑、一面旗、一只鸟或托尔之锤。

　　像约克这样的城镇，估计在1066年有约2万名居民，需要大量的食品供应及工艺原材料。农民和贵族会来到这里，获取日用的制成品和奢侈品。对于农村地区斯堪的纳维亚人的生活，我们知之甚少。到目前为止，我们还不确定，是斯堪的纳维亚人还是盎格鲁-撒克逊人生活在约克郡发掘的维京时代农场——里布尔黑德、沃拉姆·珀西、锡米·福尔兹。

斯堪的纳维亚对英语的强烈影响、众多的斯堪的纳维亚语地名和探测器发现的斯堪的纳维亚风格物品，表明前来定居者为数众多。他们与斯堪的纳维亚和不列颠群岛的其他维京聚落必定存在持久的联系。865 年和 892 年的大军定居后，必定有移民持续不断地从那些地方前来。

研究认为，现代英语中源于斯堪的纳维亚的借词约有 600个，其中大部分是常用词，如"cast""knife""take""window""egg""ill""die"（古诺尔斯语为 *kasta*、*knífr*、*taka*、*vind-auga*、*egg*、*íllr*、*deyja*）。此外，还有很多重要的语法成分也传入了，如复数形式"they""them""their"（来自斯堪的纳维亚的 Þeir、Þeim、Þeirra）。英语的方言包含了数以千计的斯堪的纳维亚借词，包括很多关于农业的词语，例如，"lathe"（古诺尔斯语 *hlaða*，谷仓）、"quee"（*kvíga*，小母牛）、"lea"（*lé*，钐刀），但现在它们与方言一起消失了。强烈的语言影响源于古英语和古诺尔斯语众多词语的相似性，所以从一开始，这两种语言就在一定程度上互通，一种混合性的方言可能很快就在丹麦法区出现了。语言学证据也表明，很多斯堪的纳维亚人耕种自己的土地，喂养自己的动物，不像 1066 年之后的诺曼征服者。很多斯堪的纳维亚借词与航海相关，它们很快就被采用，想必反映了维京人在这一领域的技术优势。

在英格兰东部和西北部的很多地方，斯堪的纳维亚地名数量极大，它们的分布很好地反映了维京人定居在何处。具有斯堪的纳维亚语后缀"–by"的地名达数百个，很多不同类型的聚落都有这个后缀，例如，德比（Derby）、霍尔特比（Holtby）、斯温比（Swainby）、斯林斯比（Slingsby）、奥姆斯比（Ormesby）；很多地名带有后缀"–thorp"，如陶索普

（Towthorpe），这个词的前缀是斯堪的纳维亚男性名托弗（Tove），再比如威根索普（Wiganthorpe，"Wigan"来自"Viking"一词）。以斯堪的纳维亚人名为前缀并有英语后缀的地名也非常常见——陶顿（Towton），由来自托弗的前缀加上后缀"– ton"组成——意味着曾有英格兰人聚落被局部重命名。在一些案例中，英语名称的发音只是稍有改变，这样就更适合斯堪的纳维亚的发音，例如，希普顿（Shipton）变为斯基普顿（Skipton），切西克（Chesswick）变为凯西克（Keswick）。还有一些地名经过了翻译，如彻奇顿（Churchton）变为柯比（Kirkby）[①]。

命名的过程众说纷纭，但今天一般认为，很多由维京头领"分配"并由军队接管的庄园、农场、村庄保留了它们的名字。很多证据表明，大部分斯堪的纳维亚地名，尤其是那些以人名为前缀、"– by"为后缀的地名，出现得较晚，发生在大型庄园被瓜分成较小的单位、赐给个人作私有财产的时候。从瓜分庄园中受益的人，用自己的名字命名他们的地产。一些取斯堪的纳维亚名字的新农场也在边缘土地上建立了，它们在这之前一段时间内没有被投入使用。但这些土地相对稀少，因为适宜的土壤一般都得到了开发利用。然而，自从斯堪的纳维亚语言和斯堪的纳维亚人名开始影响丹麦法区的语言和命名习惯，一些斯堪的纳维亚地名明显是在最初的维京人定居之后很久才形成的，尤其是田野的名字和以描述自然特征的斯堪的纳维亚借词为基础的地名。

地名也告诉我们，英格兰东部的斯堪的纳维亚聚落主要是丹麦人的，这说明文献记载的大军是真实的，尽管这其中有挪

① 均为"教堂镇"之意。

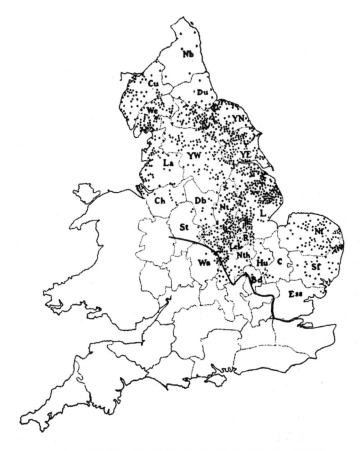

　　英格兰境内具有斯堪的纳维亚来源的堂区名称。它们的分布较好地反映了斯堪的纳维亚聚落在哪里最为密集。丹麦法区的边界以粗线标记。自然特征，如不宜居的沼泽或贫瘠的高地，部分地解释了斯堪的纳维亚地名在丹麦法区的某些地带比较少。点状线表示郡界。①

①　图中，黑点即堂区位置。郡界之内的英语字母是郡名缩写，如 Nb 为诺森伯利亚郡，Cu 为坎布里亚郡，We 为威斯特摩兰郡（现已撤销），La 为兰开夏郡，YN 为北约克郡，YE 为东约克郡，L 为林肯郡，不一一解释。地图引用自 1956 年 H. Smith 的作品，边界应是依据当时的行政区划。

威人。从 900 年前后开始，英格兰西北部也有斯堪的纳维亚聚落，这些地名表明挪威人和丹麦人都在此定居。其中很多人想必是经过爱尔兰、苏格兰、马恩岛或英格兰东部前来的。

英格兰西北部最重要的维京时代发现，或许是那个巨大的银窖藏，重约 40 千克，约 905 年置入铅柜中埋藏，地点在兰开夏郡奎尔达尔的里布尔河岸边（插页图 26）。这是已知最大的维京窖藏之一。其中一部分必定是在爱尔兰搜集的，说不定就是 902 年某个被逐出都柏林的人搜集的，因为碎银中有类似爱尔兰流通的那种非闭环的胸针和臂环。窖藏中也有近 7500 枚来自世界各地的硬币，大多数来自英格兰的维京王国，尤其是约克，但也有一些来自独立的英格兰王国、欧陆和海泽比，还有一些是经过罗斯输入的阿拉伯硬币。其他银质物件有1000 多件：首饰与银锭的碎片和一些完整物件。这处窖藏的价值据信约为现代的 30 万英镑。

在丹麦法区，异教的维京人墓葬已经发现了二三十处，有些是单独的，有些是成群的。这证明了这里的定居者和其他地方一样，也有妇女在内。跟移民的数量相比，墓葬相对较少，但可以推测，很多人迅速皈依了基督教，在东盎格利亚尤为如此。在这里，第一位维京国王古特鲁姆早在 878 年就受洗了。9 世纪 80 年代，他将自己的基督教洗礼名"阿瑟尔斯坦"刻在了硬币上；而纪念 869 年被维京人杀死的圣埃德蒙的硬币，约 895 年在东盎格利亚被铸造。世纪之交后不久，文字史料不再称呼英格兰东南部的维京人为异教徒，所以截至此时基督教在这里想必已经得到广泛接受。

英格兰北部的情况则更为复杂。880 年或 881 年担任约克

国王的戈德弗雷德，是一位基督徒，与圣卡斯伯特修道社团关 259
系友好。尽管一些国王是异教徒，但在斯堪的纳维亚人统治的
整个时期，约克都有大主教。同时，英格兰北部的教会也有自
己的难处。在一段时期内，人们似乎是带着随葬品埋在教堂墓
地的，遵循的自然也是异教的习俗，很多教堂很可能衰败了。
据我们所知，一些修道院被废弃了，其中就包括林迪斯法恩和
惠特比。10 世纪上半叶的一些约克硬币，一面有托尔之锤图
案，另一面有圣彼得的名号，这表明两种宗教都得到了信奉。
然而，即便斯堪的纳维亚国家也正在摒弃旧信仰。英格兰北部
的很多斯堪的纳维亚人无疑在 10 世纪中叶之前很久就成了基
督徒。其他人很快效仿。

　　由于信仰的转变，石刻艺术繁荣了，留下了斯堪的纳维
亚人在英格兰最具特色、最有趣的一些可见痕迹。在他们到来
前，石雕基本上只在修道院中才有发现；而斯堪的纳维亚人，
尤其是英格兰北部的那些，开始对石制纪念物抱有极大的兴
趣，但他们需要新形式和一些新图式，以满足其自身的品味和
需要。

　　截至目前的发现来看，在这一时期，主要是 10 世纪，石
雕作品大多是十字架和房屋形的墓碑。后者被称作"猪背"，
得名于它们弯曲的屋脊。与弯曲的长墙一样，这是当时大型世
俗建筑物的特色（插页图 25）。仅在约克郡，就有 500 多件十
字架和"猪背"遗物。很多采用了斯堪的纳维亚风格，更准
确地说是盎格鲁－斯堪的纳维亚风格，尤其是博勒和耶灵风格
及它们的变种。一些作品带有流行的英雄传说或北欧神话的图
式。例如，兰开夏郡霍尔顿的一个十字架上有大英雄"屠龙
者"西古兹的图像，而坎布里亚的戈斯福斯教堂有一块石碑

绘有托尔钓取尘世巨蟒的图案。所有十字架中最为精美的，当属戈斯福斯教堂墓地中 4.42 米高的细长红色十字架，其上的图案很可能将异教神话与基督教并置。很多石碑上的图式今天已经难以理解，但这些毫无疑问是基督教的纪念物，即便它们在装饰上可能包含了异教的元素；一些图式似乎纯粹是世俗性的。后者的实例有：索克布恩一块墓碑上描绘的双武士骑马图；米德尔顿一个十字架上雕刻的一位盔、盾、矛、斧、刀全副武装的武士（本书第 247 页），这枚十字架的背面以某种耶灵风格装饰着一只软绵绵的带状动物图案。

石制纪念物的数量和雕刻质量的参差不齐，表明它们是由相对广泛的社会人群委托制作的——想必也有英格兰人的委托。最好的一些墓碑来自约克坐堂的维京时代公墓，而很多来自乡村教堂的雕塑相当粗糙，其上的装饰有时候是照着模具设计的。图式和纹饰的引导线可能也是通过微小的钻孔复刻到石料上的——这种操作在盎格鲁－撒克逊的书籍插画上有应用，但没有出现在纯粹的斯堪的纳维亚艺术中。在很多石碑上，不整齐和错误的雕刻隐藏在一层石膏之下。所有石碑在当时想必都涂上了浓烈的色彩，因为我们已经发现了很多涂料的残留，斯堪的纳维亚的卢恩石碑上也是如此。

游吟诗歌艺术似乎在约克得到了高度重视，至少在"血斧王"埃里克时期是这样的。据《埃吉尔萨迦》所述，冰岛人埃吉尔·斯卡德拉格里姆松在"血斧王"的厅堂中宣读了一首恢宏的诗歌；此前，他也曾在英格兰国王阿瑟尔斯坦的厅堂里进行创作，但很可能在场的只有少数人能听懂他的艺术创作。埃里克死后，有一位游吟诗人创作了浮夸的纪念诗《埃里克事迹》。

新的远征与征服

在 10 世纪的大部分时期，东欧的很多斯堪的纳维亚人淡化了对白银的渴求，斯堪的纳维亚诸王扩展并巩固王国的活动吸纳了大量的武士。维京人前往西欧和英格兰的远征不太可能成功，所以这些地区获得了相对的喘息期。

970 ~ 980 年，事情正在起变化。东方的变化（参阅本书第 363 ~ 365 页）意味着阿拉伯白银在 970 年前后停止流入，这对斯堪的纳维亚造成了深远的影响。978 年，英格兰国王爱德华莫名其妙地遭到谋杀。他的弟弟埃塞尔雷德只有 10 岁左右，并且继承了王位。国内冲突折磨着这个政权。980 年，维京人重新出现，袭击了英格兰南部和西部的海岸，981 年和982 年又重新出现。袭击者的数量暂时不多：《盎格鲁－撒克逊编年史》记载，980 年，7 艘船洗劫了南安普顿；983 年，3 艘船洗劫了波特兰。

这些维京团体中，一些很可能来自爱尔兰。但从 991 年开始，大规模的斯堪的纳维亚舰队加入了混战。丹麦"双叉髭王"斯韦恩和奥拉夫·特吕格瓦松（暂时没当上挪威国王）这年率领 93 艘船，来到英格兰东南。他们四处劫掠，在埃塞克斯的莫尔登战役中杀害了勇敢的郡长布里特诺思。一首豪放的诗歌纪念了这场战役。人们决定，胜利的"丹麦人"军队应该得到 1 万磅银贡赋，换来他们停止制造破坏。从此时开始，直到 1016 年，也就是克努特大帝成为英格兰唯一的统治者那年，《编年史》几乎年年都有维京军队制造大灾难的记载，同样记录下来的还有一连串的变节行为、胆怯者的事例、糟糕的组织调度、埃塞尔雷德及其臣属的错误决策、英格兰一

261

方的高度不幸。这些在很大程度上都是真实的事件，但也是后人对英格兰遭到全面蹂躏的拊膺长叹。《编年史》的这些篇章直到全面征服之后才写就，字里行间充满战败之痛。

994 年，奥拉夫·特吕格瓦松再度与丹麦"双叉髭王"斯韦恩一道发动进攻，战船达 94 艘。他们尝试夺取伦敦而未遂，随后前往周边抄掠，直到英格兰人同意向他们献上 1.6 万磅白银和补给为止。军队在南安普顿下寨过冬。英格兰人与奥拉夫签订了一份单独的协议：他接受基督教坚信礼，接收国王的礼物，承诺再也不以战争目的重返英格兰。《编年史》强调说他信守了承诺，但没有提及这很可能是因为他带上了战利品返回挪威，在那里当上了国王，并在 1000 年前后反击老战友"双叉髭王"斯韦恩的战役中阵亡。奥拉夫和斯韦恩回国后不久，他们和瑞典国王奥洛夫就铸造了硬币，这在斯堪的纳维亚还是头一次。这些硬币以他们熟悉的、贵重的英格兰硬币为样板（见本书第 162 页插图）。

997 年起，"丹麦军队"再度对英格兰发起攻势。1000 年稍有缓和，或许是因为很多人回国参加了斯堪的纳维亚内部的战争，但《编年史》记载称那一年军队去了诺曼底，埃塞尔雷德自己反而对英格兰西北部和马恩岛实施了高强度的洗劫，想必是为了剿灭当地的斯堪的纳维亚人。第二年，维京大军返回英格兰；1002 年，他们得到了 2.4 万磅银贡赋；同年，埃塞尔雷德娶了里夏尔公爵的妹妹艾玛，由此与统治诺曼底的王朝缔结了联姻关系，他还下令在 11 月 13 日杀光在英格兰的丹麦人①。这项计划很可能并不包括所有斯堪的纳维亚出身的人

---

① 史称"圣布里斯节大屠杀"。

和已经在英格兰长期定居的家庭，但很多人都命丧黄泉，其中
就有"双叉髭王"斯韦恩的妹妹和妹夫帕里格。帕里格曾经
在埃塞尔雷德麾下效力，但 1001 年背叛了他，加入了入侵者。

　　1003 年和 1004 年，斯韦恩在英格兰南部和东部广为劫
掠，想必是出于报复目的。1005 年，由于英格兰发生大饥荒，
舰队返回丹麦。1006 年，舰队卷土重来；第二年，获得 3.6
万磅白银。1009 年，强大的丹麦酋长"高个子"索凯尔和其
他几位酋长率领大批舰队到来，肯特东部的人立刻献上了
3000 磅白银。舰队继续前往怀特岛，如往常那样，把这座岛
变成了洗劫英格兰南部的基地。这股军队继续前进，大肆劫
掠。1011 年，埃塞尔雷德及谋臣决定再次献上贡赋，但在交
付之前，维京人已经洗劫了坎特伯雷，俘虏了大主教。他自己
放弃了被赎回的机会（一份稍晚的史料①记载维京人索要 3000　263
磅银），维京人恼羞成怒，将他杀戮。《编年史》生动地描述
了这一场面：维京人一直在开怀畅饮，喝得酩酊大醉；他们将
大主教抓到他们的晚会上，用骨头和牛头向他投击，其中一人
用斧背砸他的头部，"这样，他将他那神圣的灵魂送往天国"。
1012 年复活节后不久，维京大军获得了 4.8 万磅银的巨额贡
赋，随后解散。但索凯尔麾下的 45 艘船投奔了英格兰，承诺
为埃塞尔雷德保卫国家。

　　对英格兰的远征按照近乎经典的套路发展：小型团体分散
进攻之后，就是大规模的机动的军队，他们留下来过冬，勒索
巨幅提高的贡赋——从 991 年的 1 万磅银发展到 1012 年的 4.8

---

①　可能是指《伍斯特的弗洛伦斯编年史》。参阅 *Chronicle of Florence of
　　Worcester*, translated by Thomas Forester, London：Henry G. Bohn, 1854,
　　p. 120。

万磅银；最后，维京酋长们就急于将其他人排斥在外。然而，1013 年"双叉髭王"斯韦恩从丹麦而来，征服了英格兰全境。他带上了自己尚不满 20 岁的儿子克努特。我们仍然搞不清这一特殊时期的海上战船的情况。但大约在 25 年后，一部文学作品对这支舰队做了一番壮观的描述（本书第 130～131 页）。舰队在肯特的桑威奇登陆，几个月之内，这个国家就被征服了。这支军队先前往丹麦法区，当地表示臣服并免于被洗劫。军队随后向南、向西实施劫掠，再度返回北方。等英格兰的所有王国臣服后，埃塞尔雷德、艾玛和两人的儿子逃到诺曼底避难。作为英格兰国王，斯韦恩要求得到贡赋和军队的补给。"高个子"索凯尔也为自己的军队干着同样的事。他的军队驻扎在泰晤士河，但没有加入斯韦恩。

然而，"双叉髭王"斯韦恩在 1014 年 2 月 3 日毙命。军队将年轻的克努特选立为王，而英格兰人召回了埃塞尔雷德，组织起一支英军，驱逐了克努特及其军队。他们返回丹麦的途中，战船在肯特的桑威奇停留，将斯韦恩在和平谈判时曾挟持的人质送上岸；但这些人质的手、耳、鼻都被割掉了。"高个子"索凯尔的军队得到了埃塞尔雷德的 2.1 万磅白银，后者显然认为他可能很快就能起用这支军队。

264　　在丹麦，克努特的哥哥哈拉尔继承了王位。他帮助重整归国舰队，想必是因为他不希望野心勃勃的弟弟率领一支大军留在他的王国内。1015 年，克努特再度起航，向英格兰而去。游吟诗人黑奥塔尔在《克努特赞歌》中写道：

> 少年英雄与船搏，
> 帅舟出海征英挪；

　　天下诸王离故土，

　　谁人年岁比你多。

　　风口浪尖稳掌舵，

　　刀劈斧斫遏巨舶；

　　世间风险何所惧，

　　赤盾怒吼倚碧波。

　　这一次，英格兰的防御由埃塞尔雷德精力充沛的儿子埃德蒙负责。1016 年 4 月，他已继承了父亲的王位。然而，国家仍然因叛徒的活动而受到削弱。克努特在阿兴顿大战中获胜。《盎格鲁－撒克逊编年史》说："英格兰的显贵在那里被消灭殆尽。"埃德蒙和克努特同意瓜分王国。但在 1016 年结束前，埃德蒙就去世了，克努特成了唯一的统治者。

　　征服英格兰是一项令人瞩目的业绩，但斯韦恩和克努特的军队很可能与其他在海外行动的维京军队依据同样的基础而组织：一些"利兹"（武士部队），每一支都有一位头领，头领服从于国王（本书第 105 页、第 193 页）。在这种情况下，"利兹"的数量必定是非常大的。斯韦恩和克努特都是抱着明确的目标出发的，他们作为军事领袖必定有着过人的才干。

　　他们会发现，在 1013 年和 1015 年招人远征英格兰是件容易的事，因为到了这个时候，斯堪的纳维亚人人都知道英格兰的财富几乎是无穷无尽的，而且夺取它们可谓易如反掌。军队包含了来自整个斯堪的纳维亚的人，但 991 年以来的常态很可能已经是这样了。例如，奥拉夫·哈拉尔松，后来的挪威国王，也就是圣奥拉夫，1009～1012 年就在"高个子"索凯尔的军中。很多人在英格兰功勋卓著，带上银子荣归故里——也带回了讲不完的传奇故事。在瑞典，远征英格兰和往后的一段时期，老兵死后为他立卢恩石碑是一种时髦，很多人将他们参加的活动记录在石碑上。乌尔夫来自乌普兰的于特耶尔德，他的纪念铭文以这几句话结尾：

> 而乌尔夫在英格兰获得了三笔犒赏。
> 第一笔是托斯特支付的，
> 其次是托凯尔支付的，
> 最后是克努特支付的。

托斯特大概是一位瑞典酋长。托凯尔就是"高个子"索凯尔，克努特就是克努特大帝。在斯科讷的瓦勒贝尔加，有以下碑铭的人或许就是克努特当上英格兰国王之后的部下：

> 斯文和托尔戈特为纪念曼内
> 和斯文内而立此碑。上帝
> 悉心照顾他们的灵魂。他们
> 在伦敦长眠。

也有一些人没跑那么远。在乌普兰许斯比－吕亨德拉的一座卢恩石碑上，有4个人纪念他们的兄弟斯韦恩："他在日德兰去世，在前往英格兰的半路上。"显然单单是在前往英格兰的半路上，都值得铭记在石碑上。

克努特大帝及其身后事

克努特担任英王的前几年，需要做的事情太多了。国家以过去的诸王国为基础划分为四个伯爵领地。克努特持有威塞克斯，"高个子"索凯尔获得东盎格利亚，来自挪威特伦德拉格强大伯爵世家的埃里克伯爵获得诺森伯里亚，反复无常的"英奸"埃德里克·斯特雷奥纳郡长获得麦西亚。但克努特不到一年就把埃德里克杀了，一份英国史料认为这是"正当"的①。其他英格兰贵族也有被杀的，其中包括埃塞尔雷德和其第一任妻子所生的儿子埃德威格，还有一些人被流放了。1017 年，克努特娶了埃塞尔雷德的遗孀艾玛，由此与英国王室搭上了关系。她原来的两个孩子留在了诺曼底，又给克努特生了两个孩子：哈撒克努特和贡希尔德（或古丽贡德）。但他还有另一个女人：北安普顿的艾尔菲芙（或称阿尔菲瓦）。她给克努特生了两个儿子：哈拉尔和斯韦恩。

266

大军仍然留在英格兰。但到了 1018 年，这里的局势很稳定，军队就可以解散了——这是在英格兰缴纳了史无前例的7.2 万磅银贡赋，外加伦敦一城的 1.05 万磅银后实现的。40艘战船——著名的"家兵"（þing-lið）：忠诚守纪、装备豪华的斯堪的纳维亚武士②——留下来保卫克努特。很多人很可能

---

① 《盎格鲁－撒克逊编年史》对埃德里克之死仅一笔带过。《亨廷顿的亨利编年史》则讲述了一段故事。埃德蒙国王与克努特达成和议后，有一次去上厕所，不料埃德里克指使自己的儿子躲在茅坑里，用匕首将埃德蒙戳死。随后，埃德里克向克努特邀功请赏，克努特回复道："你的行为值得我的提拔，我会让你比其他英格兰贵族都要高。"于是，克努特下令将埃德里克斩首，把他的头颅挂在伦敦塔最高的城垛上。（*Chronicle of Henry of Huntingdon*, translated and edited by Thomas Forester, 1853, p. 196.）

② 按照当时的习惯，"X 艘船"不单指字面上的船数，也是一种估算兵力的粗糙方法。此处"40 艘船"不光指船，更指这些船上的武士。（Larsson, L. M., Canute the Great, New York：G. P. Putman's Sons, 1912, p. 77.）

继续将他视为维京征服者，他的权力也以这些武士为基础。他也建立了新的英格兰贵族：向他效忠，获得荣华富贵。在991年后的各种战役中，很多英格兰贵族要么英勇献身，要么因被国王猜疑而受戮，要么已经流亡在外。克努特维持了英格兰王权的主要架构，但他的臣属是新人。他们不曾为埃塞尔雷德效力，因此很多土地得到重新分配，对王国的统治也改变了性质。

约1018年，丹麦国王哈拉尔去世。1019年与1020年之交的冬天，克努特回国，争取控制丹麦，并将英格兰政务委派给"高个子"索凯尔处理。克努特在丹麦向英格兰人发布了一封诏书，想必是在全国范围内进行了宣读。诏书中描述了他保护英格兰免遭丹麦威胁的功绩，强调了他作为英格兰的基督教国王的身份和他在英格兰的权威。克努特返回英格兰后，"高个子"索凯尔很可能与年幼的哈撒克努特一道，担任克努特在丹麦的代言人。11世纪20年代，克努特开始对挪威宣示主权。1028年，他从奥拉夫·哈拉尔松手中夺取了挪威。随后，这个国家由艾尔菲芙和她的儿子斯韦恩统治。1027年，苏格兰国王向克努特臣服。同年，在前往罗马的盛大旅途中，克努特向英格兰人下达了另一份诏书，宣称自己是"英格兰全境、丹麦，以及挪威人、部分瑞典人的国王"。他在罗马见证了德意志皇帝康拉德的加冕礼，并受到了隆重欢迎。他也达成了对英格兰人和斯堪的纳维亚人都有利的实质性协议，并在他的女儿贡希尔德和康拉德之子亨利之间撮合了一桩联姻。亨利后来当上了皇帝。1036年他们举行了婚礼，但两年后贡希尔德就去世了。

克努特的身份首先是英格兰国王。他前往斯堪的纳维亚，是在那里出现问题之时，或者是为阻止更多维京人进攻英格兰之时（就像他在诏书里暗示的那样）。他给这个长期受蹂躏的国家带来了和平；没有证据表明两地发生过内乱。和平的代价就是向他的"家兵"缴纳贡赋，但这些贡赋比起遭受抢劫和向掠夺者支付丹麦金，想必还是要便宜、讨喜一些。

克努特珍视英格兰过去的法律，也是教会的大施主。在很多方面，他几乎变得比英格兰人更加英格兰。在一系列公关活动中，他为维京人过去的罪行忏悔：为869年东盎格利亚国王埃德蒙的殉难而赎罪，他给贝里圣埃德蒙兹的修道院建了一座大型教堂；为1012年坎特伯雷大主教的遇害而赎罪，他隆重地将遗体从伦敦迁葬到坎特伯雷；为1016年血腥的阿兴顿战役赎罪，他在战场原址建了一座教堂。很多教堂接收了大量赠礼。克努特和艾玛为温切斯特的新明斯特祭坛赠送黄金十字架的仪式，在这座教堂1031年的纪念册《生命之书》的一幅图中永远地保存了下来（插页图27）。克努特的右手握住十字架，左手持剑。克努特和艾玛经常在温切斯特驻跸。1035年，克努特去世，享年约40岁，就埋在温切斯特的旧明斯特教堂。这个年轻的维京人已经转变为英格兰的模范国王。很晚之后，13世纪中叶的《克努特后裔萨迦》中有一段对他的描写是令人信服的：

> 克努特长得格外高大、壮实，除了鹰钩鼻瘦削且位置偏高外，他是最英俊的男人。他面色白皙，有一头浓密的秀发。他的眼睛比其他人的更好，既漂亮，又敏锐。他为人慷慨，还是一位伟大的武士，勇敢、常胜。在风度和气势方面，他是最圆满的人。

克努特之死意味着国家不再稳定，伟大的"帝国"立刻

268 分崩离析。哈撒克努特在丹麦继位；艾尔菲芙的儿子哈拉尔①
不顾艾玛和其他人的反对，还是当上了英格兰国王。艾玛与埃
塞尔雷德的一个儿子阿尔弗雷德从诺曼底回国，但身死人手，
导致艾玛被迫逃亡。1040 年，哈拉尔去世，哈撒克努特和艾玛
返回英格兰。哈撒克努特为了犒赏他的 60 艘战船而征收重税，
两年后去世。"他正站着喝酒，忽然倒地，骇人地抽搐着。"《编
年史》如是说。还有的记载说"他在统治期间完全不似人君"。

　　克努特的所有四个儿子都没有留下男性后裔就死了，艾玛
与埃塞尔雷德的另一个儿子爱德华（后称"忏悔者"爱德华）
在 1042 年登基。这意味着艾玛作为两位国王的王后，每一任
丈夫都有一个儿子坐上了英格兰王位。在哈撒克努特时期，她
委托佛兰德斯圣奥默修道院的一位僧侣撰写了一部关于克努特
及其业绩的史书《艾玛王后赞美诗》。该书又继续描述了她另
外两个儿子，以及两人的母亲和为她献诗的僧侣。这部作品也
生动地描述了斯韦恩和克努特的舰队从丹麦出发征服英格兰的
活动（本书第 129 ~ 131 页），没有涉及埃塞尔雷德统治时的
问题。1052 年，艾玛去世，与克努特和哈撒克努特一样葬在
温切斯特的旧明斯特。

　　"忏悔者"爱德华娶了伊迪丝。她的父亲是强大的戈德温
伯爵。他凭借家世和职业，与丹麦王室搭上了关系。但爱德华
曾在诺曼底被抚养长大，主张诺曼人的利益高于斯堪的纳维亚
人。1051 年，他废除了一种贡金"军捐"（heregeld）。自从
"高个子"索凯尔 1012 年投奔埃塞尔雷德以来，这种贡金就

———————————

　　① 即"兔脚"哈罗德。英语"哈罗德"（Harold）= 丹麦语"哈拉尔"
（Harald）。

得交给斯堪的纳维亚的一批批雇佣军。所有的士兵现已遣回故国。

1066 年，爱德华去世，未能留下子嗣。伊迪丝的哥哥哈罗德·戈德温森当选为王。然而，其他人也觊觎着王位。9月，挪威的"苛政王"哈拉尔驶向英格兰。就像他之前的"双叉髭王"斯韦恩一样，他希望在英格兰北部开启他的征服活动，因为这里的人口中拥有最多的斯堪的纳维亚成分。1066 年 9 月 25 日，在约克以东 12 公里爆发了斯坦福桥战役，哈罗德国王打败并杀死了哈拉尔，消灭了大部分挪威军队。9 月 28日，诺曼底公爵威廉在英格兰南部登陆，同样是抱着征服的目的。哈罗德·戈德温森以破天荒的速度向南方进军。在 10 月14 日的黑斯廷斯战役中，他的军队遭遇失败，其本人阵亡。1066 年圣诞节，维京人的后代——"征服者"威廉加冕为英格兰国王。大约 10 年后，决定性的黑斯廷斯战役和这一事件的历史背景被描绘在 70 米长的挂毯上。这幅挂毯后藏于诺曼底的巴约大教堂。

威廉给英格兰带来了一套全新的行政体系和法兰西 – 诺曼贵族阶层。发生过几场针对他的叛乱；1069 年，英格兰北部的一场大起义被镇压了，所受的惩罚也是格外残酷的。1069年、1070 年和 1075 年到达英格兰的由丹麦王室成员指挥的大型维京舰队，没有取得显著的成果。1085 年，丹麦国王克努特①组织了一支大型舰队，意在重新征服他舅祖父曾统治过的国家。威廉将大批军队从诺曼底转移到英格兰，而克努特的舰

---

① 指克努特四世（圣克努特）。他父亲（斯韦恩·埃斯特里德松）的舅舅是克努特大帝。

队从来没有启程。丹麦南部边界的麻烦事拖累了他。夏末，舰队就解散了。他的官员们残酷惩罚了那些回到国内的人，以至于激起了一场叛乱。1086 年，克努特国王在崇奉英格兰人圣奥尔本的欧登塞教堂被杀。夺取英格兰王位的梦想，最终让克努特成为丹麦第一位国王圣徒。这是斯堪的纳维亚最后一次尝试征服英格兰。

在近一个世纪的时间里，斯堪的纳维亚对英格兰的权力平衡造成了决定影响。斯韦恩、克努特、哈撒克努特均在此为王。其他很多人参与了国家的行政，甚至有更多人在王家舰队中服役。在英格兰维京时代的这一阶段，没有发生真正意义上的移民。但新的斯堪的纳维亚贵族对文化艺术造成了一定影响，尤其是在他们大多数人生活的英格兰南部。

著名的游吟诗人创作诗歌歌颂克努特大帝，其中就包括冰岛人奥塔尔。此人也创作过关于挪威圣奥拉夫和瑞典奥洛夫·舍特康努格的诗歌。斯堪的纳维亚的品味明显在装饰艺术中得到了反映，其中包括在英格兰加工的物品。灵厄里克风格在联统时期占据主导，而它本身也受到了英格兰艺术的影响，因此也贴近英格兰人的品味和英格兰艺术家的才艺。这种风格现存的实例中，最华丽的当属伦敦圣保罗教堂墓地的一块石碑（插页图 22）。它装饰有一只姿态生龙活虎的巨兽，缠绕着一只似蛇的小动物。这个图式毫无疑问受到了哈拉尔国王在丹麦耶灵的大型卢恩石碑上的动物图案的启发，表现方式又与挪威海根的一支镀金风向标（曾经装饰一艘维京船的船首）上的兽纹紧密相关。圣保罗石碑的颜料痕迹表明，它最初的色彩十分浓厚：动物是深蓝色的，带白点，而蔓须和外框是红色的，背景是发白的。在石碑边缘，可以看到一段卢恩碑文的局部，剩余的段落一定在组成该纪念物的其他石碑上。它写道："金纳和托基立此碑。"我们不知道死者的名字，但金纳和托基是斯堪的纳维亚人名，他们或许都是克努特大帝的"家兵"。

在温切斯特和英格兰南部其他很多地方，发现了灵厄里克风格装饰的物品。这种风格的传播相当广泛，并偶尔应用于宗教手稿。乌尔内斯风格（11 世纪中叶在斯堪的纳维亚继承了灵厄里克风格）也出现在英格兰。它出现在教堂的石雕上，例如，苏塞克斯的杰芬顿和东盎格利亚的诺里奇大教堂；也出现在各种各样的金属器具上，例如，德拉姆一支主教权杖。和灵厄里克风格一样，乌尔内斯风格也出现在很多马具上。对维京艺术一定程度的喜好延续到了 12 世纪，但灵厄里克与乌尔内斯风格从未主导过英格兰艺术，也不像一个世纪前的斯堪的纳维亚艺术在英格兰北部那样影响过英格兰艺术。

对斯堪的纳维亚而言，这些前往英格兰的冒险具有重大意义。与 9 世纪相比，挪威、瑞典、丹麦现在与英格兰有了更紧密的联系。来自斯堪的纳维亚各国的人都参加了远征。幸存者们在 1051 年之前分享了那些作为丹麦金和"军捐"而缴纳的巨量白银，在 991 ~ 1016 年分享了抢来的大量战利品，尽管首领们很可能获得了最大的份额。数百万枚英格兰硬币流出，其中在斯堪的纳维亚迄今已发现 5 万多枚，而它们的数字还在上升中。挪威有 3300 枚，丹麦有 6000 枚，瑞典有 4 万枚，但这些数字的对比很可能反映了不同国家的经济制度，而不是各国前往英格兰的人数和战利品的数量。不足为奇的是，斯堪的纳维亚硬币在 995 年后长期效仿英格兰硬币而铸造。

该时期的其他很多物品也在斯堪的纳维亚被发现，但其中有不少肯定可以通过贸易获取。例如，1000 年前后的一份英

271

格兰史料记载，约克是一座富裕的城镇，因为来自各地尤其是丹麦的商人将大量珍宝带到了这里。

英格兰教会的影响在挪威和丹麦尤为强烈。英籍教士担任神职，英籍圣徒广为人知，英格兰教会的词语被斯堪的纳维亚语言吸收。斯堪的纳维亚最早的石建筑也显示了英格兰的影响。这无疑是那些在英格兰生活了半辈子的贵族委托工匠建造的。在克努特大帝时期，英格兰、挪威、丹麦在很多方面都是共同的文化区，那些最有影响力的人物习以为常地带上大批扈从在三国之间旅行。前往英格兰的冒险，使斯堪的纳维亚的国际视野达到了前所未有的高度。

冰岛、法罗群岛、
格陵兰、美洲

272　　维京时代，斯堪的纳维亚农民就在冰岛、法罗群岛、格陵兰定居了。这些地区至今仍然是斯堪的纳维亚的组成部分。这些土地曾经是无人问津的，冰岛和法罗群岛的一些爱尔兰隐修者或许是例外；格陵兰由斯堪的纳维亚人定居的那些地区，之前压根一个人也没有，因为因纽特人当时在更加靠北的地方生活。在这里，没有什么可以抢劫或征服的事物，只有可供居住和生存的新土地。冒险来到这里的人，带上了自己的家眷、牲畜、财产，成功建立了全新的社群。但在格陵兰，恶劣的环境将农业经济逼到了极限，截至中世纪末期，这里的斯堪的纳维亚社群已经崩溃。但是，今天的很多冰岛人和法罗人是维京时代定居者的直系后裔。

　　斯堪的纳维亚人成为最早踏上美洲的欧洲人，这是维京时代的伟大成就之一。抵达北美的是来自格陵兰的农民，但是他们不太可能在北美建立农场，因为当地已经有人居住了。

　　这些新土地上的定居者绝大多数来自挪威。这里的气候和环境虽然看起来是恶劣的，但在很多方面与挪威诸多地区相近。此外，土地是肥沃的处女地。就像在故土那样，经济以农业为主，混合了畜牧业、渔业、狩猎鸟兽、采集浆果。在这种北方地区，谷物种植显然微不足道。就像在挪威北部和苏格兰一样，城镇或国际贸易中心没有建立。缺乏木材产量丰富的森

273　林，意味着木材的唯一来源就是小型的灌木，它们进口自挪威，或者干脆就是漂流木。虽然这些灌木在很多时候大有用途，但对于建造维京时代的灵活船舶尚显不足。

　　这些定居者之所以选择生活在已知世界的边缘的偏远社群中，首先一定是因为渴望获得良田，这样的话，他们可以更好地养活自己和家庭，而在故乡的话，土地要么是贫瘠的，要么

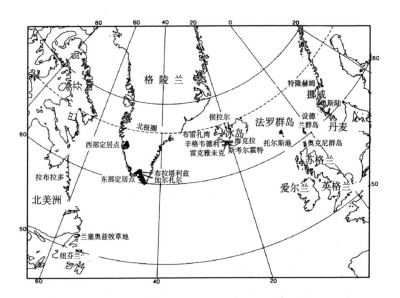

北大西洋地区，法罗群岛，冰岛，格陵兰，北美洲，斯堪的纳维亚和不列颠群岛进行对比。

已经被榨干了，要么已经被其他人继承了。冒险精神与政治因素很可能也起到了一些作用。冰岛文学表明，对自由的渴望是一个重要的动机，其中提到很多挪威酋长因拒绝臣服于"美发王"哈拉尔而远走他乡。

北大西洋的这些拓荒者社群，没有哪一处拥有国王或伯爵。维京时代结束后很久，它们仍然是农业大亨的共和国，具有一定程度的民主和高度的独立性。冰岛的社会结构通常被描绘成寡头制。在某些时期，来自特定地区的移民活动必定已经接近群众运动的程度。新的土地提供了巨大的机遇，很多人证明自己有能力过好拓荒者的生活。

无论是启程殖民新土地，还是保持与旧世界的联系，良好的船舶与称职的水手都是北大西洋远征中不可或缺的因素，这

274

对于存续传统的农民经济和根深蒂固的斯堪的纳维亚文化是必要的。狭小、轻便的战船不适用于北大西洋；需要的是坚固的船只，它们能够在漫长的旅程中经受远海的狂风巨浪，将携带牲畜和财产的移民者运往殖民地；之后，它们还要装上大量进出口商品。定居者和他们的前几代子孙使用的船只，想必类似于戈克斯塔德船，之后类似于斯库勒莱乌1号船。即便拥有高质量的航船和高水平的航海技术，船舶失事、人员落水、船只因恶劣天气而严重偏航、因缺乏精确导航手段而在远离目的地之处登陆，这些情况仍屡见记载。

定居者离开故乡，必定以家庭为组织，并带上奴隶，有一位首领负责管理。船上载有日用必需品和目的地不产的原材料。此外，为了建立新的畜群，还需要带上动物，主要是绵羊、山羊、奶牛、马，还有一些猪和狗。谷物和蔬菜的种子可能也要带上。在家畜数量足够多、作物获得丰收前，定居者必定依靠打鱼、狩猎、采集野生植物和浆果、生产乳制品维生。这必定是种非常原始的状态，就像18~19世纪的美洲定居者看到的那样。

阶级结构在一定程度上与故土的情形相同。团队首领可以对大片土地提出诉求，并形成新国家的统治精英。

没有同时代的文字资料可以说明法罗群岛、冰岛、格陵兰最初在何时以何种方式被殖民。我们掌握的维京时代史料中极少包含这些地区的信息。例如，不来梅的亚当1075年前后的描述只不过是表明这些地区离欧洲大陆有多远。亚当如此描述冰岛人：

他们只以养牛谋生，以牛皮为衣。那里没有谷物生

长，木材的供给非常缺乏。因此，人们生活在地穴中，乐于跟他们的牛群生活在同一片洞顶下，共享食物和床。他们过着神圣的简朴生活，因为他们不追求自然界所赐之外的东西。

"由于年代久远，冰的外表又黑又干，以至于用火一点，它就会燃烧起来。"这种说法的根源是误解了火山活动。关于格陵兰，他说："人们因海水而变绿，这个地区也由此得名。"他进一步记载道，汉堡－不来梅大主教是冰岛和格陵兰的教会首领，曾向当地人写信，承诺很快就会去拜访他们——他当然从来没有去过。

现存的大量文献中，大多数是在12～13世纪或更晚的时期首次写就的，其创作者来自冰岛社会的上流圈子。这些文献包括萨迦、历史著作、法律条文和一些诗歌。大量人物和诸多戏剧性事件首先出现在这些故事中，如今是这些地区精彩纷呈的历史的一部分，它们自然而然地反映了文献写就之时流行的意趣、史观和文学传统。一些故事在部分程度上立足于对地名和自然现象的猜想和对尚存的聚落或遗迹的推测。这些文献与维京时代考古发现之间很少能够建立直接联系。这不足为奇，因为这种文献有时会与历史相隔三四百年。"赤发鬼"埃里克及其家族在格陵兰的故事，或者"幸运者"莱夫造访美洲的故事，其核心内容必然具有历史的真实性，但不言而喻的是，我们必须首先将其视为文学作品来阅读，而非视为亲眼所见的描述。

定居冰岛

冰岛是一座火山岛，面积10.35万平方千米，东西宽约 276

500 千米。其北部地区与北极圈相切，但由于湾流的作用，气候相对温和。冰岛位于挪威以西约 570 海里（约 1050 千米）。需要在外海中经过长距离的航行，才能到达此处。只有在法罗群岛才能初见陆地；如果走更偏南的路线，只有在设得兰群岛方可初见陆地。由于地震、温泉、间歇泉的存在，冰岛看起来必定是片怪异的土地，更不用说这里还有火山，其中很多是活火山。然而，犬牙交错的多岩海岸、巨大的冰川（jøkull）和濯濯童山与挪威相似，这里有适合动物生存的牧场，有很多鸟类，有海中和河中的鱼类，还有鲸和海豹。这里也有矮桦林、柳树林和灌木丛。海岸边还有丰富的漂流木，可用于造房屋、做木工。

冰岛的发现过程及它的大部分早期历史都笼罩在迷雾中。最重要的史料是阿里·索吉尔松在 1120 ~ 1130 年撰写的名著《冰岛人之书》。阿里，人称"博学者"（Ari Fróði），乃受过教育和文化熏陶的冰岛精英一员。显然，他对这座岛屿的历史进行了严肃的回顾。《冰岛人之书》是一部简短的作品，且具有严格的编年体框架。对于殖民时期，阿里写道：

> 定居冰岛始于"黑王"哈夫丹之子"美发王"哈拉尔时期的挪威——根据伊斯莱夫主教之子、我的养父、据我所知最具智慧的人泰特，我那熟记久远之事的叔父索凯尔·杰里松，博闻强识、值得信赖的斯诺里·高第①的女儿苏丽德三人的思考和推算，那是朗纳·洛德布鲁克之子伊瓦尔导致英格兰人之王圣埃德蒙遇害的时候，也就是基

---

① 即斯诺里·斯图鲁松。

督降生后的 870 年。可以肯定地说，"美发王"哈拉尔 16
岁时，有个叫因戈尔夫的挪威人首次从那里（挪威）来
到冰岛。过了几个冬天后又来了一次。他在南方的雷克雅 277
未克定居。

据阿里所述，截至 930 年冰岛就住满了人。聚落主要位于
海岸、南部平原和其他地区的开阔山谷。内陆大多地区是不适
合居住的，除了一块偏南的地区。9 世纪末或 10 世纪的异教
墓葬在很多地方被发现，与阿里的描述非常相符。

《定居之书》是一部巨著，可追溯至 12 世纪，在后世的
多个版本中保存，它详细描述了对冰岛的发现与殖民。约 430
名独立聚落的头领，以及他们的祖先、后裔均被提及。这部作
品的真实目的，很可能是对土地所有权加以登记，并为 12 世
纪掌权的家族的土地诉求提供支持。

该作品也提到某个叫纳多兹的人，因在海上偏离航向而先
于因戈尔夫到达冰岛。据称，加尔扎尔·斯瓦瓦尔松与弗洛
基·维尔杰扎尔松也首先踏上冰岛的土地。冰岛的发现甚至可
能早得多。自 4 世纪以降，各种文字资料都提到了一个叫
"图勒"的岛屿，据说位于不列颠的极北方，在它北方的海水
都是封冻的。图勒也出现在 825 年前后爱尔兰僧侣迪奎尔撰写
的一部地理著作中。他提道：有一些爱尔兰隐修士曾前往图
勒；那里的盛夏时节光亮很足，晚上抓跳蚤就跟在白天一样容
易。对图勒的诸般描述与冰岛相当契合。阿里也讲到，爱尔兰
僧侣在挪威人到来后急忙离开冰岛。但是，尽管费了好大力
气，我们仍然没有发现早于斯堪的纳维亚人的聚落的考古痕
迹。阿里的信息其实可能是对他曾见到的一些法器加以解释，

但这些法器事实上是来自爱尔兰的维京人带入冰岛的。

史料虽然一致认为移民大多来自挪威西部和北部，但也提到有相当多人来自不列颠诸岛的斯堪的纳维亚聚落，尤其是苏格兰和爱尔兰。其中一些人娶凯尔特人为妻，另有一些人带上了凯尔特奴隶，DNA 分析已经证实了凯尔特成分的存在。一些地名甚至有凯尔特语前缀，如布里安斯莱克（Brjanslækr，得名于人名"Brian"）；还有尼亚尔这样的人名，1280 年前后写就的《尼亚尔萨迦》的主人公就叫尼亚尔。

据我们所知，冰岛各地的维京时代异教墓葬有约 300 座，其中一些想必属于最早的定居者们，只不过我们没有辨识出有名有姓的人。现已发掘的一些农场可以确定追溯至最早的定居时代。冰岛南部的惠塔霍特无疑属于维京时代。考古发掘也揭示了位于雷克雅未克的聚落，包括公元 870 年前后的一座保存较好的房屋。但是，对于 1939 年发掘于冰岛南部肖尔索达卢尔大峡谷的斯特因格等农场，我们还不能确定它们的年代。长期以来，人们认为这些农场建造于维京时代晚期，1104 年毁于海克拉火山喷出的火山灰，随后便被弃而不用，但考古研究表明 1104 年后仍有人在此居住。

因戈尔夫在雷克雅未克定居。此地有一座良港、广阔的牧场、很多鸟类、多处海豹繁殖地、江河湖海中丰富的鱼，以及鲸。这里也有温泉。大麦可以在这里耕种，并由此酿制麦芽酒。据阿里·索吉尔松所述，我们所知冰岛最早的社会机构——恰拉内斯的庭，或曰议会，就是在雷克雅未克附近建立的。据阿里所述，因戈尔夫之子索尔斯泰恩及当地其他酋长在 900 年前后建立了它。就像在故国那样，这也是自由民的公共集会，它在酋长们的领导下决定法律、解决法律争端、处理关乎公共利益的事务。阿里记载，恰拉内斯的庭就是阿尔庭的直接前身。阿尔庭在 930 年前后建立在雷克雅未克以东不远的辛格韦德利，意为"庭之平原"。它发展为了整个冰岛的庭。酋长和他们治下的民众于盛夏时节在此聚议两个星期：宣读现行的法律，通过新的法律，依法探寻解决分歧之道，达成各种协议，讨论政治事务，举办交易市场。阿尔庭使冰岛分散的人口得到了聚会的机会，由此也实现了它的社会和文化功能。

为了将分歧控制在更有限的范围内，冰岛后来被划分为若干区，各区有三四个地区性的庭。这些庭由三位官员领导，官员称为"高第"（godi，职位名为"godord"）。他们是当地酋长家族的首领，其公共职责主要与庭相关。很多人相信，从一套莫名其妙地被称作《灰雁法典》的大型法律汇编中，我们可以搜集关于冰岛最早的社会组织、10 世纪发展出的司法制度、文化和历史方面总体状况的信息。《灰雁法典》收录了很多 12 世纪的条款，保存在 13 世纪晚期的手稿中。

在整个维京时代，冰岛与外部世界有很多联系，主要是与挪威和不列颠群岛的联系。根据《定居之书》记载，乘船前往挪威需要花上 7 日时间，前往不列颠需要 5 日，这想必是在天气有利之时。格陵兰主要由冰岛人殖民，也像其他地区一样有人定期造访。很多人闯荡四方。一些人出远门经商，购进必需品——冰岛主要出口羊毛布料，但猎隼也很受欢迎；来自格陵兰的货物交易进行得井井有条。一些人在外充当武士，或者去拜访伟大国王们的宫廷（冰岛游吟诗人是一类特殊人群）；另外一些人是为了解决他们的遗产问题，或者与挪威诸王制定政治协议，才离开冰岛。挪威国王们很快就对大西洋上的这一大片自由之邦产生了兴趣。

279

1000 年（或 999 年），在奥拉夫·特吕格瓦松的强力施压下，阿尔庭接受了有所修正①的基督教。在被冰岛文献称作"胖子"的奥拉夫·哈拉尔松治下，传教主教被派往冰岛组织当地的基督教生活。第一位当上主教的冰岛人是伊斯莱夫，阿里·索吉尔松曾经咨询过他的儿子。1056 年，伊斯莱夫在不来梅受封圣职。据说，他先去觐见了罗马教皇和德意志皇帝亨利三世。他向皇帝献上了一件珍奇——格陵兰的北极熊。11 世纪末，冰岛的第一座常设主教驻地在南方的斯考尔霍特建立；1106 年，在北方的侯拉尔建立了第二座。

280　　自 11 世纪以降，与挪威诸王签订的条约规定了双方关心的各种问题；1262 ~ 1264 年，冰岛人承认了挪威形式上的宗主权，并由此承担缴税的义务。这就是自由之邦的终结。1380 年起，冰岛作为挪威王国的一部分，又受到丹麦的统治。②1944 年，冰岛再度决定成为一个独立的共和国。

法罗群岛

法罗群岛是一条连接冰岛与苏格兰的海岭的顶部，包含 18 座岛和若干屿、礁，南北延伸 113 千米，面积 1399 平方千米。海洋和湾流使当地气候温和，岛上有良好的牧场和丰富的鸟类，大海中盛产鱼和鲸。当人类来此定居时，岛上有广阔的

---

① 大概指改宗之初对异教有所妥协。《冰岛人之书》第七章记载：起初，关于户外弃婴和食用马肉的旧时法律予以保留。人们有权秘密献祭，但是如果有目击者的话，献祭者就会被判以轻度违法。而若干年后，这些妥协条款亦被废止。参阅 Siân Grønlie（translator）：*Íslendingabok*, *Kristni Saga*, London：The Viking Society for Northern Research, 2006, p. 9。

② 当时挪威国王哈康六世去世，其子奥拉夫（奥鲁夫）作为丹麦国王，也继承了挪威王位，两国实现联统，并为之后成立卡尔马联盟打下基础。

灌木丛林，海岸边还有大量漂流木。

法罗群岛何时被殖民尚无确凿证据。考虑到群岛的位置，这个时代很可能在定居冰岛前，也许和斯堪的纳维亚农民定居设得兰与奥克尼同时或稍晚。825 年，爱尔兰僧侣迪奎尔写道，在那个时候，爱尔兰隐士已经在不列颠以北的一片群岛生活了近一个世纪，那里有不可胜数的绵羊和多种多样的海鸟，但这些隐士已经由于斯堪的纳维亚海盗的侵袭而离开了。虽然"法罗群岛"就是"绵羊群岛"之意，但尚不知晓这是不是迪奎尔描述的那片群岛。自然科学研究发现了一些迹象，但就像在冰岛那样，维京时代之前人类活动的考古证据还没有被发现。维京时代的农场和墓葬已经发掘，但对它们精确断代往往是非常困难的。由于海面上升和海水侵蚀，很多最早的农场无疑已经没入茫茫大海中。例如，在克维维克，只有一座维京时代农场的顶端留存至今。然而，莱尔维克的托夫塔内斯聚落时代较早，可追溯到 10 世纪乃至更早，所以它可以帮助我们了解最早的岛民是如何生活的。

关于维京时代法罗群岛的信息支离破碎，而且通常不可信。《法罗群岛萨迦》的大部分情节设置在 1000 年前后几十年内，其中提到格里姆·坎班是法罗群岛的第一人，他在"美发王"哈拉尔时代就来到这里。该书讲述了将基督教传入法罗群岛的盖世英雄西格蒙德·布雷斯蒂松和他的对头格蒂的斯朗德尔的故事，并提到了法罗群岛与挪威国王等的关系。但是这部萨迦直到 13 世纪才创作，很可能是在 1220 年前后。然而，一些地名和语言学等方面的证据表明，这里有不少斯堪的纳维亚移民确如《法罗群岛萨迦》所述，来自操凯尔特语的地区（格里姆的绰号"坎班"也是凯尔特语），即便大部分移

281

民很可能来自挪威。他们后来肯定主要是与挪威和不列颠群岛发生外部联系。很多人在来往冰岛的途中肯定在法罗群岛驻足。该群岛主要的出口物想必是羊毛或羊毛布料。

像冰岛和苏格兰的斯堪的纳维亚聚落那样，法罗群岛很可能在11世纪就归入挪威统治。1380年，这片群岛与挪威一起转入丹麦王国治下。1948年起，法罗群岛一直是丹麦王国下属的自治共同体。

格陵兰的定居者与美洲之旅

斯堪的纳维亚人对格陵兰的殖民，得到的文字记载比法罗群岛要丰富得多。最重要的文字史料是阿里·索吉尔松的《冰岛人之书》（陪伴"赤发鬼"埃里克前往格陵兰的某个人曾将相关事件向阿里的叔父讲述，阿里的记载便以此为据）和《定居之书》。此外还有两部绘声绘色的萨迦：《格陵兰人萨迦》和《赤发鬼埃里克萨迦》，内容与最初的定居活动有关，但主要是关于前往文兰（美洲）的旅程。然而，它们是13世纪才编纂的，常有虚构之处，跟这一体裁的其他很多文献是一个样子，而且两者相互矛盾之处比比皆是。由于两位作者很可能不了解对方的作品，所以当二者的记载一致时，想必就与它们所依据的口述传说相去不远了。此外，考古发掘也能够对格陵兰和美洲的维京时代加以说明。

格陵兰大部被冰雪覆盖，但它的南端比冰岛还要靠南得多，与设得兰、卑尔根、奥斯陆同纬度。格陵兰犬牙交错的西南海岸边分布着相当多的草场。最适合斯堪的纳维亚农业经济的地区位于峡湾深处，距离内陆的冰原不远，也就是在这里，985年前后有了最早的斯堪的纳维亚定居者。他们的首领是来自冰岛西北部布雷扎湾的"赤发鬼"埃里克。据《冰岛人之书》所载，埃里克将这片土地命名为"绿地"（格陵兰），希望有人慕名而来。

据说，格陵兰是一个叫贡比约恩的人在船偏航时发现的（这是在北大西洋发现新陆地的常见方式）。多部萨迦声称，"赤发鬼"埃里克在他和追随者们来此定居前，曾将格陵兰深入探索了一番。这必定确有其事。《定居之书》记载称有 25 艘船从冰岛出发，但据说到达目的地的仅有 14 艘——其余有的失事了，有的返航了。埃里克和妻子西约德希尔德占据了最宜人的峡湾，名之曰"埃里克峡湾"，并在峡湾头部附近建立了布拉塔利兹农场（在今卡格西亚尔苏克，纳萨尔苏瓦克机场正对面）（插页图 28）。在埃里克峡湾（图努利雅菲克）的一侧，有大量良好的草场。布拉塔利兹位于一座大平原上，这也是格陵兰最肥沃的平原之一。在布拉塔利兹之后，还有另一片绿意盎然的大山谷。不远处是加尔扎尔（伊加利科）——格陵兰又一个数一数二的农业地区，从 1125 年前后起，这里是格陵兰主教的驻地。东部聚落（今卡科尔托克一带）和西部聚落（努克①一带）想必不久便已建立。

农业经济依托于绵羊、山羊、奶牛。格陵兰的主要魅力，无疑在于它的草场优于冰岛——经历约一个世纪的高强度开发后，冰岛的土地很可能已经非常贫瘠了，甚至可能已经被破坏了。因为之前没有农民在格陵兰生活过，这里的土壤是新鲜的、未开垦的。当时的气候很可能比现在温和一点。像在法罗群岛那样，一些肥沃而低洼的土地已经没入海中。当时也有相

283

---

① 今格陵兰首府。

当多的漂流木。

定居者也对丰富的鱼类、海豹、鲸类资源进行了开发，猎杀驯鹿、熊、鸟。基本的进口货——金属（以铁为主）、木材、谷物——和奢侈品，可以用在欧洲价格昂贵的商品来支付：北极熊和北极狐的毛皮，猎鹰，海象牙，用于工艺的一角鲸长牙①和鲸骨，海象皮制成的绳索，用于缝制衣物使之绷紧成形的鲸须；最具异域情调的出口物就是活体北极熊。这些商品很多只有经过险象环生的旅程，才能前往极北之地获取。

如果出现人畜传染病、草场歉收、长期恶劣天气，甚或是较小的气候变化，格陵兰社会就会变得非常脆弱，而它也确实在中世纪末期消亡了。其中的原因众说纷纭。然而，在维京时代，这里的形势似乎一片大好，与外界也有诸多联系。1000年前后，这里推行基督教。至于基督教是怎样传入的，是从冰岛还是挪威传入的，史料说法不一。反正冰岛和挪威是格陵兰接触最频繁的两个国家。

在布拉塔利兹曾出土一座小型教堂，它有厚实的草炭墙，内部为 2 米 × 3.5 米。这很可能是格陵兰最早的教堂，建于"赤发鬼"埃里克时期或稍晚之时。或许如《赤发鬼埃里克萨迦》所说，建造者是西约德希尔德。这部萨迦补充道：由于埃里克反对基督教，所以这座教堂离屋子有一段距离。但这种说法大概只是作者的猜测，因为考古发掘证明，这座教堂与一座当时可能是主居室的建筑物很近，尽管它与萨迦编纂之时使用的房屋和教堂均有一段距离。最早期房屋的一切信息想必已经湮没无闻，但最早的教堂的位置仍然为人铭记。

---

① 一角鲸的"角"其实就是牙。

这座教堂四周埋葬了 155 人：64 名男性、37 名女性、34 284
名儿童、20 名性别不明的成年人。其中 12 名男性和一名 10
岁儿童葬于一座公墓。推测起来，他们应是死于别处，后来被
葬在这里。埋在教堂墓地中的那些人，一定有殖民时代的几位
先驱者，或许还有几位在萨迦中名垂青史的人。他们高大、壮
实：女性的平均身高是 160 厘米，男性的平均身高是 173 厘
米，几位男性高达 184 厘米。①

这与我们从斯堪的纳维亚其他地区得到的数据相当吻合。
平均寿命的数据也是同样的情况（参阅本书第 59 页）。埋葬
在私人墓地的 52 名男性中，有 17 人的年龄在 20 ~ 40 岁，23
人在 40 ~ 60 岁，剩下的 12 人死亡年龄尚不明确。在 37 名女
性中，14 人的年龄在 20 ~ 40 岁，12 人在 40 ~ 60 岁，3 人超
过 60 岁，8 人死亡年龄难以识别。这些人的牙齿虽然严重磨
损，但似乎都没有龋齿。很多偏老的人患有骨关节炎。一些人
弯腰驼背、两腿僵直，但这种情况不独见于维京时代的格陵兰
居民。斯堪的纳维亚异教墓葬未被发现。关于前基督教时代信
仰唯一已知的证据，就是布拉塔利兹发现的一件皂石器上雕刻
的小型托尔之锤图案。

两部萨迦记载道，从冰岛或挪威前往格陵兰的某次漫长航
海中，因船偏航而发现了文兰（美洲）。《格陵兰人萨迦》将
其发现归功于赫约尔夫之子比亚德尼，他曾与"赤发鬼"埃
里克一同移民，但没有真正登陆。而《赤发鬼埃里克萨迦》
认为美洲是埃里克之子"幸运者"莱夫发现的。发现新土地
无疑是件非常光彩的事情。一部萨迦描述了前往美洲的 4 次旅

---

① 三处身高原文为英制单位，已换算成公制。

行，另一部萨迦描述了 2 次，但两者一致认为：莱夫去过那里；冰岛人索尔芬·卡尔塞夫尼率领过另一次远行。索尔芬的妻子古兹丽兹在美洲生了个儿子。

285　　漫长的北美洲东海岸，哪里才是所谓的文兰（Vinland，酒之地）、马克兰（Markland，木之地）、赫卢兰（Helluland，岩石之地）呢？人们对此众说纷纭。后两地想必是指偏北的拉布拉多和巴芬岛，而文兰必定在更南处。维京时代斯堪的纳维亚人在美洲定居的唯一确凿证据，位于纽芬兰北岬的兰塞奥兹牧草地：像冰岛和格陵兰那样，有以草炭为墙的大型建筑物；还有一些斯堪的纳维亚物品，其中包括一枚环形胸针（形制是爱尔兰的维京人首创的）和一件皂石制的纺轮。但这里的气候相当恶劣，土地也远远称不上肥沃。然而，这个地点容易从海上发现，而且有木材和铁可供船舶维修之用。一些胡桃的发现，表明曾经有过向南更远的远征。不过，这些土地已经有人居住，当地的印第安人或因纽特人抱有敌意。格陵兰的北欧人将他们称作"嘶枯莱林"（Scrælings）①。原住民的敌意，又与故乡亲友天各一方，无疑导致这些旅行只不过是一次次远足，并没有实现永久性的定居。萨迦在这一点上似乎所言非虚。这些旅行持续到了中世纪，目的是获取重要的原材料。

兰塞奥兹牧草地的建筑物只在短期使用过，又确实可以追

---

① "嘶枯莱林"，古诺尔斯语"Skræling(j)ar"，词源不明，或许与挪威方言"skræla"（嘶叫）或冰岛语"skrælna"（枯萎、干涸）有关。这显然是个贬义词，见于《赤发鬼埃里克萨迦》《格陵兰人萨迦》《冰岛人之书》等。虽指美洲原住民，但未对印第安人和因纽特人加以区分。参阅 Siân Grønlie（translator）: *Íslendingabok*, *Kristni Saga*, London: The Viking Society for Northern Research, 2006, p. 23, note 57。

溯至萨迦记载的著名远征时代。它们大有可能就是我们所了解的那帮人建造的。兰塞奥兹牧草地极有可能是为进一步南进而设置的中转站（大本营）；文兰本身也极有可能位于南方，或许在圣劳伦斯湾旁，这里是野生葡萄的北界。但是，除了缅因州一处印第安人聚落发现的一枚"和平者"奥拉夫国王在位年间（1066～1080年）的挪威硬币外，更加往南的维京时代或中世纪斯堪的纳维亚人就无迹可寻。加拿大北极地区的因纽特人和印第安人聚落发现有斯堪的纳维亚遗物，表明这些族群间存在某种接触——虽然其中一些物品很可能取自因海难或谋杀而丧命的格陵兰人，或者是从他们在极北之地的时令性营地捡来的。

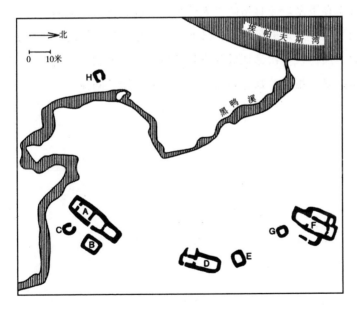

兰塞奥兹牧草地平面图。位于纽芬兰，美洲唯一已知的维京时代聚落。仅短期使用的建筑物和其他构件已在此发掘。**A－G:房屋和其他建筑；H:炼铁屋。**

文兰之旅令人充满遐想：斯堪的纳维亚人游历四方，早于哥伦布发现美洲，这是多么了不起啊。发烧友们甚至猜想维京人已经探索了整个美洲大陆。在很多地方都有卢恩石碑赝品（如肯辛顿石碑）和其他伪造的斯堪的纳维亚物品。在更晚近的时代被带到美洲的斯堪的纳维亚古物也引起了轰动。北美洲、墨西哥乃至南美洲的建筑和艺术品也被误认为是维京人的。

位于"世界边缘"格陵兰的北欧社群在 1261 年接受了挪威的宗主权，1380 年被纳入丹麦王国。1712 年，在中断了数个世纪的联系后，丹麦兼挪威国王派人远征格陵兰。汉斯·埃格德牧师奉命将基督教信仰传播到维京后裔中，但是维京人没有幸存下来。今日格陵兰人的祖先是因纽特人，他们早就扩散到了这片土地的最南端。汉斯·埃格德遇到的格陵兰人就是他们。然而，本次远征成为格陵兰与丹麦重建联系的起点。1979 年以来，格陵兰都是丹麦王国下属的自治共同体。

波罗的海地区、东欧、拜占庭、阿拉伯帝国

288　　　维京人在斯堪的纳维亚以东、以南的冒险，与他们在北大西洋的殖民成果具有根本差异。当时已知世界重要的文化、经济中心拜占庭帝国和伊斯兰的阿拉伯帝国，坐落在东方和南方；在罗斯，也有令人垂涎的巨量财富和丰富资源，如优质毛皮和奴隶。

　　这些地区在斯堪的纳维亚的可及范围内，经过一段穿越波罗的海的短暂航程就能到达。一系列大河流入波罗的海，提供了进入欧洲内陆的通道，河口附近形成了贸易中心，如奥得河的沃林、维斯瓦河的特鲁索。一些河流通往贸易中心，例如：芬兰湾前端①附近的旧拉多加，位于沃尔霍夫河汇入拉多加湖之处以南12公里；诺夫哥罗德接近沃尔霍夫河在伊尔门湖的源头；基辅位于第聂伯河畔；保加尔市位于伏尔加河与卡马河交汇处的伏尔加河弯道。斯堪的纳维亚人可以沿着这些水路畅游。那些活动范围在今日俄罗斯和乌克兰的人主要来自瑞典东部。

　　一些人经过黑海和里海，远赴神话般的城市拜占庭，也就是东罗马帝国的首都；有人甚至到达了阿拉伯帝国和巴格达，这里有很长一段时间是哈里发的驻地，辉煌和典雅甚于拜占庭。对于冒险家而言，东欧、拜占庭、阿拉伯是巨量金银和奢华手工艺品的来源。他们也因此获得了长久的名望。然而，沿

289　河旅行是危险的，因为在很多地方，必须将船拖到岸上才能进入另一条河，或者不得不越过水流湍急、乱石丛生的险要路段。旅行者也容易受到河畔居民的攻击。他们想必使用了相当轻便的小型船只，容易被拖到岸上行动，在河中也便于操作。

---

　　①　即东端。

维京人游历的东欧大片地区生活着很多不同的族群和部落。西斯拉夫部落生活在波罗的海以南，他们的领地在西面与萨克森和丹麦接壤。波罗的人和芬－乌戈尔族群生活在波罗的海东岸，直至芬兰湾；还有其他芬－乌戈尔族群生活在芬兰更北方且向东方发展。10 世纪时，波兰发展为王国；968 年，它信奉了基督教。但波罗的海沿岸的其他部落直到 12 ~ 13 世纪才成为基督徒。

东斯拉夫部落生活在西斯拉夫人和波罗的人以东、以南。他们开始出现了一个源自斯堪的纳维亚的罗斯统治王朝（参阅本书第 366 ~ 367 页）。10 世纪时，他们的王国成为东欧的一股主要势力，并定都基辅。988 年，他们信奉了基督教。"俄罗斯"这个名字就来自他们。在东南方，突厥可萨部统治范围东起咸海，西达第聂伯河，南抵高加索，北至伏尔加河弯道。可萨人以犹太教为官方信仰，但其他很多宗教也有人信奉。10 世纪下半叶，他们的国家崩溃了。同为突厥系的伏尔加保加尔人在 10 世纪 20 年代接受了伊斯兰教，他们的首都保加尔是当时最重要的毛皮贸易中心之一。从北方寒冷地区带来的精制毛皮可以满足拜占庭和阿拉伯帝国的需求。阿拉伯和东方的商人沿着河流和商路远道而来。大量白银在此易手。

记载东欧诸多族群和维京人活动与影响力的文献资料杂乱无章，与记载西欧状况的文献在很多方面大相径庭。它们用截然不同的语言写成，往往难以解读，因为斯堪的纳维亚人只是前往东欧的众多旅行者之一，而且族群的称呼有时候是模糊不清的。更何况，在 1990 年之前，几乎没有西欧学者有机会研究苏联境内的斯堪的纳维亚考古发现，而强烈的民族情绪也影响了对这些资料的解读，尤其是与古代罗斯国家形成相关的内

290

容。近年的讨论变得更加公正了。

关于罗斯王国最重要的文献资料是《罗斯原初编年史》（又名《涅斯托尔编年史》或《往年纪事》），是 12 世纪前 20 年内在基辅整理完成的。阿拉伯的地理著作（包括本书第 61 页、第 211 页提到的伊本·法德兰的记载）、拜占庭史料、西欧的编年史中也有一些信息。西欧的史料聚焦于西斯拉夫部落。卢恩碑文几乎都出自 11 世纪，瑞典发现的碑文记载了前往东欧和拜占庭的远征。游吟诗歌也提到了在东方的事迹。后世的冰岛萨迦将这些前往异域他乡的远征染上了一层浪漫色彩。

渡过波罗的海

在维京时代开始前很久，来自今瑞典境内的人就定居在波罗的海南岸和东岸了。约 650 ~ 850 年的斯堪的纳维亚墓葬在拉脱维亚库尔兰地区的格罗比尼亚得到了考察。维京时代和早至约 700 年的斯堪的纳维亚墓葬已经在维斯瓦河口格但斯克湾沿岸的埃尔布隆格被发现了。格罗比尼亚和埃尔布隆格两地均发现有大量典型的哥得兰岛首饰和其他斯堪的纳维亚物品，表明来自瑞典本土的人也在这两地定居了。

格罗比尼亚很可能就是林贝特在《安斯加尔传》中提到的城镇西堡。该书描述了 850 年前后，丹麦对库尔兰人发动的一次失败远征和瑞典发动的一次成功远征，这也是安斯加尔第二次前往比尔卡布道的时候。书中也提到，库尔兰人之前曾臣服于斯韦阿尔人。如今，比尔卡之王奥拉夫成功领导了一场远征，攻克了西堡和阿普利亚，开始强取贡金。由于地名的相似，阿普利亚（Apulia）可能就是格罗比尼亚东南 40 千米的阿颇勒（Apuole）。我们也知道，这里有一座在维京时代投入使用的大型工事。贸易中心特鲁索想必就位于埃尔布隆格，商人伍尔夫斯坦从海泽比出发，在海上连续航行七昼夜后到达此处。他对旅程的描述被收入了奥罗修斯《世界史》一书890年前后的阿尔弗雷德国王版。

在整个维京时代的文字史料中，关于从斯堪的纳维亚到波罗的海地区进行贸易和军事远征，关于在那里的勒索贡金、政治结盟、商业利益，这些信息零星可见。这些文字史料均非来自事发地，但在波罗的海南岸、东岸的很多贸易中心都有与斯堪的纳维亚接触的考古证据，甚至还有一些斯堪的纳维亚人定居的证据。斯堪的纳维亚人仍然占人口的少数，即便他们确实一度在某些地方掌握了政治权力。他们像来自其他很多地区的人一样来做生意，获取当地的盐、琥珀、蜡、蜂蜜、毛皮、奴隶等商品，力图从波罗的海繁荣的贸易中盈利。约1075年，不来梅的亚当写道，尤姆内（此地必定是奥得河口的沃林）是欧洲最大的城镇（此说略有夸张），在此定居的有斯拉夫人、希腊人（即拜占庭人）、蛮族人，甚至有不得公开表露基督教信仰的萨克森人①。就像在其他很多地方那样，在这些贸易中心生活、去世的一些维京人很可能是当地王公的雇佣兵。很多贸易中心在维京时代无疑被斯堪的纳维亚人洗劫过，但是这一点在同时代的文字史料中鲜有提及。

自西向东，贸易中心包括：奥尔登堡和旧吕贝克；雷里　292

---

① 不来梅的亚当记载称，尤姆内人"仍然在异教礼仪中冥顽不灵"，不公开表露基督教是萨克森人在此居留的条件。参阅 Adam of Bremen: *History of the Archbishops of Hamburg-Bremen*, translated by Francis J. Tschan, New York: Columbia University Press, 1959, p. 67。

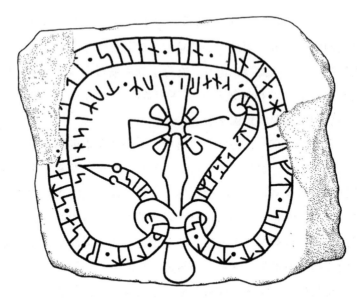

瑞典南曼兰的梅尔瓦拉石碑。碑文①从蛇头部开始写起，先写的是立碑之人西格丽德的名字。纪念她丈夫的诗节从蛇尾右侧那个条块写起，开头是"hn"（他）一词②；蛇尾之后，继续写着"knari"（船）一词③。

克，现考证在大施特勒姆肯道夫附近，位于维斯马湾；吕根岛上的拉尔施维克，佩雷河口的门茨林，均在德意志；波兰的沃林、科沃布热格、特鲁索；罗斯的维斯基奥滕（维希涅沃）和拉脱维亚的格罗比尼亚。芬兰湾头部附近的旧拉多加较大程度上控制着与罗斯的贸易。在以上所有地方和其他更多地方，

---

① 碑文中，条带内的圆点用于分隔不同单词。
② 以"*"开头的那个单词（顺时针方向）。参阅 Neander Nicolas Cronholm：*A History of Sweden from the Earliest Times to the Present Day*，vol. 1，privately printed，1902，p. 15。
③ 即蛇尾与十字架之间和十字架上逆时针方向的 5 个字母（ᛔᚼᛏᚱᛁ），意为"船"。参阅同上。

都有与斯堪的纳维亚接触的考古证据；海泽比和比尔卡就是这
一伟大贸易网的一部分。

瑞典多地的卢恩石碑是维京时代晚期竖立的，纪念在波罗
的海东岸参加战斗和贸易的人。例如，南曼兰的梅尔瓦拉石碑 293
由西格丽德为纪念丈夫斯韦恩而立，有诗赞曰：

> 他常驶向
> 塞姆加伦①
> 乘坐宝舡（knarr）
> 环绕多梅斯内斯

多梅斯内斯是险要的库尔兰北岬，在进入里加湾之前需要
渡过此处。塞姆加伦是德维纳河下游以南的平原，位于拉脱维
亚。很多人沿着德维纳河进入罗斯。其他石碑提到过萨姆兰
（位于波罗的海东南角②）、温德伊（也称温道，多梅斯内斯稍
南处的海港）、利夫兰③（塞姆加伦和爱沙尼亚之间）、埃斯特
兰（爱沙尼亚）、维尔兰（爱沙尼亚东北部芬兰湾地区）、芬
兰（想必是指今日芬兰西南部）、塔瓦斯特兰（芬兰中部稍北
处）。很多考古遗迹也表明瑞典与芬兰之间存在紧密联系。但
直到 13 世纪，瑞典才开始大举征服和定居芬兰。

这些联系，对瑞典尤其是瑞典东部造成了巨大冲击。我们
在瑞典已经发现很多舶来的奢侈品。丹麦人与他们的邻居西斯
拉夫各族间也存在紧密联系。西欧的文字史料对这些联系的记

---

① 亦称瑟米加利亚（Semigallia）。
② 桑比亚半岛，今加里宁格勒附近。
③ 亦称利沃尼亚（Livonia）。

载相当详细，但只涉及西欧各国感兴趣的方面。8 世纪末，法兰克征服萨克森后，丹麦人和斯拉夫人都成了法兰克帝国的邻居。9 世纪初，《法兰克年代记》记载，戈德弗雷德国王代表丹麦人与一支西斯拉夫族群维尔兹人结盟，而另一边，法兰克帝国和另一支西斯拉夫族群阿博德利人结盟。808 年，即戈德弗雷德筑边境墙防御萨克森之年，他在维尔兹人帮助下，发动了对阿博德利人的重大军事行动，迫使其三分之二的人口纳贡臣服，并摧毁了曾经向他上缴巨额贡金的贸易中心雷里克，将商人从雷里克迁往海泽比。次年，阿博德利人首领特拉斯科在似乎幸存下来的雷里克被戈德弗雷德的部下所杀。817 年，阿博德利人转换阵营，与戈德弗雷德的儿子们结盟。但等到下一次领导人变更时，他们又转投法兰克一方。

983 年，斯拉夫各族与丹麦人结成重大同盟，合兵抵御向东方和北方两线扩张的德意志王国，将后者决定性地击退。大约在此时，斯堪的纳维亚诸王与西斯拉夫王公的女儿们缔结了婚姻。例如，"蓝牙王"哈拉尔娶了阿博德利王公米斯季沃伊的女儿。她在日德兰中部的南维兴竖起了一座卢恩石碑，纪念自己的母亲，但我们不知道她母亲的名字；她自称"托弗，米斯季沃伊之女，善良的哈拉尔·戈姆松之妻"。"双叉髭王"斯韦恩也从新近建立的波兰王国娶了一位公主。之前，她曾被许配给斯韦阿尔人之王"胜利者"埃里克。

从这时开始，直到 12 世纪晚些时候，丹麦东部和瑞典接受了强烈的西斯拉夫影响，必定有很多事物受到浸染；今天，这种影响主要从陶器和首饰中得见。然而除此以外，造桥技术大概也是从斯拉夫人那里学来的，而后者也从维京人那里学到了造船技术。很可能有一些斯拉夫人定居在丹麦的南部岛屿，现在这里仍然保留了一些斯拉夫地名。11 世纪，斯拉夫人的军事力量占了上风。克努特大帝死后，斯拉夫人开始了一段较长时间的海陆双向远征。其中一次发生在丹麦边境附近的吕尔绍荒原①，但被挪威的"善良王"马格努斯阻止，此人在 1042 ~ 1047 年也统治过丹麦。后世的史著认为，这场胜利是在他死去的父亲圣奥拉夫的荫佑下取得的。为了纪念这一场景，一款特制硬币在海泽比铸造，其上刻有奥拉夫和他的标志物斧头的图案。这是将奥拉夫描绘为圣徒国王的最早一例。奥拉夫和马格努斯曾经在罗斯流亡，这表明一些挪威人和瑞典人、丹麦人一样，曾前往东方。

追逐东方的荣耀

关于维京人在俄罗斯 - 乌克兰一带的活动，文字史料并没有提供连贯的发展史——同期的史料如凤毛麟角般稀少——但在考古发现的帮助下，基本的轮廓还是可以勾勒的。这些考古发现包括很多银窖藏。斯堪的纳维亚人在东欧的活动，在诸多方面很可能类似于我们从西欧了解到的情况。

东欧最早的斯堪的纳维亚遗物是发现于旧拉多加 8 世纪中叶地层中的一些物件——处于该城镇最初的历史阶段；其他考古发现表明，芬 - 乌戈尔、波罗的海、斯拉夫族群也在那里生活。9 世纪下半叶和接下来一个世纪左右斯堪的纳维亚人存在的大量证据，包括墓葬在内，现已在旧拉多加和俄罗斯中部其他地点发现。这与旧拉多加成为斯堪的纳维亚与俄罗斯中部 - 乌克兰商路上声名卓著的贸易中心的时代相吻合。在萨迦中，

295

---

① 发生于 1043 年。

旧拉多加被称作"阿尔代久堡"①。

749～786 年所铸阿拉伯迪拉姆的一处窖藏，以及在旧拉多加及其附近零散发现的 8 世纪硬币，表明这座城镇的发展部分依赖于长途对外贸易。在维京时代的大部分时间，阿拉伯银币推动了罗斯与斯堪的纳维亚两地的经济扩张。约 800～1015年，大量银币流入斯堪的纳维亚，其中很多在重熔后被制成首饰，但仍然有超过 9.3 万枚硬币在斯堪的纳维亚被发现，大多出自 10 世纪：超过 8.6 万枚发现于瑞典，尤其是哥得兰岛；约 7000 枚发现于丹麦；600 枚发现于挪威。虽然这些数字在一定范围内反映了各地参与波罗的海和俄罗斯－乌克兰经济的不同程度，但对瑞典和丹麦而言，它们也取决于当地的经济制度：哪里更常以白银和硬币而不是以实物支付，哪里的白银就保持流通，而不是像在哥得兰岛那样埋于窖藏中（参阅本书第 159～161 页）。硬币是通过各种途径在波罗的海和俄罗斯－乌克兰一带获取的。

296　　阿拉伯硬币是在公元 800 年之前不久流入俄罗斯的。它们出自中东，即今天的伊朗和伊拉克，途经高加索和里海。它们在可萨人的王国中得到使用，在伏尔加河下游和顿河一线用于支付购买商品。它们从那里开始扩散。在波罗的海沿岸和斯堪的纳维亚发现的包含阿拉伯硬币的维京人窖藏，最早可追溯自 9 世纪初。

在这些地区，9 世纪和 10 世纪初的窖藏也包含相当多的罗斯或东方银项圈（所谓的"彼尔姆环"）；大多数被扭成螺

---

① "阿尔代久堡"（Aldeigjuborg）一名来自芬兰语"Alodajoki"（低地之河）。参阅 John Haywood：*Northmen：The Viking Saga，AD 793 - 1241*，New York：St. Martin's Press，2016，p. 180。

旋状，所以可以被用作臂环。它们有固定的重量，100 克、200 克，有时是 300 克，分别对应四分之一、二分之一、四分之三格里夫纳（grivna）。格里夫纳是罗斯的一种重量单位（这个词的本义其实就是项圈）。它们就像苏格兰的臂环，很可能既被用作首饰，也被用作环形货币。作为项圈，它们在伏尔加河弯道以北的彼尔姆和基洛夫地区相当常见。

约 875 ~ 900 年，阿拉伯硬币不再流入俄罗斯 - 乌克兰，并由此不再流入斯堪的纳维亚，这很可能是由于阿拉伯帝国与这些地区间的贸易模式失灵了。当新的联系在世纪之交后建立起来时，整个局面都变了样：在约 970 年前，用于交易的硬币在阿姆河以北的中亚伊斯兰教国家萨曼王国被打造，通常是在撒马尔罕和塔什干两城，这里有大型的银矿。优质银币数以百万计地流入俄罗斯 - 乌克兰，供支付奢侈品之用。其中一些进入斯堪的纳维亚。就是在这个时代，保加尔成为贵重白银的主要集散中心和毛皮贸易中心。

965 年后不久，白银的流动戛然而止，这可能是因为伊斯兰诸国白银的短缺和/或罗斯部分地区的政治动荡。这种影响是巨大的。斯堪的纳维亚缺少东方的白银，由此他们对德意志白银的兴趣高涨，这些白银来自哈茨山脉新开采的银矿，成为"蓝牙王"哈拉尔的新币。这想必也是很多人从此刻开始将目光转向西方、转向富庶的英格兰的原因。当 10 世纪末阿拉伯白银开始重新流入斯堪的纳维亚时，它们的数量不多了，并且在 1015 年前后就彻底断流了。

斯堪的纳维亚的大量白银，不可能只是阿拉伯商人换取斯堪的纳维亚商品或西欧的中介货物时的付款，因为维京人可以提供且阿拉伯人需要的东西在近得多的东欧有一大把：毛皮、海象牙（"鱼牙"）、奴隶、蜡、蜂蜜、琥珀。此外，斯堪的纳维亚人只是很多贸易群体中的一员，而西欧奢侈品也通过地中海或中欧进入俄罗斯－乌克兰、拜占庭和阿拉伯帝国，它们从美因茨起，经布拉格、克拉科夫至基辅，沿着这条伟大商路继续向东、向南而去。

然而，斯堪的纳维亚人可能在东欧售卖自制的或西欧生产的剑。从文字史料来看，斯堪的纳维亚人曾迫使当地人以白银或实物纳贡，也发动过洗劫性的远征。860 年，他们甚至尝试趁皇帝外出时夺取拜占庭。据说之后又尝试过一次。此外，还有记载称他们发动过跨越里海的远袭，参加过远至巴格达的贸易之旅。就像在西欧那样，贡金收入和劫来的战利品很可能在大型集市上用来交换白银。在整个 10～11 世纪，很多维京人为俄罗斯王公或拜占庭皇帝担任雇佣兵，而他们的薪酬是白银的另一个来源，这些白银最终也流入了斯堪的纳维亚。很可能是其中的某位或多位雇佣兵，在拜占庭和东正教的主教堂——圣索菲亚大教堂的一根大理石栏杆上刻下了卢恩文字；在这些涂鸦中，可以辨认出"哈夫丹"之名。

阿拉伯人像拜占庭人一样，称斯堪的纳维亚人为"罗斯人"（*rus*）。这个词来源不明，而且有的时候用来称呼大有不同的人群。西欧的《圣贝尔坦编年史》最早提到了"罗斯人"。在 839 年条目下，它提到一些"罗斯人"属于斯韦阿尔人；他们的国王派使臣觐见拜占庭皇帝，但由于蛮族和野人的破坏，导致他们无法原路返回。相反，他们随着一位拜占庭使臣，前往英格尔海姆谒见皇帝"虔信者"路易。路易的王国当时正遭受维京人的猛烈进攻，所以，在遵从拜占庭皇帝送返他们（罗斯人）的要求前，他希望查清他们是否为间谍。如果是间谍，他们就要被逐回拜占庭。其他史料一般都认为"罗斯人"是来自斯堪的纳维亚的人。

"罗斯人"这一术语也见于罗斯的《原初编年史》，与留里克、西涅乌斯、特鲁沃三兄弟相关。据说，他们在862年被选中统治罗斯北部的部落组织。西涅乌斯和特鲁沃只在两年后就死了，因此，留里克也在他俩的地盘上掌握了权力。有说法称，他是罗斯古老王朝的祖先。等他死后，为他的幼子伊戈尔担任监护人的亲属奥列格882年在基辅夺权了。基辅成了这个王国的首都。该王国迅速扩张，发展成为一个主要的大国。

《原初编年史》中的"邀王传说"，既颇有名气，也备受争议。它记载道，6367年（从上帝创世算起；拜占庭和古罗斯的纪年始于这一事件，6367年对应我们的公元859年）：

> 来自海外的瓦良格人（即斯堪的纳维亚人），向楚德人、斯拉夫人、麦良人、维希人、克里维奇人勒索贡赋……6368～6370年（860～862年），瓦良格人的附庸们将他们驱逐到海外，不再向他们纳贡，同时开始了自治。他们之间再无法律可言，各个部落相互争雄，继而内讧不断，互相攻战。他们相互商议："让我们为自己寻找一位王公吧，由他来治理我们，依法在我们之中裁决。"于是，他们到海外瓦良格的罗斯人那里去了：这些特殊的瓦良格人被称作罗斯人，正如有的称瑞典人，有的称诺曼人、盎格鲁人、哥得兰人一样，他们就是这样命名的。楚德人、斯拉夫人、克里维奇人和维希人对罗斯人说："我们的土地伟大而富饶，却漫无秩序。请到我们那里去统治我们吧。"于是，他们选择了三兄弟。三兄弟率领他们的

氏族和所有罗斯人前去移民。长兄留里克坐镇诺夫哥罗德（有一份手稿记载的是拉多加，即旧拉多加，这可能是正确的；但诺夫哥罗德以南两公里沃尔霍夫河旁的霍罗迪谢也有可能；诺夫哥罗德本身看起来倒没有那么古老）；二弟西涅乌斯坐镇白湖；三弟特鲁沃坐镇伊兹博尔斯克。正是由于这些瓦良格人的缘故，诺夫哥罗德地区才得名"罗斯人之地"。诺夫哥罗德现在的居民多来自瓦良格氏族，而以前的居民是斯拉夫人。

9 世纪的这些事件当然具有传说性质，因为《原初编年史》直到 12 世纪初才在基辅编修。但是这种说法在当时还是可以接受的，而这个王朝最早几位成员的名字必定意味着他们出身于斯堪的纳维亚：留里克（与同时期在弗里西亚活动的丹麦维京酋长留里克基本不可能是同一人）、奥列格（海尔吉）、伊瓦尔（英瓦尔）和他的妻子奥尔加（黑尔加）。奥列格、伊戈尔、奥尔加是从靠谱的史料中为人所知的。伊戈尔和奥尔加的儿子斯维亚托斯拉夫（957～973 年）是第一位拥有斯拉夫名字的统治者。988 年，他的儿子弗拉基米尔接受了东正教。弗拉基米尔是第一位铸币的罗斯统治者。在他儿子"智者"雅罗斯拉夫（1014～1054 年）治下，与斯堪的纳维亚的联系通过王室联姻而得以确定。雅罗斯拉夫自己就娶了瑞典国王奥洛夫·舍特康努格的女儿英厄耶德，而雅罗斯拉夫的女儿又嫁给了挪威的"苛政王"哈拉尔。这位哈拉尔曾在拜占庭的宫廷中立下大功，获得大笔财富。1028 年，奥拉夫国王和他儿子马格努斯为了躲避克努特大帝，投奔了雅罗斯拉夫。

从 9 世纪末起，基辅王国与拜占庭保持着紧密的联系。

《原初编年史》记载了 907 年、912 年、945 年和 971 年的条约，它们规范了军事和商贸事务。推行基督教后，双方的关系进一步强化。瑞典东部和哥得兰岛受到强烈的拜占庭与东方影响，很可能主要是因为与基辅的联系，而不是拜占庭和阿拉伯帝国的直接影响。前面的章节中已经提到了很多舶来品和比尔卡上流社会的时尚；东方教会影响力的一个精美案例，以彩釉陶蛋的形式得以留存，这是耶稣复活的象征，它们在基辅附近制作，又在瑞典多地被发现。

　　除了王公以外，还有许多斯堪的纳维亚人生活在俄罗斯－乌克兰。这些地区相关的文字史料如前述的条约中，都提到过斯堪的纳维亚人名。斯拉夫语言也吸收了一定数量的借词，其中一部分仍在使用，如"lar'"（盒子，匣子）来自斯堪的纳维亚的"lár"。俄罗斯发现了很多维京墓葬，其中女性墓葬有椭圆形胸针等物。维京人通常与当地人一起葬于公墓，这表明双方的关系基本良好。在东欧心脏地带的河流沿线的几处地点，发现了有一座或多座斯堪的纳维亚坟的公墓。它们通常靠近城镇或贸易站点，例如：旧拉多加附近和拉多加湖东南不远处；伏尔加河上游的雅罗斯拉夫，在保加尔不远处；第聂伯河上游的格涅兹多沃，与德维纳河相去不远；第聂伯河支流之一杰斯纳河畔的切尔尼戈夫；基辅。

　　在这些地区并直至乌克兰南部发现的其他斯堪的纳维亚遗迹包括窖藏，12 枚刻有卢恩文字的阿拉伯硬币，至少其他 5 处卢恩铭文。在旧拉多加发现的是一段复杂的诗；而在第聂伯河口、黑海之中的别列扎尼小岛上，竖立的一块石碑刻有如下铭文："格拉内为他的伙伴卡尔造此石棺。"卡尔想必就葬在此处。该石碑现藏于敖德萨的博物馆。

300

东欧发现的斯堪的纳维亚遗物为数众多。例如，已知至少有 187 枚椭圆形胸针，远远多于在整个西欧发现的。可以合理地推测，就像在西欧那样，也有一些维京人在罗斯务农为生，尤其是在环境类似于梅拉伦湖和距离故土不算太远的地区，如拉多加湖。然而，俄罗斯 - 乌克兰的很多斯堪的纳维亚聚落想必是个人或团体的临时基地；商人们在前往大型集市之前，驻留并获取当地商品，而归来时会再度停留的地方，则会成为永久性的贸易站点。其他聚落可能兼具永久贸易点和军事基地之用，这颇似爱尔兰的情况，也有妇女曾在此生活。必定有一些斯堪的纳维亚人曾在那里常住。

左和右：俄罗斯斯摩棱斯克附近的格涅兹多沃一处大型窖藏中发现的 10 世纪博勒风格的银坠饰。分别高 3.7 厘米和 3.4 厘米。中：德国东部卡尔维茨的一件 11 世纪的灵厄里克风格青铜盘。直径 4.8 厘米。

在艺术领域，博勒和耶灵风格占主导地位，罗斯王国中的工匠也对它们加以运用。像在其他地方一样，一种混合艺术形成了，但由于斯堪的纳维亚与斯拉夫的艺术风格大相径庭，所以当它们结合在一起时，往往会在张力与想象力方面产生不可思议、近乎怪诞的效果，埃莱克的一枚大型银胸针便是一例。

大型河道与纪念物

今天的俄罗斯和乌克兰没有使用斯堪的纳维亚地名，但维京时代的斯堪的纳维亚人给两地大型城镇取了他们自己的称呼；而且重要的是，他们还给第聂伯河下游（基辅以南）的湍流取了名字。他们渡过这些湍流一路向拜占庭而去。其中最危险的一道湍流是艾夫尔，它的名字出现在哥得兰岛的一座卢恩石碑上："他们远赴艾夫尔。"皇帝君士坦丁①在他撰于950年前后的著作《论帝国行政》中也提到过它。他讲述了"罗斯人"从基辅到拜占庭的旅程：6月（冬雪融化后，水面下降到正常高度的时候），来自多地的罗斯人在基辅聚头，又组成团队离开。在基辅以南，第聂伯河水面宽阔、水流平缓，但他们在抵达黑海前，必须涉过七道湍流。在某些地方，他们小心翼翼地拖船而行；而在另一些地方，其中就包括艾夫尔，船只必须被拖到岸上行动。在很多路段，还存在遇袭的危险。在渡过最后一条湍流后，他们在一座岛上暂歇，用活鸡等物献祭，还以抓阄决定各种事务。他们一到黑海，又在别列扎尼暂歇，随后绕过多瑙河三角洲，继续前往拜占庭。

除了奴隶以外，他们还带上了哪些货物，失载于史册。但这段描述的结尾有这么一番话：来自基辅的罗斯人11月外出，从他们的领地收取贡物，并于4月返回。毫无疑问，他们卖掉了这些贡物，但我们并不知道他们在拜占庭换来了什么，倒是《原初编年史》记载的某一份条约提到罗斯人在拜占庭获得了以规定金额购买丝绸的权利。维京时代流入斯堪的纳维亚的丝

---

① 君士坦丁七世。

绸，想必有很多是来自拜占庭的。这种令人垂涎的商品受到了出口限制，被带往北方的货物在基辅和其他实施贸易管制的地方无疑都要被课税。

《原初编年史》简单描述了从拜占庭到波罗的海的路线：渡过黑海，沿第聂伯河而上；在第聂伯河上游河段通过水陆连运法进入洛瓦季河，沿河驶入伊尔门湖；沿沃尔霍夫河进入拉多加湖，并由此沿涅瓦河①进入芬兰湾和波罗的海，即"瓦良格海"。这条路线途经基辅，也途经诺夫哥罗德和旧拉多加。从第聂伯河跨越到德维纳河，再从德维纳河进入里加湾和波罗的海，这也是条可能的路线。以更加靠东的路线前往伏尔加河和保加尔，可以从拉多加湖出发，沿着斯维里河进入奥涅加湖，再从这里稍往南，然后从陆路进入那条流向白湖的河流，到达同名的白湖城。根据传说，862 年，留里克的弟弟西涅乌斯就坐镇这片地区。以白湖为起点，有一条河流提供了向南前往伏尔加河的道路，伏尔加河在此交汇处大约只有 1 千米宽。另一条通往伏尔加河的河流是以伊尔门湖为起点，也需要水陆联运。

11 世纪，在东方获得财富和荣誉的人中，有一些被刻在卢恩石碑上受人纪念，在瑞典东部尤为如此。一些人曾带上了丰厚的战利品返回家乡，并对此合理地加以使用。在乌普兰的韦达附近，有一块石碑就有所记载："托尔斯滕为纪念其子阿恩蒙德而立此碑，并购置了这座农庄，还在东方的加扎里基②（罗斯）发财。"其他一些铭文提及了战殒的英雄，例如南曼

---

① 涅瓦河连通拉多加湖。
② 意为"诸城之国"。

兰的图林厄石碑上纪念索尔斯坦酋长和他弟弟的诗节：

> 这对兄弟，
> 出类拔萃；
> 率众出征，
> 善待臣属。
> 他在东方，
> 加扎里基，
> 战死沙场。
> 带头大哥，
> 首屈一指。

几块卢恩石碑上提到过诺夫哥罗德（霍尔姆加兹，参阅本书第41页），但没有提到旧拉多加或基辅。然而，拜占庭帝国（Gríkland①）经常被提到。例如，斯德哥尔摩以北的埃德有一块石碑写道：

> 朗瓦尔德为纪念他的母亲、奥内姆之女法斯特维而勒
> 此碑。她在埃德去世。上帝拯救她的灵魂。
>
> 朗瓦尔德，
> 勒此石刻。
> 他在希腊，
> 统领袍泽。

304

———————

① 意为"希腊之地"。

回乡的英雄或许曾在帝国卫队工作过。约1040年，英瓦尔前往塞克兰（很可能是阿拉伯帝国）的失败远征在本书第253~254页曾有提及。其中的成员很可能都没有回到故乡，但瑞典的25块卢恩石碑和后世冰岛文学中的浪漫传奇仍然铭记着英瓦尔和他的部下。

哥得兰人罗德福什的结局令人唏嘘。他的父母在雄赫姆竖起一块石碑纪念他。碑文末句是：

> 瓦拉几亚人在一场远征中背叛了他。上帝拯救罗德福什的灵魂。谁背叛上帝，上帝就抛弃谁。

瓦拉几亚人很可能生活在今日的罗马尼亚。

在传奇的东方，记录维京人功业最为辉煌的一块卢恩纪念碑是一尊巨大的大理石狮子。① 在很多个世纪中，它都守护着雅典的海港，即比雷埃夫斯的莱昂内港。一个瑞典人在它的双肩上刻下了一段长长的铭文，形似缠绕的蛇，就像故乡的那些卢恩碑文那样。遗憾的是，由于风吹雨淋和港内的战争破坏，铭文已经漫漶难辨。现在，这尊石狮收藏在威尼斯的军械库，它是在1688年作为战利品被带到这里的。

---

① 这里说的是"比雷埃夫斯石狮"，据说雕刻于古希腊时期（有争议），后来成为雅典的地标（比雷埃夫斯是雅典外港）。17世纪后期，欧洲多国与奥斯曼帝国进行"大土耳其战争"，彼时雅典在奥斯曼帝国境内，石狮被威尼斯人夺走。

结论

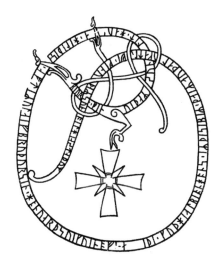

　　瑞典乌普兰地区诺拉的一块维京时代晚期纪念碑，有卢恩铭文　305
和乌尔内斯风格纹饰。铭文从较大那只动物的脖颈处写起，内容是：
"比约恩，即芬维德之子，令人勒石纪念他的兄弟奥勒夫。他在芬
韦登遭人背叛。上帝拯救他的灵魂。这座农庄是他们的‘奥达尔’
（Odal，指有绝对产权的土地）和家族遗产，属于芬维德在埃尔耶
斯塔的儿子们。"芬韦登位于瑞典斯莫兰的西南部。

维京人的世界

307   维京人的世界是广阔的。它环绕了整个欧洲：沿着东、西两路从斯堪的纳维亚到达地中海，又向西北方到达冰岛、格陵兰、美洲。在维京时代，自始至终都有很多人前往遥远的土地寻找发财的机会。一些人留在了外地，还有一些人返回了故乡，艰苦的生活让他们付出了代价。如此众多的斯堪的纳维亚人因其在外的斩获而在故乡受人纪念——在卢恩石碑上，在诗歌中，也在后世的萨迦中——可谓前无古人，后无来者。很多人在欧洲舞台上扮演了浓墨重彩的角色：在卢瓦尔河、地中海、英格兰活动的黑斯廷酋长；在弗里西亚掠地，迎娶帝姬，但未能得到半壁王国的戈德弗雷德；尝试统一都柏林王国和约克王国的奥拉夫·戈德弗雷德松；成为全英格兰国王，兼丹麦、挪威和一部分瑞典人国王的克努特大帝；在雷克雅未克获得土地的因戈尔夫；将农民带往格陵兰的"赤发鬼"埃里克；罗斯的留里克、奥列格、伊戈尔。还有其他人，比如，跑到萨拉森人地盘上的英瓦尔、在南欧被瓦拉几亚人无情背叛的哥得兰人罗德福什——他们又扮演了什么角色呢？

        维京人见识了诸多异国文化，给斯堪的纳维亚带去了大量新影响和巨量财富。文化的嬗变和发展以前从没这么快过。截至维京时代末期，斯堪的纳维亚的社会共同体比起 800 年前后，也就是一波波人最初前往林迪斯法恩、爱尔兰、法国并渡过波罗的海的时代，情况已然大不相同。此时，大型王国已经

308 形成，也出现了强化中的中央集权、若干座城镇、日益专业化的职业。挪威和丹麦成了基督教国家，瑞典也快成了基督教国家。新信仰的旗手鼓足干劲地尝试改变旧有的生活方式并引入新的理念。

        欧洲也经历了巨大的变化。强大的新王国建立了，还有一

些国家失败了。在罗斯王国和诺曼底，建立了源自斯堪的纳维亚的统治王朝。格陵兰西南部、冰岛、法罗群岛、设得兰、奥克尼、赫布里底、马恩岛成了斯堪的纳维亚人的地盘。在爱尔兰，有斯堪的纳维亚的飞地；在波罗的海南岸、东岸的某些地区，在俄罗斯、乌克兰，也有斯堪的纳维亚人生活。斯堪的纳维亚移民的很多后代生活在英格兰和诺曼底，不久之前英格兰和丹麦还由同一位国王统治。

如果非要选择一个年份作为维京时代结束的标志，这必定是 1066 年。这远不是说所有地方的斯堪的纳维亚时代都结束了，但截至那时，对欧陆的远征久已过去，距离阿拉伯白银渠道的枯竭也已经过去了近一个世纪。1051 年，英格兰白银也不再流入斯堪的纳维亚。最后一批雇佣兵被遣返回国，其他地方没有类似的收入来源了。最后一次重大的维京远征发生在 1066 年，它决定了英格兰的命运和英格兰与斯堪的纳维亚的关系；在两场重大战役中，维京人和地区、背景全然不同的维京后裔相遇并交战。

挪威人为其中一方，由"苛政王"哈拉尔指挥。他是圣奥拉夫同母异父的弟弟，罗斯"智者"雅罗斯拉夫的女婿，匈牙利和法国国王的连襟。作为一名帝国军官，他曾在西西里作战，为皇帝担任侍卫，在拜占庭帝国扮演了传奇性的角色。他于 1045 年回国时，带回了从东方获得的大笔财富。21 年后，他率领一支庞大的舰队，企图征服英格兰。英格兰的托斯蒂格伯爵与之合兵，奥克尼伯爵领和其他地方也提供了援助。1066 年，"苛政王"哈拉尔在斯坦福桥战役中阵亡。据斯诺里·斯图鲁松记载，在战役开打前，他按照维京人的时兴，慷慨激昂地吟诗一首。他对第一个诗节不满意，于是又以游吟诗

风格吟诵一节:

309

> 面对武器的交锋,
>
> 我们不躲在盾后匍匐,
>
> 忠实的鹰地女神(妇女)①,
>
> 就是这样指示我们。
>
> 项链的佩戴者②早就告诉我:
>
> 在武器的碰撞声中
>
> 瓦尔基里之冰(剑)劈向天灵盖时,
>
> 要把撑盔之柱(头)高高抬起。

斯坦福桥的胜利者是英格兰国王哈罗德·戈德温森,也就是托斯蒂格伯爵的哥哥。他们来自一个在丹麦国王统治英国期间飞黄腾达的英格兰家族,而他们的血管里也流淌着斯堪的纳维亚的血液。

第三位主角是诺曼底公爵威廉。他是罗洛的后代。罗洛在911年前后打下了公国的基础。据萨迦记载,他与奥克尼的伯爵们来自同一家族。威廉在斯坦福桥战役的3日后登陆英格兰南部,打败了哈罗德·戈德温森。

---

① 此喻较为晦涩。本书英文版的排版在"鹰地"和"女神"间正好断句,括号注释"(妇女)"加在"鹰地"后,更加引人误解。

　古诺尔斯语原文为"valteigs Hildr"——Hildr:希尔德,如果了解北欧神话,可知这是一位女神(瓦尔基里)的名字;valteigs,鹰之地,指手臂(驯养的猎鹰喜欢停留在手臂上)。合起来解读,"手臂中的女武神",意为妇女。此处"妇女"似有具体所指,可能是哈拉尔的母亲。参阅 Kari Ellen Gade (ed.), *Poetry from the Kings' Sagas* 2: *From c. 1035 to c. 1300*. Turnhout: Brepols Publishers, 2009, pp. 55 - 56。

② "项链的佩戴者"(menskorð),也指妇女。此喻不难理解。

"苛政王"哈拉尔在挪威的继承人是他的儿子马格努斯和奥拉夫。1069 年，奥拉夫成为唯一的国王。他后来被称作"和平者"奥拉夫。扩张政策被放弃了，挪威此时的外交政策重点关注在北欧诸岛——法罗群岛、奥克尼伯爵领、马恩岛、赫布里底群岛——施展权力，并保护在冰岛的利益。

丹麦和瑞典在 12 ~ 13 世纪经历了新一轮扩张期，对波罗的海南岸、东岸和芬兰实施了远征和征服。其中一些属于十字军运动，被征服者在武力逼迫下改变信仰。瑞典在芬兰获得了稳固的立足点。丹麦在西斯拉夫地区和爱沙尼亚的征服没有建成任何丹麦人聚落，也没有造成持久的丹麦文化影响。

维京时代那种典型的旺盛精力，曾促使一波又一波人前往欧洲各地闯荡，而今已经式微。但维京时代的功业激励了斯堪的纳维亚文学、历史和政治的发展，提升了他们的民族自豪感和认同感。

插页图注释

1. 斯堪的纳维亚和波罗的海地区的卫星照片。

2. 1904 年，挪威南部西福尔郡发掘中的奥塞贝格坟丘。坟丘覆盖了一艘船，其中葬有一位上层阶级的女性，可能是一位王后。834 年，她与大量精美随葬品共同下葬。船本身建于 815 ~ 820 年。

3. 奥塞贝格墓葬中的家用器皿：提梁桶、饲料槽、碗、勺、刀。提梁桶（中）出自爱尔兰或苏格兰。藏于奥斯陆大学文化史博物馆。

4. 维京武士：在瑞典乌普兰的锡格蒂纳发现的一枚驼鹿角配件尖端的雕饰。头部长度（包括胡子和头盔）为 4 厘米。藏于斯德哥尔摩瑞典历史博物馆。

5. 人体肠道寄生虫（鞭虫）卵，出自维京时代英格兰约克的一座粪坑。长 0.055 毫米。

6. 挪威南部布斯克吕郡霍恩的维京窖藏，很可能是 9 世纪 60 年代埋藏的。含 2.5 千克金器，以及银、串珠。大型三叶草形累丝植物纹配件是展现法兰克金匠艺术水准的绝佳案例之一，硬币来自罗马、拜占庭、阿拉伯、盎格鲁－撒克逊和法兰克。藏于奥斯陆大学文化史博物馆。

7. 挪威泰勒马克郡默斯特兰，维京时代从沼铁矿中炼铁的地点之一。

8. 挪威的防御性和进攻性武器：剑、矛头、斧刃，以及耶尔蒙德布酉长墓中的头盔和戈克斯塔德船中的一面盾牌。藏于奥斯陆大学文化史博物馆。

9. 瑞典比约克岛上比尔卡城的航拍照片，视角由北向南。该岛由桦树得名，至今岛上仍有桦树。

10. 比尔卡墓葬中的玻璃饮器，它们均在西欧生产。藏于斯德哥尔摩瑞典历史博物馆。

11. 积雪覆盖的坟丘，位于挪威西福尔郡的博勒，游吟诗歌将其与挪威诸王联系在一起。

12. 丹麦日德兰耶灵的两座卢恩石碑。右边是戈姆国王献给妻子蒂雷的纪念碑，左边是哈拉尔国王献给父母和他自身功业的纪念碑：大多数长铭文位于三面碑的第一面；绘有基督的第三面见插页图 18，而此处展示了第二面上高视阔步、身缠长蛇的巨兽。图画和纹饰是浅浮雕形式，背景用煤烟染黑以起到突出图饰的作用。

13. 菲尔卡特一座房屋的等比复建物，1985 年完工。菲尔卡特是丹麦的几何形堡垒之一。该房屋 28.5 米长，中部 7.5 米宽，山墙 5 米长，因为长墙是均匀地弯曲的。它分为三部分：中央一座大厅堂，长度 3 倍于两端的山墙室。有四个出入口：每面山墙各一道门，每面长墙各一道门。后者打开就是两道分隔墙隔出的厅堂，且两扇门都有外设的门廊保护。山墙室也能通向厅堂。一些房屋在厅堂中间有一个火塘，沿着外墙还有约 1.5 米宽的低矮平台。主屋顶和门廊顶由倾斜的柱子从外侧支撑。

房屋由橡木建成，用斧头按放射状劈开。墙木的上端由一道横向的木板即承梁板保护，而下端则插入地下。两面分隔墙顶部的桁架梁，可能还有厅堂上方的另外两根桁架梁，将房屋交错固定在一起。房顶想必是用椽搭建的，由墙壁和倾斜的外柱以及檐檩支撑。弓形的墙壁大概是一种风格上的特征，但它也意味着中央火塘四周有更加宽敞的占地空间，且使房屋在强风中更加稳固。屋脊和屋面也是弯曲的。

14. 丹麦西兰岛上几何形的特雷勒堡的航拍照片。视角自东向西。内径 134 米。该堡垒位于楚泽河与沃尔比河之间的夹河滩。

15. 8 世纪或 9 世纪瑞典哥得兰岛莱尔布鲁的哈马尔斯图像碑。高约 3 米。在基底处，是一艘满帆的战船，舷缘挂着盾牌，这幅图可能描绘的是前往亡灵世界的景象。在它上方，是人、马、鸟的形象，包括战斗场景。从上方往下第三幅图，是献祭的场景。最左边挂在树上的人可能是人牲，也可能是挂在世界树上的奥丁。奥丁通过挂在树上，获取智慧和关于卢恩文字的知识。

16. 托尔之锤是托尔力量的象征。这里是以银坠饰的形式呈现的。它出自瑞典厄兰岛的布雷德瑟特拉。高4.6厘米。藏于斯德哥尔摩瑞典历史博物馆。

17. 挪威特隆赫姆一处银窖藏中的十字架形坠饰，埋于1030年前后。像当时常见的那样，基督被描绘成一位自豪的胜利之神，这里还画上了优雅的胡子。高7厘米。藏于特隆赫姆大学博物馆。

18. "蓝牙王"哈拉尔在丹麦日德兰耶灵的大型卢恩石碑上的基督形象。图下方是长铭文"让丹麦人成为基督徒"的结尾。卢恩文字、图画、纹饰在煤烟染黑的背景上显得突出。石碑的另一个绘面见插页图12。

19. 博勒风格。三只镀金青铜配件。A和C出自博勒，而B出自挪威西福尔郡的戈克斯塔德。它们展示了该风格的特色图式：A. 环链；B. 身体回扭的攫取兽；C. 紧凑、半自然主义的动物。高度：A.5.1厘米；B.2.3厘米；C.2.9厘米。藏于奥斯陆大学文化史博物馆。

20. 耶灵风格。银杯，有镀金和乌银痕迹，出自丹麦耶灵北坟丘墓室。高4.3厘米。两只镀金银带铐，出自耶灵教堂下的墓葬。分别长2.8厘米和7.4厘米。藏于哥本哈根丹麦国家博物馆。

21. 马门风格。丹麦日德兰马门墓葬中的斧头，以银丝镶嵌手法装饰着一只大鸟。斧头的另一面是蔓须纹饰。长17.5厘米。藏于哥本哈根丹麦国家博物馆。

22. 灵厄里克风格。伦敦圣保罗教堂基地中一副盒状棺材上的石灰岩厚板。它以斯堪的纳维亚灵厄里克风格装饰，具有该风格的主图式：一只缠绕着较小蛇状生物的巨兽。石板上有颜料残迹，边缘有部分卢恩铭文。长57厘米。藏于伦敦博物馆。

23. 乌尔内斯风格。现在的乌尔内斯教堂重新使用的 1130 年前后制作的带雕饰的门框和门面，位于挪威松恩和菲尤拉讷郡。瘦长的兽、蛇、蔓须形成的优雅弯曲辫状物构成了整个装饰。

24. 9 世纪奥克尼劳赛岛韦斯特内斯的斯堪的纳维亚坟墓。该男性去世时约 30 岁，以异教习俗下葬并留有各种随葬品：盾、箭袋、镰刀、刀、羊毛剪、梳子、衣针和 25 枚骨制赌博筹码。

25. 英格兰北约克郡布朗普顿教堂中三块房屋形的墓碑，被称作"猪背"。前方的墓碑 128 厘米长。"猪背"有着弯曲的长墙和弯曲的屋脊，与当时的大型房屋相同。前两座有叠瓦式房顶。封嘴并抓住山墙的大熊含义不明。

26. 英格兰兰开夏郡奎尔达尔发现的巨量窖藏中的白银。重约 40 千克，905 年前后藏在里布尔河一岸的一个铅柜中。它包含了来自四面八方的银器：硬币、首饰和其他物件，以及很多残片。藏于大英博物馆。

27. 克努特大帝和艾玛王后向温切斯特的新明斯特教堂捐献一枚黄金祭坛十字架。克努特的右手握住十字架，左手持剑。国王夫妇的名字写在他们头上。王后头上的是她的英语名字"Ælfgyfu"。图片出自教堂记录教友和施主的备忘录《生命之书》（很可能始于 1031 年）的羊皮纸。这是克努特现存唯一的同时代画像。藏于大英图书馆。

28. 格陵兰。布拉塔利兹平原北部，视角向北越过埃里克峡湾（图努利雅菲克）。这里有维京时代和中世纪遗迹以及现代建筑：（1）1300年前后的中世纪教堂和教堂墓地，有前身；（2）一座同时代的居室；（3）牛棚和谷仓；（4）草炭为墙的小教堂，是布拉塔利兹已知最早的；（5）长墙略弯曲的建筑，也是草炭土砌成，可能曾是这里最早的居室之一，从这里到小教堂的距离在照片上有失真，其实只有 45 米。房屋（5）可能属于"赤发鬼"埃里克，教堂（4）很可能是西约德希尔德的。

译文说明

人名一般以古诺尔斯语的规范词形呈现，省略了主格词尾。然而，如果存在一种公认的英语词形，例如"Cnut"，就采用这种词形。地名以现代词形呈现，无论这些词存在于何时。

引文从下列作品中摘抄或翻译。

1. 广泛引用的作品

卢恩铭文（除非在第二类中另有列举）

Denmark（including Skåne）：E. Moltke, *Runes and their Origin: Denmark and elsewhere*, Copenhagen, 1985.

Norway：Magnus Olsen *et al.*, *Norges innskrifter med de yngre runer*, Oslo, 1941 ff.

Sweden：S. B. F. Jansson, *Runes in Sweden*, Gidlunds, Stockholm, 1987.

《盎格鲁－撒克逊编年史》

English Historical Documents vol. 1 （ed. D. Whitelock）, rev. ed., London, 1979.

不来梅的亚当

History of the Archbishops of Hamburg-Bremen（trans. F. J. Tschan）, New York, 1959.

塔尔图希、伊本·法德兰和其他阿拉伯旅行家（除非在第二类中另有列举）

H. Birkeland, *Nordens historie i middelalderen etter arabiske kilder*, Oslo, 1954.

The translations from Ibn Fadhlan have also used S. Wikander：*Araber*

Vikingar Väringar, Svenska Humanistiska Forbundet, 90, Lund, 1978.

2. 个别引用的作品（以下页码为原书页码，即本书页边码）

p. 13 Snorri Sturluson on Ari: *Heimskringla*, Part 2, *Sagas of the Norse Kings* (trans. S. Laing, rev. P. Foote), London, New York, 1975, p. 6.

p. 13 Snorri Sturluson on Harald Finehair: ibid. , p. 4.

p. 17 Regino's Chronicle AD 892: *Quellen zur Karolingischen Reichsgeschichte* Vol. 3 (rev. R. Rau), Darmstadt, 1969, p. 296 f.

p. 32 *Rígstula*: *Edda*: *Die Lieder des Codex Regius* I (ed. H. Kuhn), Heidelberg, 1962, p. 280 ff.

p. 35 Danish fashions: *English Historical Documents* Vol. I (ed. D. Whitelock), rev. ed. , London, 1979, p. 895 f.

p. 40 *Rígstula*: op. cit.

p. 52 Ansgar AD 831: *Proceedings of the Sixth Viking Congress*, *Uppsala 1969*, Uppsala, 1971, p. 74.

p. 56 Annals of Xanten AD 837: *Quellen zur Karolingischen Reichsgeschichte* Vol. 2 (ed. R. Rau), Darmstadt, 1972, p. 324 f.

p. 62 Dynna stone: trans. R. I. Page in J. Graham-Campbell, *The Viking World*, rev. ed. London, 1989, p. 158.

p. 65 *Hávamál*: *The Elder Edda*: *A Selection* (trans. P. B. Taylor and W. H. Auden), London, 1969, p. 47 ff.

p. 73 Ansgar and King Olaf: *Rimbert*: *Ansgars levned* (trans. P. A. Fenger, rev. H. Olrik), 5th ed. Copenhagen, 1926, p. 141.

p. 77 Magnus Barefoot: *Heimskringla*, op. cit. , p. 275.

p. 78 Cnut's letter: *English Historical Documents* Vol. 1 (ed. D. Whitelock), rev. ed. London, 1979, p. 476.

p. 92 Monk of St Omer: *Encomium Emmae Reginae* (ed. and trans. A. Campbell), *Camden Third Series* vol. 72, London, 1949, p. 12 f.

p. 111 Ohthere: *Two Voyagers to the Court of King Alfred* (ed. N. Lund, trans. C. Fell), York, 1984, p. 18 ff.

p. 124 At-Tartūshi on Hedeby: J. Graham-Campbell, *The Viking World*, rev. ed. London, 1989, p. 92.

p. 124 Annals of Fulda AD 873: *Quellen zur Karolingischen Reichsgeschichte* Vol. 3 (rev. R. Rau), Darmstadt, 1969, p. 88 ff.

p. 153 Egil Skallagrímsson: *Egils saga* (ed. and trans. C. Fell, poems trans. J. Lucas), London, 1975, p. 70.

p. 170 Widukind: *Quellen zur Geschichte der sächsischen Kaiserzeit* (rev. A. Bauer and R. Rau), Darmstadt, 1971, p. 168 ff.

p. 187 Hällestad stone: Sven B. F. Jansson, *Runes in Sweden* (trans. Peter Foote), Stockholm, 1987, p. 86.

p. 191 *Vǫluspá*: *The Elder Edda*, op. cit., p. 145.

p. 191 *Hávamál*: *The Elder Edda*, op. cit., p. 47.

p. 192 Egil Skallagr ímsson: *Egils saga*, op. cit., pp. xxiii ff, 84 f.

p. 197 Dudo: *Dudo: Normandiets historie under de første Hertuger* (trans. E. Albrectsen), Odense, 1979, p. 23.

p. 201 Senja ring: R. I. Page, '*A most vile people*': *Early English historians on the Vikings*, Dorothea Coke Memorial Lecture 1986, London, 1987, p. 6.

p. 207 Annals of St Bertin ad 841: *Quellen zur Karolingischen Reichsgeschichte* Vol. 2 (rev. R. Rau), Darmstadt, 1972, p. 54 f.

p. 208 Attack on Paris ad 845: ibid., p. 66 f.

p. 209 Ermentarius of Noirmoutier: J. Graham-Campbell, *The Viking World*, rev. ed. London, 1989, p. 31 f.

p. 209 Settlement in Aquitaine: *Quellen zur Karolingischen Reichsgeschichte* Vol. 2, p. 66 f.

p. 211 Lothar and Rurik: ibid., p. 76 f.

p. 212 Regino Chronicle: op. cit., p. 268 f.

p. 226 Iona stone: A. Liestøl, 'An Iona Rune Stone', *The Viking Age in the Isle of Man*, Select papers from the Ninth Viking Congress, Isle of Man, 4 – 14 July 1981 (ed. C. Fell *et al.*), London, 1983, p. 85.

p. 230 Kirk Michael stone: H. Shetelig, *Viking Antiquities in Great Britain and Ireland* Part 4, Oslo, 1954, p. 209.

p. 264 Óttar: *Knytlinga saga* (ed. and trans. Hermann Pálsson and P. Edwards), Odense, 1986, p. 28.

p. 267 Cnut: ibid. , p. 43.

p. 270 St Paul's stone: E. Moltke, *Runes and their Origin: Denmark and Elsewhere*, Copenhagen, 1985, p. 325.

p. 276 Ari: ' The Book of the Icelanders (Íslendingabók) ' (ed. and trans. Halldórr Hermansson), *Islandica* Vol. 20, Cornell, 1930, p. 60.

p. 298 ' The Legend of the Calling of the Princes ' : *The Russian Primary Chronicle: Laurentian Text* (ed. and trans. S. H. Cross and O. P. Sherbowitz-Wetzor), Cambridge MA, 1953, p. 59.

p. 300 Berezani inscription: S. B. F. Jansson, *Runes in Sweden*, Gidlunds, Stockholm, 1987, p. 61.

p. 309 Harald Harðráði: E. O. G. Turville-Petre, *Harald the Hard-ruler and his Poets*, Dorothea Coke Memorial Lecture 1966, London, 1968, p. 20.

参考文献

本参考文献旨在介绍维京时代的大量文献和文字史料。大多数引用的作品（其中一些可以在网络上浏览）提供了进一步的参考书目。

外文作品的英译本无论何时出版，这里都提供英译本。文字史料的版本提供它们的现代译本（尽量提供英译本；其中很多史料都有其他版本），几乎所有版本都包含了大量评注。引用源的完整书目见"译文说明"。参考文献编排如下：

1. 综合类作品。

2. 辞典和当前的会议报告。

3. 部分文字史料。（1）斯堪的纳维亚；（2）西欧大陆；（3）盎格鲁－撒克逊；（4）东欧和阿拉伯。

4. 斯堪的纳维亚。（1）调查资料和综合类作品；（2）个别章节补充书目。

5. 扩张。（1）综合类作品和特定领域；（2）个别章节补充书目。

1. 综合类作品

Brink, S., in coll. with N. Price (eds.): *The Viking World*. London, New York 2008.

Foote, P. G. & D. M. Wilson: *The Viking Achievement*. London 1970, 2nd ed. 1980.

Graham-Campbell, J.: *Viking Artefacts. A Select Catalogue*. London 1980.

Graham-Campbell, J.: *The Viking World*. 4th ed. London 2013.

Hall, R.: *Exploring the World of the Vikings*. London 2007.

Jesch, J. : *The Viking Diaspora*. London, New York 2015.

McTurk, R. (ed.) : *A Companion to Old Norse Literature and Culture*. Oxford 2005.

Page, R. I. : *Chronicles of the Vikings*. London 1995.

Price, N. : Viking archaeology in the 21st century. *Medieval Archaeology in Scandinavia and Beyond. History, Trends and Tomorrow* (ed. M. S. Kristiansen, E. Roesdahl, J. Graham-Campbell). Aarhus 2015.

Roesdahl, E. & D. M. Wilson (eds.) : *From Viking to Crusader. Scandinavia and Europe* 800 – 1200. Copenhagen, New York 1992.

Roesdahl, E. & P. Meulengracht Søensen (eds.) : *The Waking of Angantyr. The Scandinavian Past in European Culture. Den nordiske fortidi europæisk kultur*. Århus 1996.

Sindbæk, S. M. & A. Trakadas (eds.) : *The World in the Viking Age*. Roskilde 2014.

Williams, G. , P. Pentz & M. Wemhoff (eds.) : *Vikings. Life and Legend*. London 2014.

Wilson, D. M. : *Vikings and Gods in European Art*. Højbjerg 1997.

2. 辞典和当前的会议报告

Medieval Scandinavia. An Encyclopedia (ed. P. Pulsiano *et al.*) . New York, London 1993.

Reallexikon der Germanischen Altertumskunde 1 ff. Berlin, New York 1968 – 2008.

Beretning fra første (*ff.*) *tvæfaglige vikingesymposium*. Højbjerg 1983 ff. (proceedings of annual interdisciplinary Viking symposia published in Scandinavian, German or English).

Proceedings of the First (*ff.*) *Viking Congress* (proceedings of interdisciplinary Viking congresses held every four years since 1949, published in English in a Scandinavian or British country under slightly varying titles. From the ninth congress on the proceedings are based on regions or countries but may also contain other contributions).

3. 部分文字史料

(1) 斯堪的纳维亚

Danmarks Runeindskrifter (ed. L. Jacobsen & E. Moltke). København 1941 – 2.

Norges innskrifter med de yngre runer 1 – 5 (ed. M. Olsen & A. Liestøl). Oslo 194160.

Sveriges Runinskrifter. Stockholm 1900 ff.

Den norsk-islandske Skjaldedigtning A I – II, B I – II (ed. F. Jónsson). København 1912 – 15.

The Elder Edda: A Selection (trans. P. B. Taylor & W. H. Auden). London 1969.

The Poetic Edda (trans. and introd. Lee M. Hollander) . 2nd rev. ed. Austin, Texas 1969.

Snorri Sturluson: *Edda* (trans. and introd. A. Faulkes) . London and Melbourne 1987.

Snorri Sturluson: *Heimskringla: The Olaf Sagas* 1 – 2 (trans. S. Laing, rev. J. Simpson) . London, New York 1964 (and later eds.).

Snorri Sturluson: *Heimskringla: Sagas of the Norse Kings* (trans. S. Laing, rev. P. Foote) . London, New York 1961 (and later eds.).

Ohthere's Voyages. A Late 9th – century Account of Voyages along the Coasts of Norway and Denmark and its Cultural Context (ed. H. Bately & A. Englert). Roskilde 2007.

Wulfstan's Voyage. The Baltic Sea Region in the Early Viking Age as seen from a Shipboard (ed. A. Englert & A. Trakadas) . Roskilde 2009.

(2) 西欧大陆

Abbon. Le siège de Paris par les Normands: Poème du IXe siècle (trans. and ed. H. Waquet). *Les classiques de l'histoire de France au moyen age.* Paris 1942; 2nd ed. 1964.

Adam of Bremen. History of the Archbishops of Hamburg-Bremen (trans. F. J. Tschan). New York 1975.

Dudo. Normandiets Historie under de første Hertuger (trans. and commentary E. Albrectsen). Odense 1979.

Quellen zur Karolingischen Reichsgeschichte I, Die Reichsannalen, Einhard Leben Karls des Grossen, Zwei 'Leben' Ludwigs, Nithard Geschichten (rev. P. Rau). Berlin 1955.

Quellen zur Karolingischen Reichsgeschichte II, Jahrbücher von St Bertin, Jahrbücher von St Vaast, Xantener Jahrbücher (rev. R. Rau). Darmstadt 1972.

Quellen zur Karolingischen Reichsgeschichte III, Jahrbücher von Fulda, Regino Chronik, Notker Taten Karls (rev. R. Rau). Darmstadt 1969.

Rimbert. 'Leben Ansgars'. *Quellen des 9. und 11. Jahrhunderts zur Geschichte der Hamburgischen Kirche und des Reiches* (ed. W. Trillmich & R. Buchner). Darmstadt 1973.

Scholtz, B. W.: *Carolingian Chronicles.* Ann Arbor MI 1970.

Vikingerne i Franken. Skriftlige Kilder fra det 9. århundrede (trans. E. Albrectsen). Odense 1976. (Extracts from annals and chronicles which mention Vikings).

Widukind. 'Sachsengeschichte' *Quellen zur Geschichte der sächsischen Kaiserzeit* (rev. A. Bauer & R. Rau). Darmstadt 1971.

(3) 盎格鲁－撒克逊

Encomium Emmae Reginae (ed. and trans. A. Campbell). London 1949 (written in Flanders).

English Historical Documents I, c. 500 – 1042 (ed. D. Whitelock). London 1955, rev. ed. 1979. (This is the best modern English translation of the various editions of the Anglo-Saxon Chronicle; it also includes a number of other sources which mention Vikings.)

(4) 东欧和阿拉伯

Birkeland, H. : *Nordens historie i middelalderen etter arabiske kilder.* Oslo 1954.

Constantine Porphyrogenitus. De Administrando Imperio (ed. Gy. Moravcsik, trans. R. J. H. Jenkins), Dumbarton Oaks Texts I. Columbia 1967.

Jacob, G. : Arabische Berichte von Gesandten an germanische Fürstenhöfe aus dem 9. und 10. Jahrhundert. *Quellen zur Deutschen Volkskunde I* (trans. and notes V. von Geramb et al.) . Berlin. Leipzig 1927.

Lunde, P. & C. Stone (trans.): *Ibn Fadlan and the Land of Darkness. Arab Travellers in the Far North.* London 2012.

The Russian Primary Chronicle: Laurentian Text (ed. and trans. S. H. Cross & P. O. Sherbowitz-Wetzor). The Medieval Academy of America, No. 60. Cambridge MA 1953.

4. 斯堪的纳维亚

(1) 调查资料和综合类作品

Fellows-Jensen, G. : Place-names. *Medieval Scandinavia. An Encyclopedia* (ed. P. Pulsiano et al.) . New York, London 1993.

Jesch, J. : *Ships and Men in the Late Viking Age. The Vocabulary of Runic Inscriptions and Skaldic Verse.* Woodbridge 2001.

Lund, N. : Scandinavia c. 700 – 1066. *The New Cambridge Medieval*

History II（ed. R. McKitterick）. Cambridge 1995.

Meulengracht Sørensen, P.：*At fortælle Historien. Telling History.* Trieste 2001.

Ojala, C. - G.：*Sámi Prehistories. The Politics of Archaeology and Identity in Northernmost Europe.* Uppsala 2009.

Pedersen, A. & S. M. Sindbæk（eds.）：*Et fælles hav-Skagerrak og Kattegat i vikingetiden.* København 2015.

Sawyer, B. & P.：*Medieval Scandinavia. From Conversion to Reformation, circa 800 - 1500.* Minneapolis, London 1993.

丹麦

Christensen, A. E.：*Vikingetidens Danmark.* København 1969, reprint 1977.

Iversen, M. et al.（eds.）：*Mammen. Grav, kunst og samfund i vikingetid.* Århus 1991.

Jensen, J.：*The Prehistory of Denmark. From the Stone Age to the Vikings.* København 2013.

Moltke, E.：*Runes and their Origin: Denmark and Elsewhere.* Copenhagen 1985.

Olsen, O.：*Da Danmark blev til.* København 1999.

Pedersen, A.：*Dead Warriors in Living Memory. A Study of Weapon and Equestrian Burials in Viking-Age Denmark, AD 800 - 1000.* Copenhagen 2014.

Roesdahl, E.：*Viking Age Denmark.* London 1982.

Sawyer, P.：Da Danmark blev Danmark. *Gyldendal og Politikens Danmarkshistorie* vol. 3（ed. O. Olsen）. København 1988.

Skovgaard-Petersen, I.：The making of the Danish kingdom. *The Cambridge History of Scandinavia. Vol. 1 Prehistory to 1520*（ed. K. Helle）. Cambridge 2003.

挪威

Andersen, P. S. : *Samlingen av Norge og kristningen av landet 800 – 1130*. Oslo 1977.

Bonde, N. & A. E. Christensen: Dendrochronological dating of the Viking Age ship burials at Oseberg, Gokstad and Tune. *Antiquity* 67, 1993.

Brøgger, A. W. , H. Falk & H. Schetelig: *Osebergfundet* I – III, V. Oslo 1917 – 28.

Christensen, A. E, A. S. Ingstad & B. Myhre: *Osebergdronningens grav.* Oslo 1992.

Christensen, A. E. & M. Nockert: *Osebergfunnet* IV. Textilene. Oslo 2006.

Fuglesang, S. H. & D. M. Wilson (eds.) : *The Hoen Hoard. A Viking Gold Treasure of the Ninth Century.* Oslo 2006.

Gokstadfunnet. Et 100 – *års minne. Centenary of a Norwegian Viking Find. The Gokstad Excavations.* Sandefjordmuseene Årbok 1979 – 80.

Krag, C. : The early unification of Norway. *The Cambridge History of Scandinavia. Vol. 1 Prehistory to 1520* (ed. K. Helle) . Cambridge 2003.

Ohthere-S Voyages. A Late 9th – century Account of Voyages along the Coasts of Norway and Denmark and its Cultural Context (ed. H. Bately & A. Englert) . Roskilde 2007.

Proceedings of the Tenth Viking Congress, Universitetets Oldsaksamlings Skrifter, Ny Rekke, Festskrift for Charlotte Blindheim (ed. J. E. Knirk). Oslo 1987.

Spurkland, T. : *Norwegian Runes and Runic Inscriptions.* Woodbridge 2005.

Stamsø Munch, G. , O. S. Johansen & E. Roesdahl (eds.) : *Borg in Lofoten. A Chieftain's Farm in North Norway.* Trondheim 2003.

瑞典

Arbman, H. : *Birka I. Die Gräber. Tafeln. Stockholm* 1940; *Text.*
Uppsala 1943.

Arwidsson, G. (ed.): *Birka* II: 1 – 3. *Systematische Analysen der Gräberfunde.* Stockholm 1984, 1986, 1989.

Jansson, I. (ed.): *Gutar och vikingar.* Stockholm 1983.

Jansson, S. B. F. : *Runes in Sweden.* Stockholm 1987.

Lindkvist, T. : Kings and provinces in Sweden. *The Cambridge History of Scandinavia. Vol. 1 Prehistory to 1520* (ed. K. Helle). Cambridge 2003.

Norr, S. : *Valsgärde Studies. The Place and its People, Past and Present.* Uppsala 2008.

Nylen, P. & J. P. Lamm: *Stones, Ships and Symbols.* Stockholm 1988.

(2) 个别章节补充书目

The People (pp. 32 – 48)[①]. *Language, Writing and Personal Names* (pp. 49 – 54)

Barnes, M. P. : *Runes. A Handbook.* Woodbridge 2012.

Ewing, T. : *Viking Clothing.* Stroud 2006.

Hägg, I. : *Kvinnodräkten i Birka.* Uppsala 1974.

Hägg, I. : Die Textilfunde aus dem Hafen von Haithabu, *Berichte über die Ausgrabungen in Haithabu* 20 (ed. K. Schietzel). Neumünster 1984.

Petersen, J. : *Vikingetidens smykker.* Stavanger 1928.

Sellevold, B. J. , U. Lund Hansen & J. Balslev Jørgensen: *Iron Age Man in Denmark.* København 1984.

Wamers, E. : *Insularer Metallschmuck in wikingerzeitlichen Gräbern*

---

① 此处页码为原英文书页码，即本书页边码，后同。

398 / 维京人

Nordeuropas. Neumünster 1985.

Society (pp. 55 – 67). *Kings and Kingdoms* (pp. 68 – 81) *Beretning fra nittende tværfaglige vikingesymposium* (ed. E. Roesdahl & P. Meulengracht Sørensen). Højbjerg 2000.

Brink, S. : *Vikingarnas Slaver. Den Nordiska Träldommen under Yngra Järnålder och Tidig Medeltid.* Stockholm 2012.

Brøgger, A. W. : *Borrefundet og Vestfoldkongernes grave.* Videnskapssels kapets Skrifter 2. Kristiania 1916.

Christensen, T. : *Lejre bag myten. De arkæologiske udgravninger.* Højbjerg 2015.

Holst, M. , M. D. Jessen, S. W. Andersen & A. Pedersen: The Late Viking-Age Royal Constructions at Jelling, Central Jutland. *Praehistorische Zeitschrift* 87: 2, 2012.

Jesch, J. : *Women in the Viking Age.* Woodbridge 1991.

Jessen, M. D. , M. K. Holst, C. Lindblom, N. Bonde & A. Pedersen: A Palisade fit for a King-ideal architecture in King Harald Bluetooth's Jelling. *Norwegian Archaeological Review* 2014.

Jørgensen, L. : Pre-Christian cult at aristocratic residences and settlement complexes in southern Scandinavia in the 3rd – 10th centuries AD. *Glaube, Kult und Herrschaft. Phänomene des Religiösen im 1. Jahrtausend n. Chr. in Mittel-und Nordeuropa* (ed. U. von Freeden et al.). Bonn 2009.

Krogh, K. J. : The Royal Viking-Age Monuments in Jelling in the Light of Recent Archaeological Excavations. *Acta Archaeologica* 53. 1982.

Larsson, L. & B. Hårdh (eds.): *Centrala platser, centrala frågor. Samhällsstrukturenunder järnålder. En vänbok till Berta Stjernquist* (Uppåkrastudier 1). Lund 1998.

Pantos, A. & S. Semple (eds.): *Assembly Places and Practices in*

Medieval Europe. Dublin 2004.

Sawyer, B. : *The Viking-Age Rune-stones.* Oxford 2000.

Sundqvist, O. , P. Vikstrand, J. Ljungkvist: *Gamla Uppsala i ny belysning.* Uppsala 2013.

Travel, Transport and Ships (pp. 82 – 98)

Andersen, E. , O. Crumlin-Pedersen, S. Vadstrup & M. Vinner: *Roar Ege. Skuldelev 3 skibet som arkæologisk eksperiment.* Roskilde 1997.

Bill, J. & E. Roesdahl: Travel and Transport. *The Archaeology of Medieval Europe Vol.* 1. *Eighth to Twelfth Centuries AD* (ed. J. Graham-Campbell with M. Valor) . Aarhus 2007.

Brøgger, A. W. & H. Shetelig: *The Viking Ships.* Oslo 1951.

Crumlin-Pedersen, O. : *Viking-Age Ships and Shipbuilding in Hedeby/ Haithabu and Schleswig.* Schleswig & Roskilde 1997.

Crumlin-Pedersen, O. : *The Skuldelev Ships I. Topography, Archaeology, History, Conservation and Display.* Roskilde 2002.

Crumlin-Pedersen, O. : *Archaeology and the Sea in Scandinavia and Britain. A Personal Account.* Roskilde 2010.

Englert, A. : *Large Cargo Ships in Danish Waters 1000 – 1250. Evidence of Specialised Merchant Seafaring prior to the Hanseatic Period.* Roskilde 2015.

Kalmring, S. : *Der Hafen von Haithabu.* Neumünster 2010.

Livelihood and Settlement (pp. 99 – 113)

Brink, S. : Social order in the early Scandinavian landscape. *Settlement and Landscape* (ed. C. Fabech & J. Ringtved) . Højbjerg 1998.

Clarke, H. (ed.): *Iron and Man in Prehistoric Sweden.* Stockholm 1979.

Hvass, S. : Bebyggelse og politik i Danmarks vikingetid-udgravningerne i Vorbasse. *Nationalmuseets Arbejdsmark* 2011.

Mikkelsen, E. : *Fangstprodukter i vikingtidens og middelalderens økonomi.* Oslo 1994.

Poulsen, B. & S. M. Sindbæk (eds.) : *Settlement and Lordship in Viking and Medieval Scandinavia.* Turnhout 2011.

Exchange, Silver and Merchandise (pp. 114 – 22). *Trade and Towns* (pp. 123 – 135)

Bencard, M. et al. (eds.) : *Ribe Excavations 1970 – 76*, vols. 1 – 6. Esbjerg 1981 – 90 (vols. 1 – 4); Højbjerg 2004, 2011 (vols. 5 – 6).

Birka Studies 1ff. Stockholm 1992ff.

Blackburn, M. A. S. & D. M. Metcalf (eds.) : *Viking-Age Coinage in the Northern Lands.* Oxford 1981.

Clarke, H. & B. Ambrosiani : *Towns in the Viking Age.* Leicester 1991, 2nd rev. ed. 1995.

Feveile, C. (ed.) : *Det ældste Ribe. Udgravninger pånordsiden af Ribe Å 1984 – 2000*, vols. 1. 1 – 1. 2. Højbjerg 2006.

Hårdh, B. : *Silver in the Viking Age. A Regional-Economic Study.* Stockholm 1996.

Graham-Campbell, J. & G. Williams (eds.) : *Silver Economy in the Viking Age.* Walnut Creek 2007.

Graham-Campbell, J. , S. M. Sindbæk & G. Williams (eds.) : *Silver Economies, Monetisation and Society in Scandinavia, AD 800 – 1100.* Århus 2011.

Hansen, G. , S. P. Ashby & I. Baug (eds.) : *Everyday Products in the Middle Ages. Crafts, Consumption and the Individual in Northern Europe, c. AD 800 – 1600.* Oxford 2015.

Heijne, C. v: *Särpräglat. Vikingatida och tidigmedeltida myntfynd från Danmark, Skåne, Blekinge och Halland (ca. 800 – 1130)*. Stockholm 2004.

Madsen, H. J. : Vikingernes by 900 – 1100. *Århus. Byens historie* vol. 1 (ed. I. Gejl) . Århus 1996.

Maixner, B. : *Haithabu. Fernhandelscentrum zwischen den Welten*. Schleswig 2010.

Malmer B. : *Den svenska mynthistoria. Vikingatiden, ca 995 – 1030*. Stockholm 2010.

Moesgaard, J. C. : *King Harold's Cross Coinage. Christian Coins for the Merchants of Haithabu and the King's Soldiers*. Copenhagen 2015.

Pedersen, U. : *Into the Melting Pot. Non-ferrous Metalworkers in Viking Period Kaupang*. (Kaupang Excavation Project Publication Series, vol. 4). Aarhus 2016.

Ribe Bys Historie 1. 710 – 1500 (ed. S. B. Christensen) . Ribe 2010.

Ros, J. : *Stad och gård. Sigtuna under sen vikingatid och tidig medeltid. Town and House. Sigtuna during Late Viking Age and Early Medieval Period*. Uppsala 2009.

Schietzel, K. : *Spurensuche Haithabu. Dokumentation und Chronik 1963 – 2013*. Neumünster 2014.

Sindbæk, S. : Networks and nodal points. The emergence of towns in Early Viking Age Scandinavia. *Antiquity* 81, 2007.

Skre, D. (ed.): *Kaupang in Skiringssal ; Means of Exchange. Dealing with Silver in the Viking Age ; Things from the Town. Artefacts and Inhabitants in Viking-age Kaupang* (Kaupang Excavation Project Publication Series vols. 1 – 3). Aarhus 2007 – 2011.

Tusindtallets danske mønter/Danish Coins from the 11th Century (ed. J. Steen Jensen) . København 1995.

Fortification, Weapons and Warfare (pp. 136 – 54)

Andersen, H. H. : *Danevirke og Kovirke.* Arkæologiske undersøgelser *1861 – 1993.* Højbjerg 1998. (With German summary).

Androshcuk, F. : *Viking Swords. Swords and Social Aspects of Weaponry in Viking Age Societies.* Stockholm 2014.

Borg, K. , U. Näsman & E. Wegræus (eds.) : *Eketorp. Fortification and Settlement on Öland/Sweden. The Monument.* Stockholm 1976.

Dobat, A. S. : Danevirke Revisited: An Investigation into Military and Socio-political Organisation in South Scandinavia (c AD 700 to 1100). *Medieval Archaeology* 52, 2008.

Hedenstierna-Jonson, C. : *The Birka Warrior. The Material Culture of a Martial Society.* Stockholm 2006.

Malmros, R. : Leiðangr in Old Norse court poetry. *Maritime Warfare in Northern Europe. Technology, Organisation, Logistics and Administration 500 BC – 1500 AD* (ed. A. N. Jørgensen, J. Pind, L. Jørgensen, B. Clausen) . Copenhagen 2002.

Olsen, O. & H. Schmidt: *Fyrkat I. Borgen og bebyggelsen.* København 1977.

Pierce, I. : *Swords of the Viking Age.* Woodbridge 2002.

Roesdahl, E. : *Fyrkat II. Oldsagerne og gravpladsen.* København 1977.

Roesdahl, E. , S. M. Sindbæk, A. Pedersen & D. M. Wilson (eds.) : *Aggersborg. The Viking-Age Settlement and Fortress.* Højbjerg 2014.

Scragg, D. (ed.) : *The Battle of Maldon AD 991.* Oxford 1991.

The Old and the New Religion (pp. 155 – 76)

与宗教相关的贵族及王室遗址的多数文献参阅上述 Society. Kings and Kingdoms 部分。

Andrén, A. , K. Jennbert & C. Raudvere (eds.) : *Old Norse Religion in*

Long-term Perspectives. Origins, Changes, and Interactions. Lund 2006.

Garipzanov, I. , with R. Bonté (eds.): *Conversion & Identity in the Viking Age.* Turnhout 2014.

Gräslund, A. – S. : *Ideologi och Mentalitet. Om religionsskiftet i Skandinavien från en arkeologisk horisont.* Uppsala 2001.

Krogh, K. J. : *Gåden om Kong Gorms Grav. Historien om Nordhojen i Jelling* (Vikingekongernes Monumenter i Jelling I) . Kobenhavn 1993.

Krogh, K. J. & B. Leth-Larsen: *Hedensk og Kristent. Fundene fra den kongelige gravhøj i Jelling* (Vikingekongernes Monumenter i Jelling II). København 2007.

Larsson, L. (ed.): *Continuity for Centuries. A Ceremonial Building and its Context at Uppåkra, Southern Sweden* (Uppåkrastudier 10) . Lund 2011.

Lindow, J. : *Handbook of Norse Mythology.* Santa Barbara 2001.

Lund, N. (ed.): *Kristendommen i Danmark for 1050.* Roskilde 2004.

McKinnell, J. , R. Simek, K. Düvel: *Runes, magic and Religion. A Sourcebook.* Wien 2004.

Meulengracht Sorensen, P. : Religions old and new. *The Oxford Illustrated History of the Vikings* (ed. P. Sawyer) . Oxford 1997.

Müller-Wille, M. (ed.): *Rom und Byzanz im Norden. Mission und Glaubenswechsel im Ostseeraum während des 8. – 14. Jahrhunderts* vol. 1. Mainz, Stuttgart 1997.

Nilsson, B. (ed.): *Kristnandet i Sverige.* Uppsala 1996.

Page, R. I. : *Norse Myths.* London 1990.

Price, N. : *The Viking Way. Religion and War in Late Iron Age Scandinavia.* Uppsala 2002.

Raudvere, C. & J. P. Schjødt: *More than Mythology. Narratives, Ritual Practices and Regional Distribution in pre-Christian Scandinavian Religions.* Copenhagen 2012.

Roesdahl, E. : Aristocratic burial in late Viking Age Denmark. Custom, regionality, conversion. *Herrschaft-Tod-Bestattung* (ed. C. von Carnap-Bornheim, D. Krausse & A. Wesse) . Bonn 2006.

Simek, R. : *A Dictionary of Northern Mythology.* Woodbridge 2006.

Słupecki, L. & J. Morawiec: *Between Paganism and Christianity in the North.* Rzeszów 2009.

Turville-Petre, E. O. G. : *Myth and Religion of the North.* London 1964.

Art and Poetry (pp. 177 – 94)

Clunies Ross, M. : *A History of Old Norse Poetry and Poetics.* Cambridge 2005.

Egil's Saga (trans. and ed. C. Fell, poems trans. by J. Lucas), London 1975; paperback 1985.

Fuglesang, S. H. : Viking Art. *The Grove Dictionary of Art* vol. 32 (ed. J. Turner) . New York, London 1996.

Graham-Campbell, J. : *Viking Art.* London 2013.

Jesch, J. : *Viking Poetry of Love and War.* London 2013.

Kristjánsson, J. : *Eddas and Sagas.* Reykjavík 1988.

Wilson, D. M. : *Vikingatidens konst* (Signums svenska konsthistoria). Lund 1995.

Wilson, D. M. & O. Klindt-Jensen: *Viking Art.* London 1966, reprint 1980.

5. 扩张

在 1、2 和 4 (1) 中出现的部分资料也论及扩张的内容。3 部分中资料中大多有随文评论和说明，这些内容对理解部分地区的扩张有至关重要的作用。

（1） 综合类作品和特定领域

Adams, J. & K. Holman (eds.): *Scandinavia and Europe 800 - 1350. Contact, Conflict and Coexistence.* Turnhout 2004.

Barnes, M. P. & R. I. Page: *The Scandinavian Runic Inscriptions of Britain.* Uppsala 2006.

Barrett, J.: What caused the Viking Age? Antiquity 82, 2008.

Frank, R.: Viking Atrocity and Scaldic Verse: The Rite of the Blood-Eagle. *English Historical Review* XCIX, 1984.

Griffiths, D.: *Vikings of the Irish Sea.* Stroud 2010.

Page, R. I.: ' A most vile people ': *Early English Historians on the Vikings.* Dorothea Coke Memorial Lecture 1986. London 1987.

Sawyer, P. (ed.): *The Oxford Illustrated History of the Vikings.* Oxford 1997.

（2） 个别章节补充书目

The Mainland of Western Europe (pp. 205 - 19)

Adigard des Gautries, J.: *Les noms de personnes scandinaves en Normandie de 911 à 1066.* Lund 1954.

Bates, D.: *Normandy Before 1066.* London 1982.

Besteman, J.: Vikings and Frisia from an archaeological perspective. *Beretning fra fireogtyvende tvarfaglige vikingesymposium* (ed. J. Højgaard Jørgensen & H. F. Nielsen). Højbjerg 2005.

d'Haenens, A.: *Les invasions normandes en Belgique au IXe siècle. Le phénomène et sa répercussion dans l'historiographie médiévale.* Louvain 1967.

Flambard Héricher, A. - M. (ed.): *La progression des Vikings, des raids à la colonisation.* Rouen 2003.

Musset, L.: *Nordica et Normannica.* Paris 1997.

Price, N. S.: The Vikings in Brittany. *Saga-Book* XXII:

6. London 1989.

Renaud, J. : *Les Vikings en France*. Rennes 2000.

Simek, R. & U. Engel (eds.) : *Vikings on the Rhine. Recent Research on Early Medieval Relations between the Rhinelands and Scandinavia.* Wien 2004.

Willemsen, A. (ed.) : *Vikings! Raids in the Rhine/Meuse region 800 – 1000.* Utrecht 2004.

Scotland and the Isle of Man (pp. 220 – 30)

Crawford, B. E. : *Scandinavian Scotland*. Leicester 1987.

Graham-Campbell, J. : *The Viking-Age Gold and Silver of Scotland (AD 850 – 1100).* Edinburgh 1995.

Graham-Campbell, J. & C. E. Batey : *Vikings in Scotland*. Edinburgh 1998.

Kermode, P. M. C. : *Manx Crosses. With an Introduction by David M. Wilson.* 2nd ed. Angus 1994 (1st ed. 1907).

Nicolaisen, W. F. H. : *Scottish Place-names.* London 1976.

Orkneyinga Saga. The History of the Earls of Orkney (trans. and introd. by H. Pálsson & P. Edwards) . Harmondsworth 1978.

The Viking Age in Caithness, Orkney and the North Atlantic. Select Papers from the Proceedings of the Eleventh Viking Congress, Thurso and Kirkwall (ed. C. Batey, J. Jesch & C. D. Morris) . Edinburgh 1993.

Wilson, D. M. : *The Vikings in the Isle of Man.* Århus 2008

Ireland (pp. 231 – 42)

Clarke, H. (ed.) : *Medieval Dublin. The Making of a Metropolis.* Dublin 1990.

Clarke, H. B. , M. Ní Mhaonaigh & R. Ó Floinn (eds.) : *Ireland and Scandinavia in the Early Viking Age.* Dublin 1998.

Clarke, H. B. & R. Johnson (eds.) : *The Vikings in Ireland and*

Beyond. *Before and After the Battle of Clontarf.* Dublin 2015.

Harrison, S. H. & R. Ó Floinn: Viking *Graves and Grave-goods in Ireland.* Dublin 2014.

Holm, P. : The Slave Trade of Dublin, Ninth to Twelfth Centuries. *Peritia* 5, 1986.

Medieval Dublin Excavations 1962 – 81. Dublin 1988 ff.

Ó Corráin, D. : *Ireland Before the Normans.* 2. rev. ed. Dublin 2001 (1st ed. 1972).

Smyth, A. P: *Scandinavian York and Dublin.* Dublin 1975; 1979.

The Viking Age: Ireland and the West. Papers from the Proceedings of the Fifteenth Viking Congress, Cork (ed. J. Sheehan & D. Ó Corrain). Dublin 2010.

The Vikings in Ireland (ed. A. – C. Larsen) . Roskilde 2001.

England (pp. 243 – 71)

Bailey, R: *Viking Age Sculpture in Northern England.* London 1980.

Blackburn, M. A. S. : *Viking Coinage and Currency in the British Isles.* Oxford 2010.

British Academy Corpus of Anglo-Saxon Stone Sculpture. London 1984 ff.

Graham-Campbell, J. : *The Cuerdale Hoard and Related Viking-Age Silver and Gold from Britain and Ireland in the British Museum.* London 2011.

Hadley, D. : *The Northern Danelaw: its Social Structure, c. 800 – 1100.* Leicester 2000.

Hadley, D. M. & J. D. Richards (eds.): *Cultures in Contact. Scandinavian Settlement in England in the Ninth and Tenth Centuries.* Turnhout 2000.

Hall, R. A. : *Viking Age York* (English Heritage Book of Viking Age York). London 1994.

Harding, S. E. , D. Griffiths & E. Royles (eds.): *In Search of the*

Vikings. Interdisciplinary approaches to the Scandinavian Heritage of North-west England. Boca Raton 2015.

Kershaw, J. F. : *Viking Identities. Scandinavian Jewellery in England.* Oxford 2013.

Keynes, S. : The Vikings in England, c. 790 – 1016. *The Oxford Illustrated History of the Vikings* (ed. P. Sawyer) . Oxford 1997.

Lawson, M. K. : *Cnut. The Danes in England in the Early Eleventh Century.* London, New York 1993.

Richards, J. D. : *Viking Age England.* 2nd ed. Stroud 2004.

Rumble, A. (ed.) . *The Reign of Cnut. King of England, Denmark and Norway.* Leicester 1994.

Stenton, F. M. : *Anglo-Saxon England.* 3rd ed. Oxford 1971 (1st ed. 1943).

Vikings and the Danelaw. Proceedings of the 13th Viking Congress (ed. J. Graham-Campbell, R. Hall, J. Jesch & D. Parsons) . Oxford 2001.

The Vikings in England (ed. E. Roesdahl et al) . London 1981.

Wilson, D. M. : *The Bayeux Tapestry.* London 1985.

Iceland, the Faroes, Greenland and America (pp. 272 – 87)

Arneborg, J. : Det europæiske landnam-Nordboerne i Grønland, 985 – 1450 e. v. t. *Grønlands forhistorie* (ed. H. C. Gulløv) . København 2004.

Barrett, J. (ed.) : *Contact, Continuity and Collapse: The Norse Colonization of the North Atlantic.* Turnhout 2003.

Byock, J. : *Viking Age Iceland.* London, New York 2001.

Eldjárn, K. : *Kuml og haugfé ur heiðnum sið á Ísandi.* 2nd rev. ed. by A. Fridriksson. Reykjavík 2000 (1st ed. 1956).

Jones, G. : *The Norse Atlantic Saga.* A new and enlarged edition, with contributions by R. McGee, Th. H. McGovern and colleagues, and B. Linderoth Wallace. Oxford. New York 1986 (1st ed. 1964).

Krogh, K. J. : *Erik den Røes Grønland.* Sagatekster H. Bekker-Nielsen. Copenhagen 1982.

Lucas, G. (ed.) : *Hofsta ð ir. Excavations of a Viking Age Feasting Hall in North-eastern Iceland.* Reykjavík 2009.

Meulengracht Sørensen, P. : *Saga and Society.* Odense 1993.

Norse Greenland. Selected Papers from the Hvalsey Conference 2008 (ed. J. Arneborg, G. Nyegaard & O. Vésteinsson) . *Journal of the North Atlantic.* Special vol. 2 , 2012.

Reykjavík 871 + / - 2. *Landnámssýningin. The Settlement Exhibition* (ed. B. Sverrisdóttir) . Reykjavík 2006.

Vésteinsson, O. : *The Christianization of Iceland. Priests, Power and Social Change 1000 - 1300.* Oxford 2000.

Viking and Norse in the North Atlantic. Select Papers from the Proceedings of the Fourteenth Viking Congress, Tórshavn (ed. A. Mortensen & S. V. Arge). Tórshavn 2005.

Viking Settlements and Viking Society. Papers from the Proceedings of the Sixteenth Viking Congress, Reykjavík and Reykholt (ed. S. Sigmundsson et al.) . Reykjavík 2011.

Vikings. *The North Atlantic Saga* (ed. W. Fitzhugh & E. Ward) . Washington 2000.

Vinland Revisited. The Norse World at the Turn of the First Millennium (ed. S. Shannon-Lewis). St John's, NL 2003.

The Vinland Sagas. The Norse Discovery of America (trans. and introd. M. Magnusson and H. Pálsson) . Harmondsworth 1965.

Baltic region, Eastern Europe, Byzantium, the Caliphate (pp. 288 – 304)

只引用了西欧语言的作品。

Arbman, H. : *Svear i Öterviking.* Stockholm 1955.

Brisbane, M. , N. A. Makarov, E. N. Nosov & K. Judelson: *The Archaeology of Medieval Novgorod in Context. Studies in Centre/periphery Relations.* Oxford 2012

Bogucki, M. : *Economies, Monetisation and Society in the West Slavic Lands 800 - 1200 AD.* Szczecin 2013.

Cultural Interaction between East and West. Archaeology, Artefacts and Human Contacts in Northern Europe (ed. U. Fransson, M. Svedin, S. Bergerbrant, F. Androshchuk) . Stockholm 2007.

Duczko, W. : *Viking Rus Studies on the Presence of Scandinavians in Eastern Europe.* Leiden 2004.

Franklin, S. & J. Shepard: *The Emergence of Rus 750 - 1200.* London, New York 1996.

Jagodziński, M. F. : *Truso. Między Weonodlandem a Witlandem/Between Weonodland and Witland.* Elbląg 2010.

Kazanski, M. , A. Nercessian & C. Zuckerman: *Les Centres proto-urbains russes entre Scandinavie, Byzance et Orient.* Paris 2000.

Noonan, T. S. : *The Islamic World, Russia and the Vikings 750 - 900. The Numismatic Evidence.* Aldershot, Hampshire 1998.

Oldenburg - Wolin - Staraja Ladoga - Novgorod - Kiev. Handel und Handelsverbindungen im südlichen und östlichen Ostseegebiet während des frühen Mittelalters (*Bericht der Römisch-Germanischen Kommission* 60). Frankfurt 1988.

Scandinavian Culture in Medieval Poland (ed. S. Mo ździoch, B. Stanisławski, P. Wiszewski) . Wrocław 2013.

Wulfstan's Voyage. The Baltic Sea Region in the Early Viking Age as seen from a Shipboard (ed. A. Englert & A. Trakadas) . Roskilde 2009.

索　引

(索引页码为原书页码，即本书页边码)

人名索引

地名索引

译名对照表

Aalborg　奥尔堡

Aarhus　奥胡斯

Abodrites　阿博德利人

Adalward　阿达尔瓦德

Adelsö　阿德尔瑟岛

Ælfgifu　艾尔菲芙

Ælla　埃拉

Æneid　《埃涅阿斯纪》

Æsir　阿萨神族

Æthelred　埃塞尔雷德

Aggersborg　阿格斯堡

Aifur　艾夫尔

Alcuin　阿尔昆

Alfva　阿尔菲瓦

Älgesta　埃尔耶斯塔

Alskog　阿尔绍

Als　阿尔斯岛

Althing　阿尔庭

Alt-Lübeck　旧吕贝克

Altuna　阿尔蒂纳

Andernach　安德纳赫

Andvett　安韦特

Angers　昂热

Angoulême　昂古莱姆

Annagassan　安纳格森

Annals of Fulda　《富尔达编年史》

Annals of St Bertin　《圣贝尔坦编

年史》

Annals of Xanten　《克桑滕编年
史》

Ansgar　安斯加尔

Anulo　阿努洛

Anund Jakob　阿农德·雅各布

Anwend　安文德

Ardennes　阿登高地

Ari Þorgilsson　阿里·索吉尔松

Arklow　阿克洛

Armagh　阿马

Arne　阿尔内

Ärnmund　阿恩蒙德

Arnór　阿诺尔

Arnulf　阿努尔夫

Arran　阿伦岛

Åsbjörn　奥斯比约恩

Asgot Clapa　阿斯戈特·克拉帕

Ashingdon　阿兴顿

Äskekärr　埃谢克尔

Äskil　埃斯基尔

Åsmund Kåresson　奥斯门德·考
雷松

Asser Saxe　阿塞尔·萨克瑟

Asser　阿瑟

Astrid　阿斯特里德

Athelney　阿瑟尔尼

Athelstan　阿瑟尔斯坦

At-Tartūshi　塔尔图希

Austrfararvísur　《东游记》

Avranches　阿夫朗什

Bække　拜克

Baffin Island　巴芬岛

Baldr　巴尔德

Baldr　巴尔德

Balladoole　巴拉多尔

Ballateare　巴拉蒂尔

Bamberg　班伯格

Banke　班克

Bay of Wismar　维斯马湾

Bayeux　巴约

Beauvais　博韦

Bedford　贝德福德

Beloozero　白湖

Beormas　贝奥尔马人

Berezani　别列扎尼

Berit Sellevold　贝丽特·塞勒沃
　尔德

Birka　比尔卡

Birsay　伯赛

Bise　比瑟

Bjarkamál　《比亚尔事迹》

Bjarkøy　比亚克于

Bjarni　比亚德尼

Björkö　比约克

Björn Jarnsiða　"铁人"比约恩

Björn　比约恩

Blekinge　布莱金厄

Bohuslän　布胡斯省

Böksta　伯克斯塔

Borgeby　博尔厄比

Borgring　博尔格灵

Borg　博尔格

Borre　博勒

Boulogne　布洛涅

Boyne　博因河

Brattahlíð　布拉塔利兹

Bredsätra　布雷德瑟特拉

Breiðafjörður　布雷扎湾

Brian Boru　布赖恩·博卢

Brihtnoth　布里特诺思

Brihtric　布里特里克

Bristol　布里斯托尔

Brompton　布朗普顿

Brough of Birsay　伯赛堡

Brunanburh　布朗南堡

Buckquoy　巴克库伊

Bulgar　保加尔市

Bulverket　布尔维克特

Bury St Edmunds　贝里圣埃德
　蒙兹

Buskerud　布斯克吕郡

Caithness　凯斯内斯

Camargue　卡马格

Cammin　卡明

Camp de Péran　佩朗大营

Canche　康什河

Carwitz　卡尔维茨

Ceolwulf　切奥尔伍尔夫

Cernigov　切尔尼戈夫

Chartres　沙特尔

Chester　切斯特

Chippenham　奇彭纳姆

Chronicon Manniae et Insularum
　《马恩岛编年史》

Chuds　楚德人

Cirencester　赛伦塞斯特

Eyvind　艾温德

Færeyinga saga　《法罗群岛萨迦》

Falster　法尔斯特岛

Falun　法伦

Fastvi　法斯特维

Fenrir　芬里尔

Fiacc　菲亚克

Finnveden　芬韦登

Finnvid　芬维德

Fishamble Street　菲舍姆布尔街道

Flatatunga　弗拉塔通加

Flaxengate　弗莱克森街区

Flóki Vilgerðarson　弗洛基·维尔杰扎尔松

Fogl　福格尔

Foss　福斯河

Fot　福特

Frankish Annals　《法兰克年代记》

Freswick　弗雷西克

Freyja　芙蕾雅

Frey　弗雷

Fribrødre Å　弗里布勒德雷河

Frøbjørn　弗勒比约恩

Fyrkat　菲尔卡特

Galdhøpiggen　加尔赫峰

Garðar Svarvarsson　加尔扎尔·斯瓦瓦尔松

Garðar　加尔扎尔

Gaut Biörnsson　盖于特·比约恩松

Geirlaug　盖尔莱于格

Gesta Danorum　《丹麦人的业绩》

Gesta Hammaburgensis Ecclesiae Pontificum　《汉堡-不来梅大主教的业绩》

Ghent　根特

Ginna　金纳

Gisla　吉斯拉

Gjermundbu　耶尔蒙德布

Glavendrup　格拉芬德鲁普

Glendalough　格伦达洛

Gloucester　格洛斯特

Glum　格卢姆

Gnezdovo　格涅兹多沃

Godfred　戈德弗雷德

Godred Crovan　戈德雷德·克罗万

Gokstad　戈克斯塔德

Gorm　戈姆

Gorodishche　霍罗迪谢

Gosforth　戈斯福斯

Göta　约塔河

Göteborg　哥德堡

Gotland　哥得兰岛

Gråborg　格罗堡

Gráfell　"灰袍王"

Grágás　《灰雁法典》

Grane　格拉内

Grani　葛拉尼

Grim Kamban　格里姆·坎班

Grimkel　格里姆凯尔

Gripsholm　格里普斯霍尔姆

Grobin　格罗比尼亚

Grœnlendinga saga　《格陵兰人萨迦》

Gross Strömkendorf　大施特勒姆肯道夫

Gudfast　古德法斯特

Gudingsåkrarne　古丁索克拉尔内

Gudmund　古兹曼

Olaf Cuaran "凉鞋"奥拉夫

Olaf Godfredsson 奥拉夫·戈德
弗雷德松

Olaf Kyrre "和平者"奥拉夫

Olaf Tryggvason 奥拉夫·特吕格
瓦松

Olaf/Anlaf Sigtryggsson 奥拉夫安
拉夫·西格特吕格松

Öland 厄兰岛

Oldenburg 奥尔登堡

Oleg 奥列格

Olev 奥勒夫

Olof Skötkonung 奥洛夫·舍特康
努格

Onäm 奥内姆

Ongendus 翁根杜斯

Öpir 厄皮尔

Orkneyinga saga 《奥克尼萨迦》

Orkneys 奥克尼群岛

Oscetel 奥西特尔

Östman 厄斯特曼

Ota 奥塔

Óttar the Black 黑奥塔尔

Ouse 乌斯河

Pallig 帕里格

Paviken 帕维肯

Peel 皮尔

Peene 佩雷河

Périgeux 佩里热

Peringskiold 佩林舍尔德

Perm 彼尔姆

Peter Sawyer 彼得·索耶

Philippe Auguste 腓力·奥古
斯都

Pingsdorf 平斯多夫

Piraeus 比雷埃夫斯

Pîtres 皮特尔

Pool 普尔

Poppo 波珀

Porto Leone 莱昂内港

Prüm 普吕姆

Qagssiarssuk 卡格西亚尔苏克

Qaqortoq 卡科尔托克

Quentovic 康托维克

Ragnar Lodbrok 朗纳·洛德布
鲁克

Ragnarsdrápa 《朗纳赞歌》

Ragnar 朗纳

Ragnvald 朗瓦尔德

Ralswiek 拉尔施维克

Ramsund 拉姆松德

Ranrike 兰里克

Ravning Enge 朗宁草地

Reading 雷丁

Reginfred 雷金弗雷德

Regino 雷吉诺

Regin 雷因

Reims 兰斯

Repton 雷普顿

Reric 雷里克

Reric 雷里克

Rheide 赖德河

Ribblehead 里布尔黑德

Ribble 里布尔河

Rígsþula 《里格的赞歌》

Ríg 里格

Rimbert 林贝特

Ringerike 灵厄里克

Riurik 留里克

Roar Ege "罗亚尔·埃厄"号

Spillings　斯皮林斯

St Alban　圣奥尔本

St Brieuc　圣布里厄

St Clair-sur-Epte　埃普特河畔圣
克莱尔

St Columba　圣科伦巴

St Cuthbert　圣卡斯伯特

St Kilda　圣基尔达岛

St Laurentii　圣劳伦蒂

St Ninian's Isle　圣尼尼安岛

St Omer　圣奥默

St Philibert　圣菲利贝尔

St Wystan　圣威斯坦

Stainmore　斯坦莫尔

Stamford Bridge　斯坦福桥

Staraja Ladoga　旧拉多加

Stavanger　斯塔万格

Stavnsfjord　斯唐斯峡湾

Stengade　斯滕加德

Stenkil　斯滕希尔

Sten　斯滕

Stiklestad/Stiklastaðir　斯蒂克勒
斯塔

Stöng　斯特因格

Strathclyde　斯特拉斯克莱德

Sumburgh　萨姆堡

Surrey　萨里

Sussex　苏塞克斯

Svein Estridsson　斯韦恩·埃斯特
里德松

Svein Forkbeard　"双叉髭王"斯
韦恩

Svenne　斯文内

Sviatoslav　斯维亚托斯拉夫

Svir　斯维里河

Svöld　斯沃德

Täby　泰比

Tara　塔拉

Tavasteland　塔瓦斯特兰

Teit　泰特

Telemark　泰勒马克

Thanet　萨尼特岛

Thetford　塞特福德

Þiðrik of Bern　贝尔恩的西兹
里克

Thietmar of Merseburg　梅泽堡的
蒂特马尔

Þingvellir　辛格韦德利

Þjódhild　西约德希尔德

Þjóðólf　斯约佐尔夫

Þorfinn Karlsefni　索尔芬·卡尔
塞夫尼

Thorfinn　托尔芬

Thorgisl　托吉斯尔

Þorgrím　索尔格里姆

Þórir Hundr　"猎犬"托里尔

Þórir　索里尔

Thorkel Gellison　索凯尔·杰里松

Thorkel the Tall　"高个子"索
凯尔

Thorleif　托尔莱夫

Þormóð Kolbrúnarskáld　索尔莫兹·
科尔布鲁纳斯卡尔德

Þórólf　索罗尔夫

Thórsárdalur　肖尔索达卢尔

Þorsteinn　索尔斯泰恩

Þrandr of Götu　格蒂的斯朗德尔

Thrasco　特拉斯科

Thule　图勒

Thurid　苏丽德

Thurketil　图尔凯蒂尔

Thyreborg　曲勒堡

Thyre　蒂勒

Tingstäde Träsk　廷斯泰德·特勒斯克

Tissø　蒂瑟湖

Tjängvide　兴格维德

Toftanes　托夫塔内斯

Toki　托基

Tønsberg　滕斯贝格

Torgot　托尔戈特

Torgöt　托尔约特

Torkel　托凯尔

Torksey　托克西

Torsburgen　托斯布尔根

Toste　托斯特

Tostig　托斯蒂格

Toulouse　图卢兹

Tournai　图尔奈

Tove　托弗

Treene　特雷讷河

Trelleborg　特雷勒堡

Trent　特伦特河

Tromsø　特罗姆瑟

Trøndelag　特伦德拉格

Trondheim　特隆赫姆

Truso　特鲁索

Truvor　特鲁沃

Tryggevælde　特吕厄韦尔德

Tryn　特林

Tude　楚泽河

Tullstorp　图尔斯托普

Tuna　蒂纳

Tunulliarfik　图努利雅菲克

Turgesius　图尔格修斯

Turinge　图林厄

Tynemouth　泰恩茅斯

Tyne　泰恩河

Udal　尤达尔

Ulster　阿尔斯特

Unni　温尼

Uppåkra　乌波克拉

Uppland　乌普兰

Uppsala　乌普萨拉

Urnes　乌尔内斯

Værne Kloster　韦尔讷·克洛斯特

Valhalla　瓦尔哈拉

valkyrie　瓦尔基里

Valleberga　瓦勒贝尔加

Vallentuna　瓦伦蒂纳

Valsgärde　瓦尔斯耶尔德

Vänern　维纳恩湖

Vanir　华纳神族

Vårby　沃尔比河

Västergarn　韦斯特冈

Västergötland　西约特兰

Västmanland　西曼兰

Vättern　韦特恩湖

Veda　韦达

Vejle　瓦埃勒

Vendel　文德尔

Ves'　维希人

Vestvågøy　韦斯特沃格于岛

Viborg　维堡

Vibrog　维布萝格

Vindöy/Windau　温德伊/温道

Vinland　文兰

Virgil　维吉尔

Virland　维尔兰

Volchov　沃尔霍夫河

Voluspá　《女占卜者的预言》

Vorbasse　沃巴瑟

Walcheren　瓦尔赫伦岛

Walter Scott　沃尔特·斯科特

Wareham　韦勒姆

Waterford　沃特福德

Watling Street　沃特灵大道

Weland　韦兰

Wends　文德人

Werburg　韦尔堡

Weymouth　韦茅斯

Wharram Percy　沃拉姆·珀西

Whitby　惠特比

Wicklow　威克洛

Widukind　维杜金德

Wieringen　维灵恩

Willibrord　威利布罗德

Wilzes　维尔兹人

Wiskiauten/Višnevo　维斯基奥滕/
　维希涅沃

Wolin　沃林

Woodstown　伍兹敦

Wulfstan　乌尔夫斯坦

Yaroslav the Wise　"智者"雅罗
　斯拉夫

Yggdrasil　世界树

Ymir　尤弥尔

Ynglinga dynasty　英林王朝

Ynglingatal　《英林传奇》

Yngvi　英韦

York Minster　约克坐堂

Ytre Moa　于特尔·莫阿

Yttergärde　于特耶尔德

Zutphen　聚特芬

译后记

这部《维京人》是我步入而立之年后出版的第一部译著。于我而言，有一些独特的里程碑意义。

"当记忆的线缠绕过往支离破碎，是慌乱占据了心扉。"

回想起来，我最初走上翻译和写作的道路，是在2012年前后。那个年代，国内出版界排山倒海的"世界史热"尚未正式来临，但空气中已经吹起了和煦的暖风。也许是受到了某些历史策略类游戏的影响，一些长期被"象牙塔"视为冷门、小众的历史话题，如欧洲中世纪史、日本战国史等，反而吸引了不少年轻人的兴趣。但当时相关的中文出版物较为稀缺，即使偶有一两本，内容也不尽如人意。就以三十年战争为例，世界历史上如此重大的事件，国内出版的译著却长期只有席勒的一部历史文学作品《三十年战争史》（按：直到2019年，这个孤独的场面才被打破）。在这段"欲读书而无书可读"的时期，很多"嗷嗷待哺"的小众历史爱好者，只好"自己动手，丰衣足食"，自发搜集、翻译资料，在网络平台无偿分享。当然，一些独具慧眼的出版机构逐渐发现了市场的潜力，社会科学文献出版社的"甲骨文"品牌就是其中的代表。

那时我注意到，在历史普及方面，尚有太多的空白可以填补，"广阔天地，大有作为"。今天某些网络营销号热衷"蹭热点"，而我与之相反——"蹭冷点"。我主要将兴趣放在北欧史方面。有些时候我会换换口味，比如我也写过一部关于南美巴拉圭战争的小书。但更多的时候，我的兴趣是集中在北欧史上的。2013 年，我翻译了斯诺里的《新埃达》和中世纪佚名史家的《挪威国王摘要》，将译文在互联网上发布，反响平平。这一年，我经过反复的心理斗争，挤出了好几百块钱购买了一本英文版《世界之圈：挪威列王传》，虽然心疼这笔开销，但终于如愿以偿地一睹这部"北欧版《史记》"的风采。2014 年，我在此基础上，撰写了一篇《北国惊雷：挪威百年内战史》，发表在一期 MOOK（杂志书）上，从此开始在纸质出版物上刊文，赶上了当时方兴未艾的"世界史热"。也是在这一年，我跨考了历史学专业，虽然我在学校的研究方向是20 世纪冷战史，但业余时间仍然"不务正业"地读一读、写一写北欧史，直到毕业工作后仍在坚持。最值得一提的是我2018 年年底完成的一部《北欧雄狮：古斯塔夫二世传》，很可能是中文世界第一部古斯塔夫二世传记图书。

常常有人疑惑："2012 年之后，感觉时间好像变快了。"回想起来，确实惊出了一身冷汗！鼓捣北欧史的时光，竟然占据了我前三十年人生的三分之一。

十年来，我不敢说自己有多么深入的研究，但多多少少熟悉了北欧史的话题。说到维京人，近几年国内出版了多部该题材的作品。依我之见，现在读者手上的这部《维京人》的特色在于"以物证史、以物言史"。本书作者是丹麦资深考古学家，她利用维京时代的遗址、遗物、遗迹，结合传统的文字史料，写出了一部"考古学中的维京史"。一方面，遗址、遗物、遗迹是客观的、冷峻的，另一方面它也可以是生动的，是可以"活"起来的。

2019 年下半年，在书友谢锐老师的热心引荐下，我有幸接到了这部作品的翻译任务，第一次与"甲骨文"团队实现了合作。此前，我涉猎的基本都是维京时代"人"的故事，往往忽视"物"的故事，所以翻译本书的过程也是学习新知识的过程。

需要注意的是：第一，本书的人名、地名，除了解释词源、词形之外，一般不在正文中标注原文；少数可能存在争议的译法，酌情标注原文；第二，本书内容广博，涉及考古学、航海学、建筑学、农学等，均为高度专业的领域，如有误译，虚心接受各行各业的读者朋友批评指正；第三，译者翻译本书中的诗歌时，因为语言间存在较大的差异，行文主要以准确传达原意为目标，较少考虑古诺尔斯语原本的韵律，"打油诗"和"大白话"在所难免。

希望本书能够成为我过去十年的一个总结。也许下一个十年，我会将兴趣投入更为吸引我的其他方向。

汪 枫
壬寅新春记于金陵钟山南麓

图书在版编目（CIP）数据

维京人／（丹）埃尔塞·罗斯达尔（Else Roesdahl）
著；汪枫译. -- 北京：社会科学文献出版社，2022.12
书名原文：The Vikings
ISBN 978 - 7 - 5201 - 9770 - 0

Ⅰ.①维…　Ⅱ.①埃…②汪…　Ⅲ.①北欧 - 中世纪
史 - 研究　Ⅳ.①K530.7

中国版本图书馆 CIP 数据核字（2022）第 027816 号

维京人

著　　者／〔丹〕埃尔塞·罗斯达尔（Else Roesdahl）
译　　者／汪　枫

出 版 人／王利民
组稿编辑／董风云
责任编辑／张　骋
责任印制／王京美

出　　版／社会科学文献出版社·甲骨文工作室（分社）（010）59366527
　　　　　地址：北京市北三环中路甲 29 号院华龙大厦　邮编：100029
　　　　　网址：www.ssap.com.cn
发　　行／社会科学文献出版社（010）59367028
印　　装／南京爱德印刷有限公司

规　　格／开本：889mm × 1194mm　1/32
　　　　　印张：14.375　插页：0.5　字数：328 千字
版　　次／2022 年 12 月第 1 版　2022 年 12 月第 1 次印刷
书　　号／ISBN 978 - 7 - 5201 - 9770 - 0
著作权合同
登 记 号／图字 01 - 2019 - 0231 号
定　　价／89.00 元

读者服务电话：4008918866